問題の発想
データ処理
論文の作成

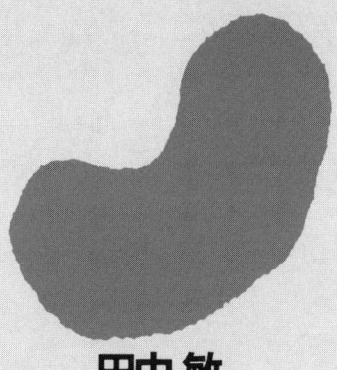

田中 敏

実践
心理データ解析

[改訂版]　《付》質問紙調査マニュアル
　　　　　　因子分析実行マニュアル

改訂にあたって

　本書の初版は1996年刊行である。当時，コンピュータのOSは"Windows 95"が出たばかりであり，インターネットもまだ「コンピュータ通信」で止まっていた。筆者私製の統計プログラムも"DOS-STAR"と称していた。
　またたくまにITシステムと電子ネットワークが社会を席巻し，情報環境は大変貌を遂げた。筆者自身は利便も進歩も感じず，冷やかに見送っていた。データ解析のコンピュータ作業については，本書によらず，別にマニュアルを作ればよいだろうと考えて実際にそうしていた。
　しかし，本書に記載された"A>data"を「A大なりデータ」としか読めない学生があらわれて，さすがに考えを改めた。遅まきながら，ようやく改訂に乗り出した。基本的に MS-DOS ベースの命令操作を一掃し，すべてマウスクリックによる操作手順に置き換えた。今どき，こんなことをやっているのは本書くらいだろう。最後尾から時流を追いかけ始めた感がある。
　改訂を始めて，その深刻さに気づかせられた。愕然とした。この間，DOSをご存じなく旧版をご愛用いただいていた読者の方々の読解と実用のご労苦はいかばかりだったかと深く反省させられた。ひたすらお詫びする次第です。もし，この改訂の序を目にされましたら，JavaScript-STARをフリーウェアのまま維持し，バージョンアップを今後も続けるということでお許しください。

*

　以下，言い訳になるが，筆者が改訂の必要をあまり感じなかったのは，道具や手段の問題は二の次とみなしていたからである。データ解析でもっとも重要なことは研究の姿勢と事象への態度であり，本書はその神髄の一端でも例示する役割を負えば十分であると考えていたからにほかならない。
　本書は確かに「データ解析」の本であるが，実は「問題発想」の本でもある。たとえば，10章ある研究例の最初の「問題」部分だけを一度通して読んでみていただきたい。データ分析とコンピュータ出力の解説が始まったら，すべて読み飛ばしていただきたい。それでもこの本は成立するという，データ解

析のページを読まなくても成立するデータ解析の本として書いた。

　たとえば研究例Ⅶは「二次の交互作用の分析」であり，方法の必要性からはめったに読まれることがない章である。しかし，二次の交互作用の分析など，どうでもいいから，この研究における問題の発想部分を読んでいただきたい。それだけで読者が本書に価値を見いだされること，それが本当にこの本に込めた筆者の願いであり，筆者の望んだ反響だったのである。この点のご叱正とあらば，改訂には一瞬の逡巡をするものでもない。

＊

　改訂範囲はその影響部分も含めると本書の3分の2を越え，ほとんど新刊に近い仕事になったようです。それでも新曜社・塩浦　暲氏には，この改訂に使命感をもって臨んでいただき，筆者も励まされた思いがしました。たいへんお世話になりました。ここに記して深くお礼を申し上げます。

　　　　2006年　6月

田 中　敏

はじめに

　この本は，データ解析とテーマの追究を統合しようとした本です。データ解析の方法を学ぶことが，ある現象を研究し，解明することになる，そんな本を書いてみたいと長らく思っていました。

＊

　心理統計や心理学研究法の授業と議論においてよく耳にし，口にする不満があります。それは「データ解析の方法を勉強しても実際に研究ができるようにはならない」というものです。
　わたし自身，実際に自分の実験研究のなかでその方法を使ってみて初めて理解できたという覚えがあります。つまり，「この方法はこんなことをしているんだ」とか「この方法でこんなことがわかるんだ」というような体験です。当たり前のようでも，"データの解析"と"現象の解明"とはまた別のことなのです。そのことに最近ようやく気がつきました。
　振り返ってみると，データの解析法については大学の授業や適当な書物において学ぶことができましたが，現象の解明法については独学で勉強するよりありませんでした。そして，現象の解明法についての勉強とは，何よりも実際の研究論文を読むことでした。実際の研究論文はテーマ本位です。それを読みながら，そこで出てくる統計量や検定方法についてその場で統計のテキストに当たり，また戻って論文を読み進める。そのとき初めて，単なる数字の処理が現象を解き明かす"生きた方法"として感じられました（いつもそうだったわけではありませんが）。
　個人的には，やはり最初から現象を解明する過程のなかでデータ解析の方法も学べたらよかったと思っています。つまり，問題の立て方，実験・調査の計画から始めて，その実行，そしてデータの処理，結果の読み方，考察のしかた，論文の執筆まで続く一貫した流れのなかで，データ解析の個々の手法も学べたらよかったと思っています。また，そうした授業や本があればよかったと思っています。

結局，本当に知りたいことはデータ解析の方法ではなく，自分が問題としている現象を解き明かしてくれる方法なのですから。

＊

なおまた，わたしは本当の学習というものは"一子相伝"の個別指導のなかでしか成立しないと考えています。これは現状の大学と社会の教育体制では不可能です。この意味において，学ぶ側が積極的に自分専任の"師匠"（秘儀をもっている人）を確保すべきだと思います。実際の研究論文を読むときに，そういう人がわきから「ここはこういう目的で処理しているんだ」とか「ここではこの数値に注目すればいいんだ」とか言ってくれると最高でしょう。

わたし自身，初学者の頃，わたしの"専任教師"を見つけていました（わたしのほうから勝手にそうみなしていただけなのですが）。そして，事あるごとに上の例のような的確な個人的教示を（受けるというより）引き出させていただきました。

そんな思い出から，この本も実際の研究論文を読み進める途中のポイント・ポイントに「解説」を差しはさむという構成にしています。本は声をもちませんけれど，この本の中で，わたしがかつて出会ったような，読者だけに語りかける"専任教師"を見つけてくだされば幸いです。

最後に本書の企画を支持し，イメージどおりの仕上がりに編集の敏腕を振るっていただきました新曜社・塩浦 暲氏に厚くお礼を申し上げます。

1996年 早春

田中 敏

* SAS は米国 SAS Institute Inc.の登録商標です。
* SPSS は米国 SPSS Inc.の登録商標です。
* Windows, MS-DOS は米国 Microsoft Corporation の登録商標です。
* Macintosh, Mac OS はアップルコンピュータ社の登録商標です。
* その他記載されている会社名・製品名は，各社の登録商標または商標です。本書中の呼称は，通称等の名称で記載することがあります。ご了解ください。なお，本文中では特に®マーク，TMマークを付記しておりません。
* 本書の内容とプログラムの運用結果につきましては，著者および出版社は一切の責任を負いません。

目　次
〈この目次は要点の整理に使うと便利です〉

改訂にあたって　*i*
はじめに　*iii*

オリエンテーション：データと方法 …………………………………… 1
　　1　研究活動と研究能力：分担と依頼の実情　*1*
　　2　コンピュータの使用について　*2*
　　3　データ解析法とデータの種類　*3*

第1部　度数の分析：χ^2検定と直接確率計算法 …………… 7

●研究例Ⅰ：直接確率計算法 ……………………………………… 9
『言語的報酬をあたえられた児童の課題意欲』
問題の構成　*11*／「統計的に有意でない」とは　*11*／問題の全体構成　*13*／方法の書き方　*15*／実験室法・模擬法・現場法　*15*／手続きの妥当性の確認　*17*

研究例Ⅰのデータ処理：直接確率計算法 ………………………… 18
【2×2の度数集計表をつくり直接確率計算法を実行するケース】
度数集計表の作成　*18*／直接確率計算法の実行　*19*／有意性の判定　*19*／2×2表を1×2表に作り替えて分析を進める場合　*20*／結果の書き方　*21*／統計的検定の書き方　*22*／考察のポイント　*23*／引用文献の書き方：邦訳本・編集本・学会誌論文　*24*

統計基礎Q&A（1-7）………………………………………………… 25
　　1．実験に失敗したときのまとめ方　*25*
　　2．実験室法・模擬法・現場法の区別　*25*
　　3．直接確率計算法の別の名前　*26*
　　4．直接確率計算法を2×3表にも適用できるか　*26*
　　5．偶然生起確率（p）とは何か，両側検定とは何か　*26*
　　6．直接確率計算法の使用上の制約　*27*

7．2×2表が有意なときの下位分析　27

●研究例Ⅱ：χ^2検定と残差分析 …………………………… 29
『先行オーガナイザーの利用可能性が文章の読解に及ぼす効果』
有意味受容学習と認知構造　29／問題の書き出し　30／レビュー論文　31／先行オーガナイザーの働き　31／問題の全体構成　33／方法の書き方　35

研究例Ⅱのデータ処理（1）：2×3表のχ^2検定 …………………… 36
【2群×3カテゴリー表において2群間に差があるケース】
度数集計表の作成　36／χ^2検定の実行　37／偶然生起確率（p）の読み取り　38／有意性の判定　38／結果の書き方　38／χ^2検定の記述　39／有意傾向の扱い方　39／手続きの妥当性の確認　39

研究例Ⅱのデータ処理（2）：χ^2検定と残差分析 ………………… 40
【自由記述回答を評価し，評価カテゴリーを分析するケース】
自由記述回答の評価手順　40／評価者間の一致率をみる　41／3×3の度数集計表の作成　41／χ^2検定と残差分析の実行　42／結果を出力する　43／残差の読み取り方　44／結果の構成　46／χ^2値と期待度数と残差の関係　47／考察のポイント　48／引用文献の書き方：外国文献　49

統計基礎Q＆A（8-18） ……………………………………………… 51
8．χ^2検定と直接確率計算法の違い　51
9．自由度とは何か　51
10．χ^2検定は両側検定にしかならない　52
11．χ^2値と連関係数の関係　52
12．χ^2値の計算と検定　53
13．残差の計算方法　53
14．χ^2検定より先に残差分析をおこなってもよいか　54
15．χ^2検定の使用上の制約　54
16．3次元の度数集計表はどのように分析するか　55
17．対応のある度数データはどのように分析するか　56
18．パーセンテージは表示しなくてよいか　57

第 2 部　分散分析と実験計画法 …………………… 59

●研究例Ⅲ：1 要因分散分析と統制群法 …………………… 61
『メタ認知訓練が算数の問題解決に及ぼす効果』
メタ認知とは何か　62／メタ認知の訓練方法　63／実験群・対照群・統制群　64／実験仮説の書き方　65／方法の書き方　66／等質性の確認　67／各群が等質でない場合　67／方法はどれくらい詳しく書くか：再現性　68

研究例Ⅲのデータ処理：1 要因分散分析と多重比較 …………………… 69
【分散分析で有意であり，多重比較へ移行するケース】
データファイルの作成　69／データファイルのタイプを知るには：1 被験者 1 行の鉄則　71／要因と水準　72／データファイルの保存　73／分散分析の実行（1）　74／平均と標準偏差の表示　75／分散分析表の表示　75／F 比の意味　76／統計的有意性の判定　76／多重比較の読み方　77／結果を保存する：コピー＆ペーストの手順　77／分散分析の実行（2）　78／有意でない（non-significant）　78／分散分析の結果の書き方　80／多重比較の結果の書き方　81／仮説検証型研究の考察　81／指標ごとに述べる　82／効果は材料依存である　82

統計基礎 Q＆A（19–34）…………………… 83
19. 分散分析の「分散」の意味　83
20. 分散分析を一言でいうと　83
21. 統計的検定とは何か　83
22. 分散分析と t 検定の使い分け　84
23. 分散分析の結果の書き方について　84
24. 分散分析表は掲載するものなのか　84
25. 分散分析表の見方　85
26. 分散分析の使用上の制約　86
27. 平均だけを標準偏差なしで掲載するのはだめか　86
28. 標準偏差の図示のしかた　86
29. 標準偏差とは何か　87
30. なぜ平均と標準偏差を求めるのか　88
31. 標準偏差が違うと分散分析の F 比が高く出る？　89
32. 被験者間計画と被験者内計画の区別　89

33. 被験者は何人とればよいか　*90*
34. 1群20人の被験者は少ない？　*90*

●研究例Ⅳ：2要因の分散分析　*93*
『ビデオ教材の学習における視覚的句読点の効果』
実践的な発想　*94*／分散分析のタイプを知る：1被験者1行の鉄則　*96*／混合計画とは何か　*96*／被験者が欠席した場合　*98*

研究例Ⅳのデータ処理（1）：ヒット率の分析　*99*
【交互作用が有意でなく1つの主効果が有意になるケース】
ヒット率と正棄却率　*99*／データファイルの作成　*99*／分散分析の実行　*101*／各群の人数が等しくない場合　*102*／主効果と交互作用　*103*／結果の記述　*104*／作為的回答があった場合　*105*

研究例Ⅳのデータ処理（2）：正棄却率の分析　*105*
【主効果が有意であり4群の多重比較をまとめるケース】
データファイルの作成　*105*／分散分析の実行　*106*／多重比較のまとめ方　*109*／結果の記述　*110*／交互作用が有意でないときの主効果の図　*111*／実用性中心の考察　*112*

統計基礎Q&A（35-38）　*114*
35. 各群の人数がふぞろいの場合　*114*
36. 各群の標準偏差のふぞろいについて　*114*
37. データの変換について　*115*
38. 2水準の主効果の見方　*116*

●研究例Ⅴ：2要因の分散分析における交互作用の分析　*117*
『中学生における交流経験と学習意欲との関係』
主体性から相互性へ　*117*／比較できる計画にする　*119*／方向性のない予測　*119*／方法の記述　*120*／質問紙における項目の掲載順序　*121*／パーセンテージ評定　*121*／上位群・下位群の設置　*122*

研究例Ⅴのデータ処理（1）：教師との交流経験を要因とした場合　*123*
【交互作用が有意でなく主効果が有意になるケース】
データファイルのタイプを知る：ABs　*123*／データの入力　*124*／分散分析の実行　*125*／交互作用が有意でないときの主効果の読み方　*126*／多重比較の読み取り　*127*

研究例Ⅴのデータ処理（2）：友人との交流経験を要因とした場合 ………… *128*
　【2要因分散分析において交互作用が有意になるケース】
　　データファイルの作成　*128*／分散分析の実行　*129*／交互作用が有意なとき主効果は見ない　*130*／交互作用の分析表　*131*／単純主効果の検定　*131*

研究例Ⅴのデータ処理（3）：学業上の成功経験を要因とした場合 ………… *133*
　【2要因分散分析において2つの主効果が有意になるケース】
　　結果の記述　*135*／交互作用の結果の書き方　*136*／交互作用の図　*138*

●研究例Ⅵ：3要因の分散分析における交互作用の分析 ……………… *139*
　『子ども教示モデルによる自己教示訓練の効果』
　　内化と協同　*139*／問題発掘のしかた：原典にあたる　*141*／協同関係の図　*142*／統制群の設け方　*143*／群の等質性の確認のための分散分析　*145*

研究例Ⅵのデータ処理（1）：教示文の再認評定値について ………………… *149*
　【3要因計画において一次の交互作用が有意になるケース】
　　データファイルのタイプを知る：ABsC　*149*／分散分析の実行　*151*／3要因の分散分析表の読み方　*152*／交互作用の分析　*154*／多重比較の読み方　*156*／結果の書き方　*158*／「水準別誤差項を用いた」と書くこと　*158*

研究例Ⅵのデータ処理（2）：テスト課題の得点について ………………… *159*
　【データが分散分析できないケース】
　　標準偏差ゼロの群がある　*160*／数量データをカテゴリー・データに変換する　*160*／3次元の度数集計表の分析：有意差の出ない次元をはずす　*162*／χ^2検定と残差分析　*162*／考察の構成　*166*／実験結果に対する批判と対策　*166*

統計基礎Q＆A（39-47） ……………………………………………………… *169*
　39. 単純主効果検定で「水準別誤差項を用いた」と書くケースは　*169*
　40. なぜ単純主効果検定の誤差項を記述しなければならないのか　*169*
　41. F比の自由度はどこを見ればわかるか　*170*
　42. 多重比較の記載に必要な情報はどこを見ればわかるか　*170*
　43. 3要因分散分析表の見方について　*171*

44. 天井効果とは何か　*172*
45. 天井効果にどう対処するか　*173*
46. 実験テストの呼び方　*173*
47. 遅延テストの期間の決め方について　*174*

●研究例Ⅶ：3要因分散分析における二次の交互作用の分析 …………　*175*
『書き込みを加えた出題形式が小学生の小数計算に及ぼす効果』

日常の思いつきから　*176*／問題の構成　*176*／アナロジーの図解　*177*／実験計画のタイプを読み取る：ABsC　*179*／プリテスト・ポストテスト法　*179*／不良被験者の除外　*180*

研究例Ⅶのデータ処理（1）：小数計算問題の得点について …………　*181*
【3要因の分散分析において二次の交互作用が有意になるケース】

データファイルのタイプの見分け方：1被験者1行　*181*／ABsC タイプの入力　*182*／二次の交互作用が有意なとき他の作用は見ない　*184*

研究例Ⅶのデータ処理（2）：二次の交互作用の分析 ………………　*186*
【単純交互作用を選択的に分析する】

分析の基本方針：単純交互作用を分析する　*186*／単純交互作用の書き表し方　*186*／もっとも重要な単純交互作用を選ぶ　*187*／ABs at C1（プリテスト・データ）の分析　*189*／ABs at C2（ポストテスト・データ）の分析　*191*／興味のある単純交互作用を選択的に分析する　*195*／単純交互作用の検定は元の3要因の誤差項を用いる　*197*／結果の記述　*200*／考察の書き方　*203*／サイコメディアとアナロジー　*204*

統計基礎 Q&A（48-50）…………………………………………………　*206*
48. 二次の交互作用はどんなイメージをもてばよいか　*206*
49. 単純交互作用の分析は元の3要因の誤差項を用いる，その例外　*207*
50. 各群のデータ数がふぞろいの分散分析は大丈夫か　*208*

第3部　因子分析と回帰分析 …………………………　*211*

●研究例Ⅷ：質問紙調査と因子分析 ……………………………………　*213*
『悲しみ場面における愛他的メッセージの認知』

愛他心・愛他行動　*214*／予備調査：質問項目の決定　*215*／項目開発　*216*／逆転項目・ダミー項目　*218*／質問紙の作成の3段階　*221*／評

定尺度の作成　221／質問紙の編集　223／対象者の確保と調査の計画　225／調査の実施要領　226／因子分析の全体手順　227

研究例Ⅷのデータ処理（1）：データファイルの作成　…………………… 228
【データファイルの作成，SAS の起動，データの読み込み】
回答のチェック　228／回答の得点化　229／データファイル見本　229

研究例Ⅷのデータ処理（2）：基本統計量の計算と不良項目のチェック …… 231
【平均と標準偏差の計算，不良項目のチェック】
SAS の起動　231／データの読み込み　231／平均・標準偏差の計算プログラム見本　232／不良項目のチェック　233

研究例Ⅷのデータ処理（3）：1 回めの因子分析　…………………………… 234
【主成分分析による因子分析，因子の抽出数の決定】
因子分析の設定　234／因子分析の実行　235／因子の抽出数の決定　237／

研究例Ⅷのデータ処理（4）：2 回めの因子分析　…………………………… 238
【バリマクス回転後に因子パターンを得る】
因子軸の回転法　239／プログラム見本と出力見本　240／因子負荷量の表の作成　241

研究例Ⅷのデータ処理（5）：因子の解釈と命名　…………………………… 242
【因子負荷量のマーキング基準を決めて因子を解釈する】
因子負荷量 |0.70| 以上をマークする　242／項目の使い方を決める　243／因子の解釈・命名の基本手順　244／結果の記述　245／「2 因子解を適当と判断した」と書く　246

研究例Ⅷのデータ処理（6）：因子得点の分析　……………………………… 248
【因子得点を指標として分散分析をおこなうケース】
因子得点の計算プログラム見本　248／出力見本　249／因子得点の図解　250／対象者の群分け　250／SAS の分散分析プログラム見本　250／コンピュータ出力からの表の作り方　251／結果の記述　253／因子のもっともらしさ　254／対象者を群分けする標識　254／因子の過信は禁物　254

統計基礎 Q & A（51-59）　………………………………………………………… 256
51．因子分析は因子をどのように見つけるのか　256

52. 相関について何を知っておけばよいか　257
53. 主成分分析の因子は「成分」と呼ぶべきでは　258
54. 因子軸を回転するとは，どうすることか　258
55. 直交回転と斜交回転の使い分け　260
56. 因子分析のコンピュータ・プログラム　261
57. 因子分析を実行する技術がない場合　261
58. コンピュータ操作が苦手な場合　261
59. 質問紙調査および因子分析の実行マニュアルがほしい　262

質問紙調査マニュアル　263

因子分析実行マニュアル　266

●研究例Ⅸ：初期値SMCの反復主因子法　271
『理科的事物に対して特異な行動を示す児童の因子分析的研究』
理論がないときは事実から掘り起こす　272／質問紙の教示と評定尺度　274／項目の開発　274／評定尺度の作成　275／質問紙の編集　276／回答ペースの調整　278

研究例Ⅸのデータ処理（1）：データファイルの作成と基本統計量の計算　280
【平均と標準偏差をチェックし，不良項目を除外するケース】
データファイル見本　281／平均・標準偏差の出力見本　282／データ分布の幅のチェック　282／データ分析の形のチェック　283／結果の記述　284

研究例Ⅸのデータ処理（2）：因子分析の計算　285
【共通性の低い項目を除外し，因子分析を再度実行するケース】
SMCとは何か　286／プログラム見本と出力見本　287／因子抽出数の決め方　288／反復主因子法　289／プログラム見本と出力見本　290／項目の共通性のチェック　291／因子分析の再実行の判断　291／結果の読み方・書き方　294

研究例Ⅸのデータ処理（3）：因子の解釈と命名　296
【因子負荷量|0.40|以上のマーキング基準によって解釈するケース】
因子パターン表の例　297／項目の使い方を決める　298／因子の解釈・命名の基本手順　299／因子の解釈見本　300／考察の基本的構成　303

統計基礎 Q & A (60-63) ……………………………………………………… 305
  60. 因子分析には 4 つの用途がある　*305*
  61. 実験と調査の違い　*305*
  62. 因子の解釈と命名について　*306*
  63. 社会的望ましさは相関に影響しない　*307*

●研究例Ⅹ：ステップワイズ式の回帰分析 ……………………………… *309*
『生涯学習にふさわしい趣味の特性』
多変量の中に予測関係がある・ない　*309*／予測の図式　*310*／複数の評定者を立てること・評定者間の一致率を示すこと　*312*／回帰分析の用語一覧　*313*／生涯学習意欲得点の結果　*315*

研究例Ⅹのデータ処理（1）：因子分析を用いた目的変数の減数化 ………… *315*
【5 変数を 1 因子にまとめたケース】
回帰分析の成否は変数の整備にかかっている　*316*／データファイル見本　*316*／平均・標準偏差の計算プログラム見本と出力見本　*318*／因子分析のプログラム見本　*318*／出力見本　*319*／因子得点の計算プログラム見本と出力見本　*320*／結果の記述　*321*

研究例Ⅹのデータ処理（2）：因子分析を用いた予測変数の減数化 ………… *322*
【ポイント数の異なる尺度を標準得点化し，因子分析するケース】
多重共線性問題　*322*／平均・標準偏差の計算プログラム見本と出力見本　*323*／変数の改造：得点範囲の縮小　*324*／データの標準得点化　*324*／主成分分析プログラム見本　*325*／出力見本　*326*／因子抽出数の決定方法　*326*／因子分析（主成分分析・バリマクス回転）プログラム見本　*327*／出力見本と因子の解釈・命名　*328*／結果の記述　*330*

研究例Ⅹのデータ処理（3）：因子得点の計算 …………………………………… *332*
プログラム見本　*332*／出力見本　*333*

研究例Ⅹのデータ処理（4）：ステップワイズ回帰分析 ……………………… *333*
【フォワード・セレクション方式をとったケース】
プログラム見本　*334*／Partial R**2，Model R**2：説明率　*334*／出力見本　*335*／Parameter Estimate：回帰係数　*336*／F, Prob>F：説明率の有意性検定　*337*／結果の記述　*338*／回帰分析の記載事項　*339*／予測式　*339*／因子分析—回帰分析—分散分析の連係　*340*

統計基礎 Q & A（64-70） 341
 64．因子抽出数のスマートな決め方はないか　*341*
 65．回帰係数のイメージ　*341*
 66．回帰係数の重み　*342*
 67．バックワードと MAXR の回帰分析はどんな方式か　*342*
 68．目的変数が 2 つ以上あるときはどうするのか　*343*
 69．予測変数間に相関があるときはどう対処するか　*343*
 70．2 ポイント尺度を数量データとみなせるか　*344*

おわりに：研究基礎 Q & A 345
 1．研究とは何か　*345*
 2．テーマの決め方　*345*
 3．何を問題にしたらよいか　*346*
 4．研究のアイディアが浮かばない　*346*
 5．研究のオリジナリティを出すには　*347*
 6．論文の「問題」はどんなコトバで述べればよいか　*347*
 7．問題意識がぜんぜんわかない　*348*
 8．関連する先行研究が見当たらない　*348*
 9．人間は数字でとらえられないのでは　*349*
 10．統計的分析と事例研究の違い　*349*
 11．プロトコル分析について　*350*

F 分布表／χ^2 分布表 351

索　引 357

オリエンテーション：データと方法

予備知識として以下のことを知っておいてください。

1　研究活動と研究能力：分担と依頼の実情

ひとつの研究を完成するための研究活動は以下の7ステップです。カッコ内はそのステップを通過するために必要な研究能力です。
(1) 問題の提出（ある問題意識を研究可能な形で述べること）
(2) 研究の企画（実験・調査計画法を知っていること）
(3) 研究の実施（※特に能力を必要としない）
(4) データ入力（※特に能力を必要としない）
(5) データ処理（統計的方法とコンピュータ操作を知っていること）
(6) 結果と考察（数値を解釈できること，問題現象を熟知していること）
(7) 論文の作成（定型の書き方を知っていること）

実情：分担と依頼
　上のすべての研究活動と研究能力をひとりの人が引き受けることは，きわめてたいへんなことです。
　そこで実際の心理学研究では"共同研究"がかなり多く見られます。つまり何人かで研究活動と研究能力を分担しているのです。読者もたとえばコンピュータ操作が苦手だからといってしりごみする必要はありません。現実に世の中にはさまざまな人がいます。あなたが問題意識をもっている人だとしたら，おそらく他の人は問題現象をよく知っている人，関連する文献をたくさんもっている人，データ解析の得意な人，コンピュータ操作が好きな人，文章表現がうまい人などなどでしょう。その人たちと上の研究ステップを分担すればよいのです。

"共同研究""分担研究"が許されない状況であっても（個人の学位取得に関わる論文の作成など），そのときは依頼すればよいだけです。特にコンピュータが好きな人は仕事があればそれだけ長くコンピュータに触っていられますから，喜んでデータ処理などの依頼に応じてくれる人が多いようです。

ただし，どんな場合でも研究の全体を理解している必要はあります。そうでないと分担または依頼がうまくゆきません。その意味において，この本は個々の方法を知ることよりも"研究の全体"を知ることを優先しています。

2　コンピュータの使用について

実際にデータを解析するには道具が必要です。

本書では，データ解析はすべてコンピュータでおこないます。そこで，まずコンピュータとデータ解析のプログラムを確保するため，次のいずれかの行動をとってください。

1．大学などの情報処理センターのユーザー登録をする。
2．パーソナル・コンピュータ用の統計分析プログラムを入手する。

1番めの「情報処理センター」等にユーザー登録すると，たいていそのシステムが保有する統計分析プログラム（SASまたはSPSS）も利用可能となります。この場合，そのシステムの端末において処理することになります。

本書では，2番めの「パーソナル・コンピュータ」を使用します。この場合，何らかの統計分析プログラム（ソフト）を入手しなければなりません。この本では下の2つのプログラムを使うことにします。

① JavaScript–STAR（χ^2検定と分散分析に使用）

JavaScript–STAR（田中敏原作，中野博幸制作）はWindows, MacOS両用の統計分析プログラムであり，フリーソフトウェアです。なお"STAR"は愛称で，"STatistic Analysis Rescuer"（統計分析救難員）の略です。中野氏のインターネット・ホームページでダウンロードできます（下記）。

http://www.kisnet.or.jp/nappa/software/star/index.htm

ダウンロードが不調の場合は，JavaScript–STARを保存したFDまたはCDを郵送します。郵送を希望される方は，ハガキに「STAR希望」と送り先を明記し，〒943–8512 上

越教育大学・田中敏（これだけで届きます）までお送りください。郵送に伴う実費，数百円は後納となります。

なお，従来供給していた MSX-STAR, PC 98-STAR, DOS/V-STAR, Mac-STAR は，1999 年 4 月以降，供給，サポート共，停止しています。

② WINDOWS 版 SAS システム（因子分析・回帰分析に使用）
利用方法は 2005 年現在，個人リースはなく機関リースのみです。
問い合わせ先は以下です。
　〒104-0054　中央区勝どき 1-13-1
　㈱SAS インスティチュート・ジャパン（http://www.sas.com/japan/）

3　データ解析法とデータの種類

道具がそろったので，実質的な話に入ってゆきます。

データ解析の方法

この本で取り上げるデータ解析の方法は次の 4 つです。

1．χ^2 検定（または直接確率計算法）
2．分散分析
3．因子分析
4．回帰分析

1 番めの「χ^2 検定」は"カイ二乗検定"と読みます。

χ^2 検定と直接確率計算法はカテゴリー・データ（categorical data）の分析に使います。これに対して，分散分析・因子分析・回帰分析は数量データの分析に使います。

カテゴリー・データの処理

次のページの表の右の欄がカテゴリー・データです。

カテゴリー・データは足したり引いたりできません。つまり四則計算ができません。できることは，このデータリストにおいて「優」「良」「可」が何個ず

被験者	数量データ (テスト得点)	カテゴリー・データ
近 藤	70	良
平 山	60	可
屋 敷	66	可
松 下	77	良
滝 島	75	良
平 松	75	良
峰 村	80	優
佐 藤	64	可
内 藤	78	良
森 川	85	優

※データリストは被験者をタテに重ねてゆく。

つあるかを数えることです。優は2個,良は5個,可は3個あります。この2,5,3のように数えられた値を一般に**度数**(frequency)といいます。このように,カテゴリー・データは個々のカテゴリーを数え上げ,度数として処理します。

度数の分析方法がχ^2検定と直接確率計算法です。

数量データの処理

上の表の"テスト得点"が数量データの例です。

数量データは四則計算ができます。たとえば平均を計算することができます。上のテスト得点の平均は73.0です。ほかにもいろいろな計算ができますので,高度で多彩な分析が可能です。

数量データの分析方法が,分散分析・因子分析・回帰分析です。

まとめ

カテゴリー・データと数量データを一覧表にして比べてみます。

表1 カテゴリー・データと数量データの比較

	カテゴリー・データ	数量データ
特 徴	四則計算ができない	四則計算が可能
専 門 用 語	名義尺度データ	間隔・比率尺度データ
処 理 方 法	度数として処理する	平均などを計算する
手 法	χ^2検定 直接確率計算法 ほか	分散分析 因子分析,回帰分析 ほか

表の中段に「専門用語」がありますが，実際には"名義尺度"というコトバが時々あらわれるくらいです。名義尺度とは"カテゴリー"のことです。"名義尺度である"といえばカテゴリー・データのことであり，"名義尺度でない"といえば数量データであるということになります。

本書で扱わないこと
本書で扱わないデータと分析方法について述べておきます。

① 順位データ（順位尺度）
これはその名のとおり順位のことです。上のカテゴリー・データと数量データの間にある中間的尺度です。本書では扱いません。
実際の心理学研究でも順位データはめったにあらわれません。統計的分析の手法が少なく，その結果も限定されるからです。順位を測るような条件設定は，研究者は初めから避けるものです。
順位データについては一応あることを知っておき，実際に扱わざるをえないときに学ぶか人に聞けばよいと思います。まとまった時間をかけて常備すべき知識ではありません。

② χ^2 検定・分散分析・因子分析・回帰分析以外の方法
この本は4つの方法しか取り上げませんが，データ解析の手法はほかにも無数にあります。しかし他の方法が分析できることは，ほとんど本書の4つの方法によって分析することができます（できなくてもデータのとり方を工夫すればできるようになる）。
本書が取り上げる4つの方法は統計的分析の主要なものであり，部分的に高度な部類に属する知識を含んでいます。また，心理データを分析するときの代表的な方針を示していますから，むしろ，この4つを主軸としてだんだんと他の手法を仕入れてゆくことをおすすめします。そのほうが知識を体系的に習得することができると思います。

以下，本書は3部構成となっています。
第1部はカテゴリー・データ（度数）を分析します。χ^2 検定と直接確率計算法を用います。
第2部・第3部は数量データを分析します。第2部は分散分析を用いた実験

研究，第3部は因子分析・回帰分析を用いた調査研究を扱います。

全体を通して10編の研究論文を読むことになります。そのタイトルは下のとおりです。

第1部　度数の分析
研究例Ⅰ：言語的報酬をあたえられた児童の課題意欲
研究例Ⅱ：先行オーガナイザーの利用可能性が文章の読解に及ぼす効果

第2部　分散分析と実験計画法
研究例Ⅲ：メタ認知訓練が算数の問題解決に及ぼす効果
研究例Ⅳ：ビデオ教材の学習における視覚的句読点の効果
研究例Ⅴ：中学生における交流経験と学習意欲との関係
研究例Ⅵ：子ども教示モデルによる自己教示訓練の効果
研究例Ⅶ：書き込みを加えた出題形式が小学生の小数計算に及ぼす効果

第3部　因子分析・回帰分析と多変量解析法
研究例Ⅷ：悲しみ場面における愛他的メッセージの認知
研究例Ⅸ：理科の事物に対して特異な行動を示す児童の因子分析的研究
研究例Ⅹ：生涯学習にふさわしい趣味の特性

第1部　度数の分析

【χ^2 検定と直接確率計算法】

　第1部ではカテゴリー・データを分析します。カテゴリー・データは（そのカテゴリーの）度数として処理するしかありませんので，タイトルは「度数の分析」としておきます。
　ここでは度数の分析を扱った2本の研究論文を読みます。

＊

　研究例Ⅰは『言語的報酬をあたえられた児童の課題意欲』です。テーマとして報酬と意欲の関係を追究してみましょう。方法としては，直接確率計算法を学びます。データ解析の基礎知識として，統計的検定の考え方を学んでください。

＊

　研究例Ⅱは『先行オーガナイザーの利用可能性が文章の読解に及ぼす効果』です。"先行オーガナイザー"という学習指導方法を学んでみましょう。扱うデータは人数であり，χ^2 検定を適用します。また，ここでは実験計画の基本である統制群法を学びます。

＊

　それぞれの研究例の最後に「統計基礎Q＆A」が付いています。研究例の中に出てきた専門用語や手法の詳細については，ここで定着をはかります。

研究例Ⅰ：直接確率計算法

『言語的報酬をあたえられた児童の課題意欲』

はじめに

　これから取り上げる論文は，報酬と意欲の関係を扱っています。

　報酬とは金銭・物品などから，ほめ言葉や周囲の注目などまで含んでいます。また，意欲は，心理学では「内発的動機づけ」（intrinsic motivation）といわれるテーマです。

　この報酬と内発的動機づけの関係が盛んに取り上げられるようになったのは1970年代後半ころからでした。その前時代の主流であった「行動主義」といわれる立場からは，報酬をあたえると動機づけが上昇するというのが当たり前の事実でしたが，1970年代ころになると，かえって報酬をあたえると内発的動機づけが下がるというような知見が提出されたりしました。そんなところに素朴な驚きがあったようです。

　行動主義に反対する研究者たちは，報酬と動機づけを単純な機械的関係とみなすことができないと感じました。そして，人が報酬の意味を認知したり報酬によって自分自身を評価したりする主体的過程が，動機づけの基礎にあると考えました。この考え方は「認知的評価理論」と呼ばれています。それは人間の本質を主体性と仮定する「主体論」の典型的な立場です。

　この立場では，報酬はいったん人間の内部の主体的過程に作用すると考えられています。報酬の作用は制御的作用と情報的作用の2つがあります。制御的作用とは，報酬の受け手が他者に制御されていると認知することであり，これによって自分の行動に自己決定感をもつことができなくなります。また，情報的作用とは，報酬の受け手がその報酬を自分の有能さについての情報として認知することであり，報酬をもらえなかった人や負の報酬（叱責など）をあたえられた人は無能さを認知することになります。

　一般に，物質的報酬は制御的作用が強く，言語的報酬は情報的作用が強いといわれています。

これから扱う研究例は，特に言語的報酬の影響を問題としています。早速，「問題」から読んでみましょう。

『言語的報酬をあたえられた児童の課題意欲』

問　題

　従来より，児童の課題意欲を促進する一方法として報酬をあたえることが考えられてきたが，物質的報酬（金銭，物品など）をあたえるか言語的報酬（ほめ言葉など）をあたえるかによって意欲の起こり方が異なることが知られている。

　物質的報酬をあたえた場合，児童は自分の課題遂行に自己決定感をもてず，他者にやらせられているという感情（他者決定感）を生じる。他者決定感を生じると，児童はその課題に対して意欲をなくし，次回にはその課題から離れて異なる新しい課題を選びたいと思うようになる。これは前の課題において低減した自己決定感を次の課題において回復しようとするからである。これに対して，言語的報酬をあたえた場合は自己決定感に影響しないと考えられている。

　たとえば桜井（1984）は小学6年生を対象にパズル解きをおこなわせ，その結果に対して，物質的報酬または言語的報酬をあたえた。物質的報酬は景品と交換できるカードであり，言語的報酬は「よくできましたね」などのほめ言葉であった。結果は表2に示したとおり，物質的報酬をあたえた群では，次回の課題として前と異なる課題を選んだ児童が15人，前と同種の課題を選んだ児童が5人であり，異種課題の選択者が有意に多かった。この結果は物質的報酬が児童の自己決定感を低下させたので，児童がその低下した自己決定感を回復しようとして，前と同種の課題を避け，新たな課題を選んだためであると解釈された。

表2　次回におこないたい課題の選択人数

選択した課題	異種	同種
物質的報酬群	15	5
言語的報酬群	6	14

　ところで，物質的報酬の作用とは対照的に，表2の言語的報酬群では次回に異種の課題をやりたいという児童は少なかった（6人）。この結果は，物質的報酬と違って言語的報酬は自己決定感に影響しないので，児童にとって次回は異種でも同種でもどちらでもかまわなかったことによると解釈された。

　しかし，表2の言語的報酬群の結果は「どちらでもかまわない」というよりも「次回は同種の課題がいい」という結果のようにみえる。この点，桜井（1984）に

よると，言語的報酬群における異種課題の選択者数6人と同種課題の選択者数14人との差は統計的に有意でないということである。確かに直接確率計算によると，その人数差は有意でない（p=.115，両側検定）。しかし，だからといって等しいとみなすことはできないのではないか。

解　説

　ここは「問題」の節です。まだ少し続きがありますが，問題らしきものが出てきたところで，ここまでの構成を見ておきましょう。

　　1．テーマを決める（報酬と課題意欲との関係）
　　2．文献を引用する（桜井，1984）
　　3．問題を提起する（言語的報酬群では同種課題の選択者が多い？）

　これが「問題」のオーソドックスな組み立てです。
　このように，① 特定のテーマを決めて（テーマ決定），② 関連する先行研究を探し出し（文献検索），③ その先行研究を読んでいる最中にふと"問題の種"を見つける（問題提起）というパターンになります。心理学の研究論文における問題の発想は，ほとんどすべてこのパターンをとっています。
　ここでは桜井（1984）の表の中に"問題のタネ"を見つけました。言語的報酬群では異種課題・同種課題のどちらを選んでもかまわないはずなのに（理論上），実際は同種課題を選ぶ人が多かったではないか（6人 vs. 14人）ということです。ところが，この6人と14人の差は「統計的に有意でない」といわれています。
　「統計的に有意でない」とは，表面的な数値の差（6人と14人）が**偶然でも十分に起こりうる**ということです。このとき証拠として，偶然に何％の確率で起こるかを計算します。本文中では実際にその確率（偶然生起確率）を計算し，"$p=.115$"と書いてあります。pは probability（確率）の p です。
　つまり，この6人と14人の差は偶然でも11.5％は起こる（100回に11回以上起こる）ということです。この確率を下の表3に対照して，「有意である」か「有意でない」かを判定します。

表3 統計的有意性の判定表

pの値	マーク	文章中の表現
p＞.10	なし	有意でない
.05＜p＜.10	†	有意傾向である
p＜.05	＊	（5％水準で）有意である
p＜.01	＊＊	（1％水準で）有意である

（注）マークを論文に記載するときは肩付きとする。

　上の表ではp＝.115はp＞.10ですので「有意でない」と判定されます。すなわち6人と14人の差は偶然でも十分に起こりうる，したがってその差は統計的に意味がない（本当は差がない）というわけです。

　もしも6人・14人が等しく10人・10人に分かれたら，これは完全に偶然の状態ですから，偶然生起確率は最高となり（p＞.999），もっと有意でない（差がない）ことになります。しかし，たとえば6人・14人がひとり動いて5人・15人になったとしましょう。すると，この5人・15人という分かれ方が偶然に起こる確率はp＝.041と計算されますので，上の表に対照すると今度は「有意である」（p＜.05）となり「本当は差がある」に逆転します（ちょうど表2の物質的報酬群がこのケースです）。

　このように表2の結果はひじょうにきわどいといえます。

　有意であるかないかの基準p＜.05を行ったり来たりしています。実は，この5％という基準は経験的なものであり，一応公認されていますが，客観的根拠はありません。したがって統計的に意味のない差であるといっても，現実的にどうであるかはまた別の判断なのです。

　そこをどう考えるか。それがこの研究の問題提起です。「問題」の続きを読んでみましょう。

　このように言語的報酬群の結果はいまだ確定的ではない。おそらく，その原因は桜井（1984）における場面設定の仕方にあると思われる。桜井（1984）では，次回の課題遂行場面を1人場面として想定し，児童に「1人で自由な時間にやるとしたら，どのパズルをもっともやりたいですか」と質問していた。しかし，最初の実験では児童を1人ずつ実験室に呼び出し，実験者と1対1の2人場面において課題を遂行させていた。つまり，初回の課題遂行場面と次回の想定場面との間に現実的なギャップがあった。特に言語的報酬（ほめ言葉）は口頭の伝達であり，物質的報酬よりもその与え手と受け手の対人関係を強く意識させるであろう。それゆえ，初回

の2人場面と，次回の1人場面の設定の食い違いが，あるいは表2における言語的報酬群のあいまいな結果をもたらしたのではないかと考えられる。

　そこで，本研究は，児童の初回の課題遂行を実験者が同席する2人場面でおこない，次回の課題遂行を1人場面でおこなう条件と，2人場面でおこなう条件を設けることとした。このような想定の下に，児童に次回の課題を選択させることにした。もしも初回と次回の場面のギャップが影響しているならば，両条件では異なる結果が得られるであろう。また，次回の場面を（初回と同じ）2人場面とする条件においては言語的報酬の一貫した影響を読み取ることができるであろう。

解　説

　ここでは，先に提出した疑問について研究者なりの解答と，その解答を確かめる具体的な方法を述べています。「問題」の全体構成を振り返ってみると，次のようになっています。

1．テーマを決める（報酬と課題意欲との関係）
2．文献を引用する（桜井，1984）
3．問題を提出する（言語的報酬群で同種課題の選択者が多い？）
4．解答を提出する（あいまいな結果は場面設定によるのでは）
5．方法を発案する（次回の場面を1人場面と2人場面にしてみる）

　このように研究は自分で問題を出して，自分で解答を出します。それが研究の"オリジナリティ"というものです。

　ここでは，ひとつの解答として，言語的報酬群のあいまいな結果が場面設定のギャップによるといっています。その根拠として，① 桜井（1984）の実験で初回の課題遂行は2人場面であるのに次回の想定は1人場面であった，② 言語的報酬は特に対人関係を強く意識させるので場面設定に影響されやすい，ということをあげています。

　そこで，次回の場面に1人場面と2人場面の両方を設置してみました。これで初回・次回とも2人場面となる条件（ギャップがない）と，初回2人場面で次回1人場面となる条件（ギャップがある）をつくったことになります。

　結果はどうでるでしょうか。本文中では，どっちの条件がどうなるとは明言していません。その代わりに，「もしも初回と次回の場面のギャップが影響し

ているならば両条件では異なる結果が得られるであろう」と控えめな言い方をしています。一般にはそれが無難な言い方です。

強い仮説を主張するには強い理論が必要ですが，ここで指摘されている"場面のギャップ"はまだ手続き上の問題を扱っています。児童の心理過程についての理論を持ち出す段階ではありません。そういうときは，結果を静観する言い方をとることです。

では，「方法」を読んでみましょう。

方　法

被験者　小学校5・6年生121人（男子60人，女子61人）。

課　題　ラッキー・パズル（7枚の図形を組み合わせて動物などの目標図形をつくるパズル）。

小冊子　6ページ，18シーンのマンガおよび質問からなる小冊子。マンガは一人の子どもが先生からラッキー・パズルを示され，「こうもり」や「さむらい」など4問を完成し，各問の完成直後に先生から「とてもじょうずですね」「とてもよくできましたね」などとほめ言葉をあたえられるというもの。子どもの性別を変えた男子用・女子用の2バージョンを用意した。質問は次回にやりたいパズルとして2つのパズルのうちからひとつを選ばせるものであり，その質問中に，「次回は1人で遊んでもらいます」という1人場面の教示か，または「次回はわたしが付き添って遊んでもらいます」という2人場面の教示のいずれかが含まれていた。したがって，各場面への被験者の割り振りは，この小冊子の配布時に無作為に決まることになった。

手続き　実験は集団的に実施した。まず，実験者がOHPを利用してラッキー・パズルの遊び方を説明した後，5・6人に1組の割合でパズルの道具と問題を配り，小グループで実際に試行させた。次に，各被験者の性別に合わせて男子用または女子用のマンガの小冊子を配布し，マンガの主人公が被験者自身であることを教示した。そして，実験者が1ページごとにページをめくる指示を出し，マンガの中のセリフを読み上げた。被験者は黙読した。マンガは，ひとりの子どもがラッキー・パズルの問題を完成し，合計4回のほめ言葉をあたえられるというものであった（図1参照）。

図1　女児用のマンガ
全18コマ中のほめ言葉をあたえられる1コマ

　マンガを読み終わると質問のページとなり，新たに2つのパズルの説明があった。2つのパズルとも「ラッキー・パズルとおもしろさとむずかしさは同じくらいで」，一方は「ラッキー・パズルとやり方がよく似たトロピカーナ」というパズルであり，他方は「ラッキー・パズルとやり方がちょっと違うファイアーバード」というパズルであると説明した。これ以降は実験者は文面を読み上げず，被験者に黙読させ，回答を記入させた。小冊子には，「次回は1人で遊んでもらいます」または「次回はわたしが付き添って遊んでもらいます」という場面の教示があり，その直後に「どっちのパズルをやってみたいですか」という質問が続いた。
　また，最後に，マンガのなかで主人公が先生からほめられたとき，被験者自身もうれしかったかどうかを4段階で評定する質問を付けた。

解説

　ここでは，桜井（1984）の手続きに大きな変更を加えています。それは実験を集団的に実施したことです。このため課題遂行（パズル解き）と言語的報酬の付与を，マンガのなかで被験者に疑似体験させるという方法をとっています。これは重大な変更といえます。
　一般に，実験の方法には下の3種類があります。

1．ラボラトリィ・メソッド　　　（実験室法）
2．シミュレーション・メソッド　（模擬法）
3．フィールド・メソッド　　　　（現場法）

桜井（1984）では1番めの「ラボラトリィ・メソッド」を採用していました。この研究では，それを2番めの「シミュレーション・メソッド」に変えたわけです。ラボラトリィ・メソッドは被験者が実際に課題を遂行します。これに対して，シミュレーション・メソッドでは被験者は課題遂行を実体験せず，疑似体験します。ここでは被験者に代わってマンガのなかの主人公がパズルを解き，マンガのなかで先生からほめ言葉をあたえられるということにしました。

こうした大きな変更は実験自体の性格を変えてしまうおそれがあるので，ふつうはやりませんが，この研究例では依頼先の学校に個別実験ができない事情があり，集団実験とするためシミュレーション・メソッドへの変更を余儀なくされたのです。それで支障があるかどうかは結果を見ないとわかりませんが，理想的にはやはり桜井（1984）と同等のラボラトリィ・メソッドを採用したかったところです。

細かい手続きとして注意することは，1人場面と2人場面への被験者の割り振りを小冊子の配布によっておこなっていることです。実際のやり方としては，1人場面用の冊子と2人場面用の冊子をあらかじめ交互に積み重ねておき，上から順番に被験者に配布してゆきます。こうすると，被験者を各条件に無作為に割り振ることができます。

「方法」はここで終わりです。

次は「結果」です。データが手に入りますので，途中で実際にデータ処理を試みてみましょう。

結　果

言語的報酬の効果を確かめるため，「マンガの中のあなたは，ほめられたことをどのように思いましたか」と小冊子の末尾で質問したが，これに対する4つの選択肢のうち「何も思わなかった」「うれしくなかった」を回答した児童46人を除外し，「たいへんうれしかった」「うれしかった」を回答した児童75人を分析の対象とした。

解　説

　ここはデータ処理前のデータの選別です。

　マンガの主人公が言語的報酬（ほめ言葉）をあたえられたとき自分も「うれしい」と感じた児童75人だけを分析の対象にします。うれしいと感じなければ報酬をあたえた意味がなかったことになりますので，当然の処置です。

　特に，この研究ではシミュレーション・メソッドをとっていますので，マンガのストーリーに現実感をもてない児童が出ることは確実に予想されました。結果として46人を除外しましたが，これらの児童は言語的報酬を「報酬」として認知しなかったわけです。

　以上の処置を「手続きの妥当性の確認」といいます。手続きの妥当性の確認を予定しているときは，あらかじめ次のような準備をしておかなければなりません。

① 手続きの効果を測定する質問項目を質問紙の中に入れておくこと

　ここでは，報酬をもらったときの"うれしさ"をたずねる質問を小冊子の最後に入れてありました（回答は4段階）。そして，「たいへんうれしかった」「うれしかった」と回答した児童において手続きが妥当であったと判定しています。

② あらかじめ被験者を多めにとっておくこと

　手続きが正しく作用しなかった被験者は除外しなくてはなりませんので，最初に多めに被験者をとるようにします。一般に"被験者ロス"（被験者の喪失）は個別実験では1割，集団実験では2割と見込みます。逆にいえば，この分だけ多めにとればよいということになります。

　この研究では，児童がマンガによる疑似経験になじめるかどうかという特殊な事情があり，当初の被験者数はかなり多めの121人でした。結果として，これもかなり多めの46人（38％）が除外されましたが，それでもまだ75人残っていますので十分です。

　以下，手続きが妥当であったとされた75人についてデータ処理をします。

　データ処理は，研究論文の中には出てこない部分です。したがって，ここから少し本文を離れて実習に入ります。

研究例Ⅰのデータ処理：直接確率計算法

【2×2の度数集計表をつくり直接確率計算法を実行するケース】

被験者が選択した課題が，同種課題であったか異種課題であったかがデータとなります。ある被験者は「同種課題」というデータをあたえ，またある被験者は「異種課題」というデータをあたえます。これは完全にカテゴリー・データです。

① 度数の集計表を作成する

カテゴリー・データの処理方法は，そのカテゴリーを数えて「度数集計表」をつくることです。

ここでは条件が2つありますから，2条件（1人場面・2人場面）×2カテゴリー（異種課題・同種課題）の，田の字形の集計表ができあがります。下の表4です。

表4　2条件×2カテゴリーの度数集計表

条件＼回答	異種課題	同種課題
1人場面	34	7
2人場面	32	2

結果として，どちらの場面も圧倒的に異種課題の選択者が多いことが明らかです。一応，統計的に分析してみましょう。

② STARを起動する

ここでは統計分析プログラム JavaScript–STAR（ジャバスクリプト・スター）を用います（入手方法は p. 2 参照）。

コンピュータ画面にはすでに"star#.#.#j"というフォルダがあることにします（＃は番号）。このフォルダをクリックして開き，中の"index.htm"をクリックすると，STARのトップページが開きます。

③ 直接確率計算法のプログラムを実行する

トップページの左に，たくさんのメニューが並んでいます。

この中から「直接確率計算2×2」をクリックします。度数集計表が2×2ですので，それに合わせたメニュー名になっています。

⇨直接確率計算法の画面になり，2×2表の枠が表示される。

④ 2×2表の各セルに度数を入力する

表の枠内のマス目を「セル」と呼びます。2×2表には4つのセルがあります。各セルをクリックし，①で作った集計表の度数を入力してゆきます。

⇨入力したら，中段にあるボタン「計算！」をクリックする。

⑤ pの値を表示する

入力した2×2表の度数パターンが，偶然に起こる確率pを下のように表示します。

　　両側検定：　$p=0.1705$　　ns　　$(.10<p)$
　　片側検定：　$p=0.1290$　　ns　　$(.10<p)$

ふつうは両側検定のpを見ます（両側・片側検定の区別はp.26参照）。

⑥ pの値から有意性を判定する

有意性の判定表を下に再掲します。
$p=.1705$は$p>.10$ですから「有意でない」となります。

表3　統計的有意性の判定表

pの値	マーク	文章中の表現
$p>.10$	なし	有意でない
$.05<p<.10$	†	有意傾向である
$p<.05$	*	（5％水準で）有意である
$p<.01$	**	（1％水準で）有意である

（注）マークを論文に記載するときは肩付きとする。

2条件×2カテゴリーの表で「有意でない」とは，条件間に差がないということです。つまり，1人場面における同種・異種課題の選択者比率と，2人場面における同種・異種課題の選択者比率が，ほぼ等しいということを意味します。次のページのように実際に度数を比率（％）にするとわかりやすいでしょ

う。

条件＼回答	異種課題	同種課題
1人場面	34 (82.9)	7 (17.1)
2人場面	32 (94.1)	2 (5.9)

（注）カッコ内は場面ごとの％。

　カッコ内の％を見ると，表面的には1人場面より2人場面のほうが異種課題の選択者数が多いといえますが，82.9％と94.1％くらいの差はまったく偶然でも十分に起こりうる（$p=.1705$：100回実験すれば17.0回以上）ということです。偶然にも十分に起こることは「有意ではありません」。同種課題についての差も同様です。

　2×2表の分析としてはここで終わりです。さらに分析を続けるとしたら，以下のようにします。

⑦ 1×2表に作り替える

　2×2表が有意でないということは条件間の差がないということですので，異種課題・同種課題の各度数をコミにして1×2表に作り替えることができます。下の作り替えを参照してください。

条件＼回答	異種課題	同種課題
1人場面	34	7
2人場面	32	2

⇩

条件＼回答	異種課題	同種課題
両場面	66	9

⑧ 1×2の直接確率計算法を実行する

　画面の左のメニューの「直接確率計算1×2」をクリックします。

　画面に1×2表の枠が表示されますので，2つのセルに度数66, 9を順次入力します。「計算！」ボタンをクリックすると，pの値が計算されます。

　　　両側検定：　$p=0.0000$　　＊＊　($p<.01$)

今度は「有意性の判定表」に対照するまでもなく，完全に有意です。つまり66と9の度数差は偶然にはまったく起こりえない（起こりうる確率p＝.0000）ということです。偶然に起こらないのなら"必然"ということになります。つまり，圧倒的に多数の児童が異種課題を選ぶことには，何かしら必然的な理由があるのです。

以上までがデータ処理です。
では，論文に戻って「結果」を読んでみましょう。

結　果（第1段落重複）

マンガにおける言語的報酬の効果を確かめるため，「マンガの中のあなたは，ほめられたことをどのように思いましたか」と小冊子の末尾で質問したが，これに対する4つの選択肢のうち「何も思わなかった」「うれしくなかった」を回答した児童46人を除外し，「たいへんうれしかった」「うれしかった」を回答した児童75人を分析の対象とした。

表5は，「次回にやりたいパズル」として1人場面と2人場面における異種パズルまたは同種パズルを選択した児童の人数を示したものである。2×2の直接確率計算法によると，p＝.171（両側検定）であり有意でなかった。そこで1人場面と2人場面の人数をコミにして異種パズル（66人）と同種パズル（9人）の人数差を検定した結果，有意であった（p＝.000，両側検定）。桜井（1984）の結果では，言語的報酬をあたえられた被験者20人中14人（70%）が同種パズルを選んでいたが，本研究では75人中66人（88%）が異種パズルを選び，まったく逆の結果となった。

表5　場面別の異種・同種パズル選択者数（人）

場面＼選択	異種パズル	同種パズル
1人場面	34	7
2人場面	32	2

解　説

第1段落はデータの選別です。
第2段落が分析結果の記述です。2×2表から1×2表の分析へと進んでいま

す。

直接確率計算法を用いたときは以下の点に留意します。

① 「直接確率計算法を用いた」と明記する
② p の値を書く
③ 「両側検定」の注釈を添える
④ 有意であったかなかったかを書く

本文中の例を参考にすると次の2例です。

* 直接確率計算法によると，p＝.171（両側検定）であり有意でなかった。
* 人数差を検定した結果，有意であった（p＝.000，両側検定）

これが統計的検定（statistical test）の書き方であり，必ず最後は「有意であった」または「有意でなかった」と結論づけます。

さて，結果のなかみを見てみると，きわめて単純でした。場面の違いはあらわれず，児童75人中66人（88％）が異種パズルを選んでいます。桜井（1984）では逆に児童の70％が同種パズルを選んでいましたから，本当に「まったく逆の結果」です。

なぜそういう結果が出たのかと考えることが，次の「考察」になります。率直にいえば，この研究の特色であった1人場面と2人場面の設置がほとんど効果がなかったのですから，考察は苦しい感じです。

考 察

本研究では，言語的報酬をあたえられた後の「次にやりたいパズル」として88％（75人中66人）の児童が異種パズルを選んだ。これに対して，桜井（1984）では言語的報酬群において70％の児童が同種パズルを選んでいた。

この正反対の結果は，本研究と桜井（1984）との実験場面の違いによるものであり，その違いは評価懸念という観点から説明されると考えられる。評価懸念（evaluation apprehension）とは，ローゼンバーグ（Rosenberg, M. J.）により次のように説

明される。「被験者が実験者から正の評価を得ようとする,積極的な不安な色調をおびた関心であり,あるいは少なくとも負の評価への基盤を与えないようにしようとする関心である。」(古畑,1977, p. 173)

基本的に言語的報酬は評価の言葉を含んでいる。このため言語的報酬の与え手は,その受け手にとって強い評価懸念の引き金となるであろう。ところが,本研究では言語的報酬をマンガによって提示したため,与え手の存在が希薄となり,児童はほとんど評価懸念を生じなかったと考えられる。もしそうなら,"評価者"が同席する2人場面という設定も,評価者による現実の圧力を実感しないままに受け取られたのかもしれない。場面の違いに関係なく,児童の大多数が異種パズルを選択したことも,評価懸念にまったく阻害されていない状態での活発な好奇心の発露であると思われる。

これに対して,桜井(1984)の実験場面では,児童に1対1で接する実験者が言語的報酬をあたえていたので,この実験者は評価者としても存在していたであろう。したがって,児童の側に評価懸念が生じ,よい評価(ほめ言葉)を受けたパズルと同種のパズルに固執してしまったのではないか。

通常の学校場面でも,つねに児童は評価される側にいるので一定の評価懸念を潜在的にもっていると考えられる。そうした評価懸念が桜井(1984)の個別実験の場面に持ち込まれたことは十分にありえよう。

かくして,言語的報酬を取り上げるときは被験者の評価懸念を無視できないということが示唆される。今後,言語的報酬の研究は,児童の評価懸念を変化させたり測定したりする手続きを含む必要があるといえよう。

解　説

「考察」のポイントは次のことです。

1. 比較しながら考察する
2. 考察の観点を提出する
3. 有益な示唆を導き出す

1番めの「比較しながら考察する」は,本例では1人場面と2人場面の比較がまったくできませんので苦しいところです。そこで,桜井(1984)の実験場面との比較に持ち込みました。とにかく比較することが大切です。どんな結果も比較対照がないとその意味は確定しません。

2番めの「考察の観点を提出する」は,ここでは評価懸念を持ち出していま

す。そして，この実験ではほとんど評価懸念が生じなかったが，桜井（1984）の言語的報酬群では児童に一定の評価懸念が生じたと推測しています。それで両者の正反対の結果を説明できるということです。

3番めの「有益な示唆を導き出す」は，何がわかったのかを明らかにすることです。それが研究の成果となります。ここでは，本文中の「言語的報酬を取り上げるときは被験者の評価懸念を無視できない」ということが，わかったことでしょうか。これが"有益な示唆"かどうかは別として，今後，言語的報酬を扱うときには，ちょっと気になることではあるといえます。

しかし，この研究自体はぜんぜん評価懸念を扱っていません。はたして本当に，この研究では評価懸念が小さく，桜井（1984）の言語的報酬群では評価懸念が大きかったのかどうか，ぜんぜん証拠がありません。したがって，ここでの示唆は実証的なものではなく憶測にとどまるでしょう。本文中にも書いてあるとおり，実際に「評価懸念を変化させたり測定したり」する必要があります。そうした第2実験を続けて企画するというのなら，この研究の考察もそれなりの意義をもつと思います。

以下は引用文献です。ABC順に列挙します。"デシ"は邦訳本の書き方，"古畑"は編集本の書き方，"桜井"は学会誌論文の書き方として参考にしてください。

〈引用文献〉

デシ，E. L. 安藤延男・石田梅男（訳）　1980　内発的動機づけ　誠信書房（Deci, E. L., 1975, *Intrinsic motivation*, Plenum Press.）

デシ，E. L. 石田梅男（訳）　1985　自己決定の心理学　誠信書房（Deci, E. L., 1980, *The psychology of self-determination*, D. C. Heath & Company.）

古畑和孝　1977　態度と斉合化傾向　水原泰輔（編）　個人の社会行動　講座・社会心理学　第1巻　東京大学出版会　Pp. 133-190.

桜井茂男　1984　内発的動機づけに及ぼす言語的報酬と物質的報酬の影響の比較　教育心理学研究, 32, 286-295.

※この研究例は岩長（1990）における実験Ⅰを再構成したものである。
　岩長康之　1990　言語的報酬によって形成される自己決定感　上越教育大学大学院学校教育研究科（教育方法コース）平成元年度修士論文

統計基礎 Q & A（1–7）

　ここでは，研究例のなかに出てきた統計的概念と統計的方法について読者がいろいろと質問します。研究論文を読んだり実際に実験・調査を企画したりする実践的必要性から基礎を身につけることにします。

Q & A　1【実験に失敗したときのまとめ方】

　Q．実験や調査の結果がうまく出なかったときは，どうすればいいのですか。そういう結果は論文に書けないのでしょうか。

　A．結果がうまく出なかったときは"何が悪かったか"を考えます。一般に次の3つのケースが考えられます。

　　1．仮説が悪い（理論の誤り）
　　2．方法が悪い（方法の不備）
　　3．被験者が悪い（サンプリング・エラー）

　ふつうは下のほうから疑ってゆきます。「仮説が悪い」と考えるのは一番最後です。そして，悪いところを直して，再実験ということになります。
　うまくいかなかった結果を論文に書くかどうかですが，上の1番め・2番めのケースなら「第1実験」とか「予備調査」になるでしょう。かえって"方法の改善"とか"仮説の修正"というストーリーが走りますので，論文に迫力が出てくるでしょう。
　3番めの「被験者が悪い」というケースはあまり論文には載せません。黙ってやり直します。上には書いてありませんが，研究者自身の単純な操作ミス・手続きミスの場合も同様です。

Q & A　2【実験室法・模擬法・現場法の区別】

　Q．研究例Ⅰの中で「実験室法」「模擬法」「現場法」が出てきましたが，もう一度，簡単に説明してください。

　A．下のような表にまとめておきます。

	被験者への教示	被験者の遂行
実 験 室 法	あり	実際体験
模 擬 法	あり	模擬体験
現 場 法	なし	実際体験

たとえば，ある学校に行き，ある学級で教示をあたえて課題を遂行させたときは実験室法です。教室が"実験室"となっています。「教育現場」へ出掛けて行ったからといって現場法ではありません。

Q&A 3【直接確率計算法の別の名前】

Q. 「直接確率計算法」はそういう名前なのですか。他の呼び方はありますか。

A. 考案者の名にちなんで「フィッシャーの正確な検定」(Fisher's exact test) と呼ぶことがあります。これ以外の手法は，ほとんど間接確率計算法となります。

Q&A 4【直接確率計算法を 2×3 表にも適用できるか】

Q. この研究例では 2×2 表と 1×2 表を分析しましたが，2×3 表とか 1×3 表などについても直接確率計算法によって p を計算できますか。

A. STAR ではできません。"1×2" と "2×2" の 2 つのメニューしかありません。1×3 以上，2×3 以上の度数集計表については次の研究例の χ^2 検定を使ってください。
SAS では，どんな大きさの度数集計表にも直接確率計算法を適用することができます（FREQ プロシジャーにおいて EXACT オプションを指定する）。

Q&A 5【偶然生起確率（p）とは何か，両側検定とは何か】

Q. 直接確率計算法はどのように p を計算するのですか。また，その p には必ず「両側検定」と注記せよということですが，どうしてですか。

A. まず，p の計算のしくみから答えます。
たとえば 1×2 表があり，各セルの度数は 0，3 であったとします。度数は全部で 3 個です。
この 3 個の度数にそれぞれ固有名を付け，かりに a，b，c で表すことにします。すると，この 3 個の度数が 1×2 表のセルに入るパターンは次のようになります。

度数パターン	度数の入り方			ケース数
0 vs. 3	― | a b c			→1ケース
1 vs. 2	a | b c	b | c a	c | a b	→3ケース
2 vs. 1	a b | c	b c | a	c a | b	→3ケース
3 vs. 0	a b c | ―			→1ケース

合計8ケース

1×2表で0 vs. 3という度数パターンは1ケースしかあらわれません。これは可能な組み合わせ総数8ケース中の1/8＝0.125という比率になります。したがって0 vs. 3の偶然生起確率はp＝0.125です。このままですと「片側検定」のpといいます。

ここで，もしも0 vs. 3という差が生じるならば逆方向の3 vs. 0という差も偶然にはまったく同じ条件で生じるはずであると考えなければなりません。したがって0 vs. 3が起こる確率に3 vs. 0が起こる確率を加えてp＝0.125×2＝0.250とします。このように偶然にどちらの側にも生じると考えたときの確率を「両側検定」のpといいます。

両側検定のpは片側検定の2倍となりますので，有意性の基準（p<.05）をクリアしにくくなりますが，しかし完全な偶然生起確率です。片側検定のpは0 vs. 3が生じるとき3 vs. 0のほうは生じないという強い前提を持ち込むだけ偶然性が落ちます。このため片側検定は特殊な条件設定と強い仮説を必要とします（仮説検証型の研究ではほとんど見られません）。通常はつねに両側検定のpを使います。

Q&A 6【直接確率計算法の使用上の制約】

Q．直接確率計算法に何か制約はありますか。

A．度数が大きいと計算にたいへん時間がかかります。最速のPCでもしばらく止まった状態になることがあります。
一応の目安として，各セルの度数が50未満であれば直接確率計算法を使い，50以上であれば次の研究例Ⅱにおいて紹介するχ^2検定を使ったほうがよいでしょう。

Q&A 7【2×2表が有意なときの下位分析】

Q．研究例Ⅰでは，2×2表が有意でないとき1×2表に組み直して分析を続けましたが，もしも有意であったときはどうするのですか。

A．研究例Ⅰで引用していた桜井（1984）の表2を例にとり，実際に分析してみます。次のような2×2表でした。

表2　次回におこなう課題の選択人数

選択した課題	異種	同種
物質的報酬群	15	5
言語的報酬群	6	14

　ここで，2×2の直接確率計算法によると，p=0.0103（両側検定）であり，p<.05ですので有意となります。

　上の表は2群×2カテゴリーの表ですから，これが有意であるということは群間に差があることを意味します。したがって，両群をいっしょにすることはできず，各群ごとに1×2の直接確率計算法をおこないます。この結果，物質的報酬群はp=0.041（両側検定）で有意であり，言語的報酬群はp=0.115（両側検定）で有意でありません。

　一般に下のように覚えておくとよいでしょう。

　　　i×j表が有意であったとき　　→　条件別に1×jをi回おこなう
　　　i×j表が有意でなかったとき　→　条件コミで1×jを1回おこなう

　i×j表の分析後に，こうした1×jの事後分析をするかどうかはカテゴリーの内容によります。

　なお次のことに注意してください。たとえば2×2表において任意に1×2の部分を選んで分析することはできません。必ず2×2表の分析結果にしたがった1×2の分析をするようにしてください。一般に，統計的分析は高次元（2×2）から低次元（1×2）へと進み，その逆はありません。

研究例Ⅱ：χ^2 検定と残差分析

『先行オーガナイザーの利用可能性が文章の読解に及ぼす効果』

はじめに

　この研究例は「先行オーガナイザー」といわれる学習促進手段を扱っています。

　先行オーガナイザーは抽象的な文章や図式です。教科書などを学習するときに用います。つまり，先行オーガナイザーは教科書の内容よりも一段抽象的な内容を先に提示します。すると後続の学習が促進されるという実験報告があり，一躍，学習心理学の主要なテーマになりました。

　ふつうに考えると，学習は具体的なものから始めて抽象的なものへと進んでゆくのがよいようですが，先行オーガナイザーのように抽象的なものから始めるほうがよいという発想がちょっとした驚きでした。

　この発想は1960年代，オースベル（Ausubel, D. P.）によって提唱された「有意味受容学習」の理論に由来します。この理論は学習者の中に「認知構造」（cognitive structure）を仮定し，それに働きかけることによって学習を促進しようとするものです。その認知構造への具体的な働きかけの手段が先行オーガナイザーです。

　認知構造とは，今日ふつうにいえば知識のことです。今では何も興奮しないでしょうが，1960年代の状況では，そんなあいまいなものを，しかも学習者の内部という見えない部分に仮定し働きかけようなどとすることは「非科学的」といわれかねない所業でした。事実，行動主義心理学の立場からはずいぶん批判がありました。それだけに，新しい心理学の気運に敏感だった人たちには禁断の甘さがあったようです。学習者を環境に条件づけられた機械的仕組みとみなすか，あるいは自らの内に知識をもって活動するアクティヴな主体とみなすか。多くの研究者がこの歴史上の転換点を越えてゆきました。その流れはやがて1970年代の認知心理学へと行き着きます。

　この意味において，先行オーガナイザーという考え方が提示された1960年

代は，認知心理学の開幕を知らせるプロローグの時代であったといえます。それがいま現在，「認知心理学」も死語となりつつある今日の時代に再び問題とされる余地があるのでしょうか。そんなことを考えながら読んでみましょう。

『先行オーガナイザーの利用可能性が学習と保持に及ぼす効果』

問　題

　文章材料に関する有効な学習方法の一つとして，Ausubel（1960）は先行オーガナイザー（advance organizers）の導入を提唱した。しかしながら，その後の研究知見において，先行オーガナイザーの効果は必ずしも安定して確かめられているとは言い難い。Luiten, Ames & Ackerson（1979）は135件の実験研究をレヴューし，総合的判定の結果，先行オーガナイザーが学習に及ぼす一定の有効性を認めながらも，いくつかの疑問を提出している。たとえば，報告された効果は小さな値を多く含んでいること，大きな値であっても標準誤差が大きいこと，学年・教科・学力などに関連した一定の傾向が見いだせないことなどである。また，Kozlow（1978）は99件の実験研究を分析し，先行オーガナイザーの正の効果は確証されないが，まったく効果がないとも断定できないと結論づけている。
　このように，これまでの先行オーガナイザーの実験研究は，あるときは学習の促進効果を見いだし，あるときはその効果を見いださないという結果の不安定さを示してきた。この原因はどこにあるのだろうか。

解　説

ここは「問題」の書き出しです。構成を見てみましょう。

1．テーマの特定　（文章材料の学習方法，先行オーガナイザー）
2．先行研究の引用　（Luiten et al., 1979；Kozlow, 1978）
3．問題の提起　　（先行オーガナイザーの効果は不安定。原因は何か）

1番めの「テーマを指定する」では"絞り込み"が見られます。まず大きく「文章材料に関する学習方法」（たくさんある）といっておいて，そのひとつの「先行オーガナイザー」に限定します。

先行オーガナイザーはかなり具体的な手段ですが，かつて，ひとつのテーマとして扱われるほど多くの研究者の関心を集めたものです。この研究例では，その"総括"ともいうべき役割を引き受けようとしています。このため引用文献は個々の実験ではなく「レビュー」(review) といわれる論文になっています。"レビュー論文"は特定のテーマについて"実験論文"を多数収集し（ここでは135個，99個），個々の結果を総合して一定の結論を導こうとするものです。けれども，本文中の記述からすると，導かれた結論は「まだよくわからない」というものです。

さて，その「まだよくわからない」とされる先行オーガナイザーですが，言葉の意味は「先に行くまとめ役」です。具体的には，ある文章材料を学習する前にあたえられる別の文章または図式のことをさします。この先行オーガナイザーの働きは，学習者の認知構造の中に新しい情報の"受け皿"をつくることです。図に描くと下のようになります。

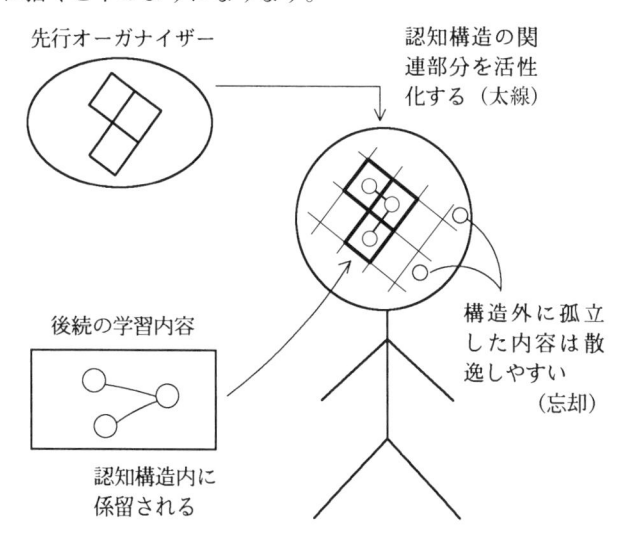

図2　先行オーガナイザーによる後続学習の促進
(イメージ・イラスト)

上の図2のように，先行オーガナイザーは認知構造の関係部分をあらかじめ活性化します。そうしておけば，後続材料の内容はこの部分にシッカリとつなぎ留められることになります。もしもそのような係留点がないと，取り込まれた内容は認知構造の中に一時的に存在しても，長く留まっていることはできず，時間がたてば散逸してしまうでしょう。これが忘却です。

しかし，理論的な話はもっともらしいのですが，その実験的証拠は明確ではありません。先行オーガナイザーの効果は，あるときは出たり，あるときは出なかったり，不安定さを示してきました。こうなると，今後，いくら先行オーガナイザーの有効性を示す証拠を提出しても「そのときは出た」「別のときは出ない」ということになってしまいます。現実に，この結果の不安定さのゆえに先行オーガナイザーの研究は下火になっていったようです。

そこで，この研究例では，先行オーガナイザーの実験結果は「どうして不安定なのか」と，不安定さの原因を追究することから始めています。しかしながら，いったいどんな原因を想定できるのでしょうか。1960年代から20年間にわたって蓄積されたデータの動揺を一言のもとに説明してのける答えがあるのでしょうか。続きを読んでみましょう。

　ひとつの観点として，学習者における先行オーガナイザーの利用可能性に注目してみたい。たとえば学習者は後続の学習内容を係留する要素を認知構造のなかにもっていたとしても，それを利用できるとは限らない(Bright, 1974；Lawton & Wanska, 1977；Mayer, 1979)。この点，従来の実験は被験者における先行オーガナイザーの利用可能性について無関心であったといえる。実験者は被験者に，先行オーガナイザーが後続の学習に好ましい影響をあたえることを告げても，どうしてそうなるのかということは教えない。被験者は先行オーガナイザーの文章から何を読み取り，それをどんな形で保持して後続の学習に適用すればよいのかを必ずしも知っているわけではない。したがって，手続きの上では確かに先行オーガナイザーを提示していても，被験者の側では先行オーガナイザーを利用できないということが起こりうる。しかし，過去の実験研究は被験者における先行オーガナイザーの利用可能性についてほとんど関心をはらってこなかった。このため，先行オーガナイザーの効果は，対象とされた被験者の側の条件いかんによって検出されたり検出されなかったりしたのではないだろうか。

　そこで，本研究では，先行オーガナイザーの作用とその効果についての十分な説明を学習者にあたえることにした。それによって学習者における先行オーガナイザーの利用可能性を高めようとする。その後に先行オーガナイザーを提示すれば，（実際に有効であるにしても有効でないにしても）一貫した安定的結果を見いだすことができるようになるであろう。

　従来，そのような先行オーガナイザーの作用や効果を被験者に十分に説明しなかった理由は，被験者に暗示や期待が伝わるのでフェアな実験比較にならないということであったと考えられよう。したがって，本研究ではむしろ先行オーガナイザー

と同等の作用説明・効果説明をあたえる架空の学習方法「フォーカス・ラーニング」を仮定し，これを対照群として設置することにした。

かくして，群の設置は，先行オーガナイザーの説明をあたえる「先行オーガナイザー説明群」（以下 AO 説明群），架空のフォーカス・ラーニングの説明をあたえる「フォーカス・ラーニング説明群」（以下 FL 説明群），従来のやり方どおり説明なしで先行オーガナイザーを提示するだけの「先行オーガナイザー提示群」（以下 AO 提示群）の 3 群である。

もしも先行オーガナイザーの説明が後続の学習における先行オーガナイザーの利用可能性を促進するならば，AO 説明群が，従来的な AO 提示群および FL 説明群よりもいっそう高い学習成績を示すであろう。

なお，学習成績をみるためのテストは学習の 1 ヵ月後に実施した。というのは，先行オーガナイザーによる学習内容の係留は記憶過程よりも忘却過程においていっそう効果をあらわすからであり (Ausubel, 1966)，いくつかのレヴューにおいても (Barnes & Clawson, 1975 ; Lawton & Wanska, 1977 ; Luiten et al., 1979)，先行オーガナイザーの効果は直後テストではなく遅延テストによって測られるべきであると示唆されているからである。

解　説

ここまで，もう一度，「問題」全体の構成を見てみましょう。

　1．テーマの指定　（文章材料の学習方法，先行オーガナイザー）
　2．先行研究の引用　（Luiten et al., 1979 ; Kozlow, 1978）
　3．問題の提出　　（先行オーガナイザーの効果は不安定。原因は何か）
　4．解答の提出　　（先行オーガナイザーの利用が被験者まかせだった）
　5．方法の発案　　（被験者に十分な内容説明・効果説明をあたえる）
　6．仮説の提出　　（AO 説明群がよりよい成績をあげる）

このうち 4 番めから以下が，ここでの記述になっています。

4 番めの「解答の提出」が研究のオリジナリティとなります。それによると，先行オーガナイザーの実験結果の不安定さという"問題"に対して，先行オーガナイザーの「利用可能性」という"解答"を提出しています。簡単にいえば，先行オーガナイザーの効果が出たり出なかったりしたのは，たまたま先行オーガナイザーをうまく利用できる被験者が多かったり少なかったりしたせ

いであるということです。

　5番めの「方法の発案」は，この"解答"にそった実験の具体化となります。先行オーガナイザーの利用可能性を上げるために，事前にその作用説明と効果説明を被験者にあたえようということです。これは意表をついています。ふつう実験処遇の作用や効果は被験者に教えないものです（被験者が作為的にその作用を助長したり抑制したりするおそれがあるので）。それだけに先行オーガナイザーの作用を被験者に知ってもらうという発想はちょっと浮かびにくいといえます。ある被験者にだけ「こうすれば学習後のテストでいい点がとれるよ」と内緒で教えているようなものですから。

　しかし，考えてみれば，それで成績が上がるのならよいのではないかと思えます。問題があるとすれば，本文中にあるように「フェアな実験比較にならない」ということでしょう。そこで，比較対照に架空の学習法"フォーカス・ラーニング"を仮定し，これにも作用説明・効果説明（有効であるという）を付けることにしました。

　実験はこのように必ず比較対照ができるようにしなければなりません。この研究ではAO説明群とFL説明群のほかに，さらにもうひとつ（説明なしの）AO提示群を設置していますが，これも従来のやり方と比較できるようにしたものです。

　最後の6番めは「仮説の提出」です。仮説の書式は「もし〜ならば…」の構文を使って，もしもこの研究の考え方が正しいならばどの群が"勝つ"かを，はっきりと指摘します。本文では次のようにいっています。「もしも先行オーガナイザーの説明が後続の学習における先行オーガナイザーの利用可能性を促進するならば，AO説明群が，従来的なAO提示群およびFL説明群よりもいっそう高い学習成績を示すであろう。」

　このとき学習成績は1ヵ月後の**遅延テスト**の成績によって測定されます。1ヵ月とは，遅延期間として異例の長さですが，あとの「方法」を読むとわかるように，学習内容が比較的少量であるため1・2週間の遅延ではなかなか忘却が始まらないと考えての処置です。しかし思い切った長さです。すっかり忘却するおそれもあります。

方　法

実験計画　AO説明群・AO提示群・FL説明群の3群比較。

被験者　大学生90人。既存の授業クラスを用いてAO説明群42人，AO提示群29人，FL説明群19人を割り当てた。

学習材料　小出博著「山崩れ」（古今書院，1955）の一部を翻案した約1500字の文章。概要は，昭和22年のキャサリン台風が赤城山に大被害をもたらしたが，秩父山地にほとんど被害をあたえなかったという事実を述べ，山崩れの一般的な因果関係を説明したものである。

先行オーガナイザー　風邪の因果関係に関する約1000字の文章（研究者の創作）。その主旨は，風邪が誘因（ウィルス）・素因（疲労や栄養不良）・免疫性（既往歴）の〈誘因＋素因－免疫性〉という因果関係によって発病するというものであった。この抽象的な因果関係は山崩れにも当てはまる。すなわち山崩れも誘因（風水）・素因（地質）・免疫性（被災歴）からなる因果関係（誘因＋素因－免疫性）によって引き起こされる。

解　説

先行オーガナイザーは，この「誘因＋素因－免疫性」のように抽象的・一般的・包括的な内容を表します。

手続き　実験は群ごとに集団的に実施した。AO説明群では，先行オーガナイザーの説明→先行オーガナイザーの提示→後続学習→1ヵ月遅延テストという手順であった。その際，先行オーガナイザーの説明は次のような主旨であった。① 1960年にオースベルという人が先行オーガナイザーの理論を提唱した。② その理論によると，教材の学習はまず抽象的な枠組みを学び，次に具体的な内容を学ぶと効果的である。③ そうした先行オーガナイザーを用いた学習を意識的に実行してもらいたい。

AO提示群では，このような説明がなく，あとはAO説明群と同じである。FL説明群では，フォーカス・ラーニングの説明→後続学習→1ヵ月遅延テストという手順であり，フォーカス・ラーニングの説明は次のような主旨であった。① 1960年にアースウェルという人がフォーカス・ラーニング（焦点学習）の理論を提唱した。② その理論によれば，教材の学習は反復が基本であり，反復のたびに前回わかりにくかったところや重要だと思ったところにフォーカスを絞り込んでゆくよう

にすると効果的である。③ そうしたフォーカス・ラーニングの方法を意識的に実行してもらいたい。

なお，遅延テストは「山崩れが起こるしくみを説明しなさい」という質問であり，回答は自由記述とした。また，そのテストの直後に，AO 説明群と AO 提示群の被験者に対して，先行オーガナイザーに含まれていた因果関係「誘因＋素因－免疫性」がテスト中にどれくらい想起できたかを質問し，次の3段階で解答させた：「思い出せなかった」「思い出せたが利用しなかった」「思い出せて利用した」。

解　説

ここでデータが手に入ります。データは2種類あります。

ひとつは自由記述プロトコルです。プロトコル（protocol）とは「ありのままの言葉」のことです（ここでは筆記による）。これは内容を評価し，得点化しなければなりません。

もうひとつは想起の3段階評定です。先行オーガナイザーに含まれていた因果関係についてたずねたものですので，このデータは AO 説明群と AO 提示群のみです。こちらのほうから処理してみましょう。

いったん論文を離れます。

研究例Ⅱのデータ処理（1）：2×3 表の χ^2 検定

【2群×3カテゴリー表において2群間に差があるケース】

因果関係の想起の3段階評定は，カテゴリー・データです。各被験者は先行オーガナイザーを「思い出せなかった」「思い出せたが利用しなかった」「思い出せて利用した」の3つのうちのいずれか1カテゴリーを回答します。

カテゴリー・データは度数として処理します。以下，その手順です。

① 度数集計表を作成する

群が2つあり，カテゴリーが3つありますので，度数集計表は次のような2×3表となります。

表6　先行オーガナイザーの想起・利用者（人）

	思い出せなかった	思い出せたが利用せず	思い出せて利用した
AO 説明群	12	15	15
AO 提示群	16	6	7

各群の総人数が違いますから，実数での比較は不正確です。χ^2検定を用いて分析してみます。ここからコンピュータを動かします。

② STAR を起動する

"star#.#.#j" のフォルダをクリックして開き，中の "index.htm" をクリックします。

⇨STAR のトップページが表示される。

③ χ^2検定のプログラムを起動する

画面の左のメニューの「χ^2検定」をクリックします。

④ 縦のカテゴリー数と横のカテゴリー数を入力する

コンピュータが下のように聞いてきます。度数集計表の 2×3 に合わせて，縦のカテゴリー数（2）と，横のカテゴリー数（3）を順次入力します。

縦のカテゴリー数を入力してください

⇨2　と入力し，OK ボタンをクリックする

横のカテゴリー数を入力してください

⇨3　と入力し，OK ボタンをクリックする

⇨画面に 2×3 表がつくられる。

⑤ 表の各セルに度数を入力する

各セルの内をクリックし，表6の通りに度数を打ち込みます。
なお，数字の入力はすべて半角でおこなってください。

⇨入力が終わったら，「計算！」ボタンをクリックする。

⑥ χ^2 と p の値を表示する

計算した値を下のように表示します。

$$x^2(2) = 5.129, \quad .05 < p < .10$$

   ↑   ↑   ↑
  自由度 カイ二乗値 偶然生起確率

読み方は p の値を見ます。そして，2×3 表の度数パターンが偶然に起こる確率は 5-10% であると読みます。

⑦ p の値の有意性を判定する

$.05 < p < .10$ を下の「有意性の判定表」（再掲）に対照します。

表3 統計的有意性の判定表

p の値	マーク	文章中の表現
p>.10	なし	有意でない
.05<p<.10	†	有意傾向である
p<.05	*	（5％水準で）有意である
p<.01	**	（1％水準で）有意である

（注）マークを論文に記載するときは肩付きとする。

上表によれば $.05 < p < .10$ は「有意傾向」です。これは"有意になる傾向"という意味であり，正式の有意性（p<.05）よりも1ランク低いものです。それなりに結果の評価も控えめになります。

以上，いったん，ここまでのデータ処理を論文でどう記載しているかを見てみましょう。

結　果

　表7は，AO 説明群と AO 提示群においてテスト中に「誘因＋素因－免疫性」の因果図式を想起・利用した者の人数を集計したものである。χ^2 検定の結果，両群の人数比率の差は有意傾向であった（$\chi^2_{(2)} = 5.129$, $.05 < p < .10$）。表7によれば，AO 説明群は AO 提示群よりも「思い出せなかった」と回答した被験者が少なく，相対的に「思い出せた」または「利用した」と回答した被験者が多かったといえよう。

このことから，AO 説明群における先行オーガナイザーの説明手続きが，因果図式の保持と利用可能性を促進したことが確かめられる。

表7　先行オーガナイザーの想起者・利用者（人）

	思い出せなかった	思い出せたが利用しなかった	思い出せた・利用した
AO 説明群	12(28.6)	15(35.7)	15(35.7)
AO 提示群	16(55.2)	6(20.7)	7(24.1)

（注）カッコ内の数値は群内の%。

解説

本文中に記載された χ^2 と p の値は下のようにコンピュータ出力そのままです。

コンピュータ出力　x2(2)=5.129, .05<p<.10
　　⇩
「結果」中の記載　$\chi^2_{(2)}$=5.129, .05<p<.10

カイ二乗の記号はギリシャ文字の"χ"（カイ）を使ってください。英字のエックスではありません。下付きのカッコ内の"2"は「自由度」といわれる指数であり，コンピュータ出力のまま必ず添えます。

さて，上の2×3表は有意傾向でしたが，ここではほとんど正式の「有意」（p<.05）と同じ扱いをしています。実際の心理学研究でも，有意傾向のケースはたいていそうするようです。

この有意性は2群間の差を表しています。本文では「人数比率の差」と表現しています。具体的には上の表7の%を見るとわかるように，AO 説明群と AO 提示群では，各カテゴリーの人数比率に差があります。特に「思い出せなかった」のカテゴリーにおいて AO 説明群は 28.6%，AO 提示群は 55.2% となっています。これはもちろん先行オーガナイザーについての説明あり，説明なしの効果です。

以上は，各群に対する実験手続きの妥当性を確かめたものです（手続きの妥当性の確認）。

ここでまた論文からデータ処理に戻ります。

もう1種類，データがありました。山崩れはどうして起こるのかについての

自由記述解答です。この分析が本命です。

研究例Ⅱのデータ処理（2）：χ^2 検定と残差分析

【自由記述回答を評価し，評価カテゴリーを分析するケース】

　まず，被験者の自由記述回答を"データ化"しなくてはなりません。
　自由記述回答（プロトコル）に客観的数値を求めることはできませんので，書かれてある内容を評価し，ABCの3段階の評点をあたえることにします。その手順は次のとおりです。

① 各評点の基準を決める
② 複数の評価者が独立に評価する
③ 評価者間の評点の一致度をみる
④ 不一致のケースを処理する

順番に実行してみます。

① 各評点の基準を決める
ここではABCの3段階評点について，下のように評価基準を決めました。

　A：山崩れの3つの原因事項（雨量，地質，被災歴）を適切な因果関係において記述しているもの。
　B：山崩れの3つの原因事項のうち1個または2個を適切な因果関係において記述しているもの。
　C：山崩れの3つの原因事項にまったく言及していないか，または，言及していても，誤まった因果関係を記述しているもの。

② 複数の評価者が独立に評価する
必ず複数の評価者を立てることが重要です。1人では「主観的」といわれま

す。複数ならば「相互主観的」であり，これは「客観的」に準ずる信頼性を受けることができます。

　評価者は評価基準について十分に確認し，その後はまったく独立に（一切の情報交換をせずに）評価に当たります。この研究例は2人の共同研究であり，その2人がそのまま評価者となりました。

③ 評価者間の一致度をみる

　評価者2人の評点の一致度を％で表します。

　ここでは被験者90人中78人についての評点が一致しましたので86.7％です。これがそのまま「評価の信頼性」を表します。もしも評価者3人のときは，3人一致が何％，2人一致が何％，という表し方をすればよいでしょう。

④ 不一致のケースを処理する

　ここでは不一致のケースが12個ありました。これについて評価者間で協議し，評点を一致させました。一般に，不一致のケースについての処理は次のような方法があります。

　　　＊ 評価者間の協議により一致させる。（本例の場合）
　　　＊ 評価者間の多数決により決定する。（評価者が3人以上の場合）
　　　＊ 評価者間の平均をとり評点とする。（評点が数値の場合）

　以上，自由記述回答を"データ化"しました。データはA・B・Cであり，これはカテゴリー・データです。あえて3・2・1と数量データとすることもできますが，得点範囲が狭いので，カテゴリー・データとして分析するほうが無難です。

　以上，続けて処理してみます。

⑤ 度数集計表を作成する

　カテゴリー・データの処理はまず最初に度数集計表をつくることです。

　群が3つあり，カテゴリーが3つありますから，次のような3×3表になります。

表8　各群の自由記述回答の評点（人）

評　点	A	B	C
AO 説明群	31	6	5
AO 提示群	11	12	6
FL 説明群	5	8	6

⑥　STAR を起動する

"star#.#.#j" のフォルダをクリックして開き，中の "index.htm" をクリックします。

⇨ STAR のトップページが表示される。

⑦　χ^2 検定のプログラムを起動する

画面の左のメニューの「χ^2 検定」をクリックします。

⇨ χ^2 検定のページが表示される。

⑧　縦のカテゴリー数と横のカテゴリー数を入力する

「縦のカテゴリー数を入力してください」と聞いてきます。

⇨ 3 と入力し，OK ボタンをクリックする。

続けて，「横のカテゴリー数を入力してください」と聞いてきます。

⇨ 3 と入力し，OK ボタンをクリックする。

⇨ 画面に 3×3 表が表示される。

⑨　各セルの度数を入力する

各セルの内をクリックし，表8の通りに度数を打ち込みます。
数字の入力はすべて半角でおこなってください。

⇨ 入力が終わったら，「計算！」ボタンをクリックする。

⑩　χ^2 と p の値を表示する

計算終了後，下のように値を表示します。

$x2(4)$　=　15.893,　　p＜.01
　　↑　　　　　↑　　　　　↑
　　自由度　カイ二乗値　偶然生起確率

pの値を読み取ります。3×3表の度数パターンが偶然に起こる確率は1%未満であることがわかります。つまり、ほとんど偶然には起こらないということです。すると、それは実験的に群を設置した効果であるといえます。

⑪ pの値の有意性を判定する

これは"p<.05"の基準をクリアしていますので、はっきりと有意です。さらにまた"p<.01"という1ランク上の基準もクリアしていますので、それを強調して「1%水準で有意である」ということができます。偶然生起確率が小さいほど有意水準は上がります。

⑫ 残差分析へ移行する

STARではχ^2検定の結果が有意であると、自動的に「残差分析」といわれる事後処理へ移行します。残差分析は度数集計表のセルのうちで、どのセルに度数が多かったのか、どのセルに度数が少なかったのかを割り出すための方法です。

この残差分析の出力とその読み方は、結果をとりあえず保存してからにしましょう。

⑬ 結果を保存する

結果は「コピー&ペースト」で、テキスト文書に貼り付けておくのが実践的に便利です。手順は次のようになります。

・「結果」の枠内のどこかをクリックし、画面上端で「編集」→「すべてを選択」をクリック。　⇨「結果」の枠内が色付きになる。
・続けて、「編集」→「コピー」をクリック。　⇨結果が保持される。
・Windowsなら「メモ帳」、Macなら「SimpleText」のような簡易エディタか、愛用のワープロソフトを起動し、「新規文書」を開く。
・「編集」→「貼り付け」(ペースト) をクリック。　⇨貼り付け完了。
・「ファイル」→「印刷」(プリント) でコンピュータに接続されたプリンタに結果を印字します。次がそれです。

［カイ二乗検定の結果］
（上段実測値，下段期待値）

31	6	5
21.93	12.13	7.93
11	12	6
15.14	8.38	5.48
5	8	6
9.92	5.49	3.59

$X^2(4)=15.893$, $p<.01$　　Phi=.297

［残差分析の結果］
（上段調整された残差，下段検定結果）

3.835	−2.859	−1.583
**	**	ns
−1.871	1.803	0.301
+	+	ns
−2.545	1.431	1.591
*	ns	ns

+p<.10　　*p<.05　　**p<.01

　上が「カイ二乗検定の結果」，下が「残差分析の結果」です。どちらも3×3表の形式をとっています。

　上の「カイ二乗検定の結果」では，度数の下に期待度数（小数値）が書き込まれています。期待度数は偶然にそのセルに生じると期待される値です。たとえば左上の度数31のセルについては21.93が偶然に生じると期待されています。実際の度数のほうが多いですから，このセルは多くの度数が集まる何らかの理由（偶然ではない理由）をもっていることになります。

　下段の「残差分析の結果」は，この実際度数と期待度数の差が有意であるかどうかを検定するのです。出力中の3.835，−2.859などの数値が残差です。残差の読み方は次の手順です。

1．有意な残差（ns以外のマークが付いている）を拾う
2．有意な残差のプラス・マイナスだけを読む
　・プラス　→そのセルの度数は偶然に期待されるより有意に多い
　・マイナス→そのセルの度数は偶然に期待されるより有意に少ない

　結局，残差の数字部分はまったく見る必要がないということです。有意性の

マークと±だけを見ればよいことになります。

結果として上の出力では、全部で5つの残差が有意です。元の3×3表に対応させると以下のことがいえます。

※AO説明群の評点Aの人数が有意に多い。　　　3.84＊＊
・AO説明群の評点Bの人数が有意に少ない。　－2.86＊＊
・AO提示群の評点Aの人数が有意に少ない。　－1.87† （有意傾向）
・AO提示群の評点Bの人数が有意に多い。　　　1.80† （有意傾向）
※FL説明群の評点Aの人数が有意に少ない。　－2.55＊

特に"※"の結果がうれしいと思います。

以上でデータ処理を終わります。このように χ^2 検定から残差分析へというコースが度数の分析のひとつの常道です。

では「結果」の記述を読んでみましょう。

結　果

……（第1段落省略）……

次に、山崩れの起こり方について自由記述回答を分析した。

書かれた内容を評価し、A・B・Cの3段階の評点を付けた。評価基準はAが「山崩れの3つの原因事項（雨量，地質，被災歴）を適切な因果関係において記述しているもの」、Bが「山崩れの3つの原因事項のうち1個または2個を適切な因果関係において記述しているもの」、Cが「山崩れの3つの原因事項にまったく言及していないか、または言及していても誤まった因果関係を記述しているもの」であった。研究者2名が独立に評価した結果、評点の一致率は86.7％であり、不一致のケース（12例）については協議によって一致した評点を求めた。この結果として各群のA・B・Cの取得者数は表8に示すとおりとなった。

χ^2 検定の結果、人数の偏りは有意であった（$\chi^2_{(4)}=15.89$, $p<.01$）。

残差分析によると（表9）、評点A欄ではAO説明群の残差だけがプラスに有意であり、他のAO提示群・FL説明群の残差はマイナスに有意（有意傾向）であることから、AO説明群がもっとも優れた成績をあげたといえよう。

表8　各群の自由記述回答の成績（人）

評点	A	B	C
AO 説明群	31	6	5
AO 提示群	11	12	6
FL 説明群	5	8	6

表9　表8の各セルの調整された残差

	A	B	C
AO 説明群	3.84**	−2.86*	−1.58
AO 提示群	−1.87†	1.80†	0.30
FL 説明群	−2.55*	1.43	1.59

†p<.10　　*p<.05　　**p<.01

　一方，AO提示群は評点B欄に有意傾向のプラスの残差があるが，FL説明群ではどの評点欄にも有意なプラスの残差がないことから，AO提示群はFL説明群との比較においてはよりよい成績を示していた。

解説

ここは結果の核心部分です。構成は次のようになっています。

1．度数集計表の提示　　（3群×3カテゴリーの表を掲載する）
2．χ^2検定の結果の記述　（有意性を判定する）
3．残差分析の結果の記述（残差の表を提示し，結果を読み取る）

2番めの「χ^2検定の結果」は有意でした。
　したがって3番めの「残差分析」へと進んでいます。χ^2検定の結果が有意でなければ残差分析へは進めません。
　χ^2検定と残差分析の関係をもう一度，説明しておきます。次ページの表10は度数・期待度数・残差をすべて1つの表に書き込んだものです。論文にはこちらを掲載してもよかったでしょう。
　実際度数は現実にあらわれた度数です。
　期待度数は偶然に期待される度数です。次のように計算します。たとえば表10の太字21.9は，総度数90×行比率(42/90)×列比率(47/90) = 21.9と計算します。理屈としては，AO説明群の被験者数の比率と，評点Aの取得者数の

表10 期待度数と残差を書き加えた集計表（人）

	評点	A	B	C	
AO 説明群	実際度数	31	6	5	42
	期待度数	**21.9**	12.1	7.9	
	残差	3.84**	−2.86**	−1.58	
AO 提示群	実際度数	11	12	6	
	期待度数	15.1	8.4	5.5	
	残差	−1.87†	1.80†	0.30	
FL 説明群	実際度数	5	8	6	
	期待度数	9.9	5.5	3.6	
	残差	−2.55*	1.43	1.59	
		47			90

比率から期待度数を割り出します。

実際の度数が期待度数のとおりであれば，それは偶然にあらわれた結果になります。逆に，実際度数が期待度数より離れれば離れるほど，それは偶然にはあらわれにくい結果であるといえます。上例の度数31は期待度数21.9ですから偶然にはあらわれにくいようです。これに対して，たとえばAO提示群の評点Cの度数6（期待度数5.5）は簡単に偶然にあらわれるといえます。

したがって実際の度数がたんなる偶然の結果なのかどうかは，実際度数と期待度数の差を見ればよいわけです。

そこで，実際度数と期待度数の差をとり，集計表全体（9セル）について合計したものが χ^2 値です。合計せずに，1セルだけで計算したものが残差です。つまり，χ^2 値は全体の度数パターンが偶然に起こりうるかどうかを判定し，残差は1セルの度数が偶然に起こりうるかどうかを判定します。

分析結果によれば，集計表全体では $\chi^2 = 15.89$ となり，この $\chi^2 = 15.89$ という大きさは $p < .01$（偶然には1％未満しかあらわれない）と判定されています（1％水準で有意）。

このように，まず χ^2 検定によって集計表全体の有意性を判定してから，次に個々のセルの残差についてその有意性を判定します。残差の読み取り方を復習しておきましょう。

1．有意な残差（マークが付いている）を拾う
2．有意な残差のプラス・マイナスだけを読む
 ・プラス　→そのセルの度数は偶然に期待されるより有意に多い

・マイナス→そのセルの度数は偶然に期待されるより有意に少ない

この読み取り方が，だいたいそのまま「結果」の記述になります。
結果はほとんど仮説どおりでしたので，「考察」はたいへん楽でしょう。

考　察

　本研究における AO 提示群が，従来の実験において先行オーガナイザー群とみなされるであろう。結果として，本研究でも AO 提示群は FL 説明群より高い成績を示すということが見いだされた。しかしながら，新たに設置した AO 説明群はさらにこの AO 提示群をも上回る成績をあげることがわかった。

　このことから考えると，AO 提示群のなかには，先行オーガナイザーを提示されてもそれを十分に利用できなかった被験者が少なからずいたと思われる。実際，先行オーガナイザーが被験者の前に置かれるだけでは，その有効な利用はまったく個々の被験者の力量に依存するといえよう。これは先行オーガナイザーの効果の検出を，ある程度偶然にゆだねているようなものであり，たまたま本研究の AO 提示群の被験者においては何とか効果を検出したが，被験者が異なればまた結果も変わるであろうし，結局，一定しないということになるであろう。

　この意味において，従来の実験は，まるで先行オーガナイザーが自力で作用するかのように考えてしまい，現実に先行オーガナイザーを利用する学習者の状態に注意を向けてこなかったのではないだろうか。この点，本研究が導入した，先行オーガナイザーの利用可能性を高めるための説明手続きは，先行オーガナイザーの適用方法のひとつの改善を示唆するものであり，今後の研究と実践を新たに方向づけるものであるといえよう。

解　説

「考察」のポイントをあげておきます。

1．比較しながら考察する
2．考察の観点を提出する
3．有益な示唆を導き出す

1番めの「比較しながら考察する」は，AO説明群とAO提示群の比較に集中しています。そのように重要な結果に絞り込むことが大切です。この研究例の目的からして"AO説明群＞AO提示群"という結果が，"AO説明群＞FL説明群"や"AO提示群＞FL説明群"よりも重要です。

　2番めの「考察の観点を提出する」は，先行オーガナイザーに対する被験者側の利用可能性を取り上げています。これは「問題」のところで提出していた，この研究なりの解答です。それが正しかったといっていることになります。

　3番めの「有益な示唆を導き出す」は，本文にあるとおり「先行オーガナイザーの利用可能性を高めるための説明手続き」が今後の研究と実践のひとつの改善案になるであろうということです。

　全体に強い調子が感じられますが，うまくいった研究に対しては何も言うことはありません。

　以下，引用文献です。外国文献の書き方としてそれぞれ参考にしてください。書名および雑誌名をイタリック体にするのは慣習です。

〈引用文献〉

Ausubel, D. P. 1960 The use of advance organizers in the learning and retention of meaningful verbal material. *Journal of Educational Psychology,* 51, 267-272. (←雑誌論文)

Ausubel. D. P. 1966 Cognitive structure and the facilitation of meaningful verbal learning. In R. C. Anderson & D. P. Ausubel (Eds.), *Readings in the psychology of cognition.* New York : Holt, Rinehart, and Winston. Pp. 103-115. (←編集本の論文)

Barnes, B. R. & Clawson, E. U. 1975 Do advance organizers facilitate learning ? : Recommendations for further research based on an analysis of 32 studies. *Review of Educational Research,* 45, 637-659.

Bright, G. W. 1974 Recall of advance organizers as part of mathematics instruction. *ERIC Microfiche,* ED 108962. (←文献データベース・RIEの論文)

Kozlow, M. J. 1978 A meta-analysis of selected advance organizer research reports from 1960-1977. *ERIC Microfiche,* ED 161755.

Lawton, J. T., & Wanska, S. K. 1977 Advance organizers as a teaching strategy : A reply to Barnes and Clawson. *Review of Educational* Research, 47, 233-244.

Luiten, J. A., Ames, W., & Ackerson, G. 1979 The advance organizer: A review of research using Glass's technique of meta–analysis. *ERIC Microfiche,* ED 171803.

Mayer, R. E. 1979 Can advance organizers influence meaningful learning? *Review of Educational Psychology,* 49, 371–383.

※この研究例は池田・田中（1985）の一部を再構成したものである。

池田進一・田中　敏　1985　先行オーガナイザー研究における実験図式の改善　読書科学（日本読書学会），29（2），41-55．

統計基礎 Q & A （8-18）

Q & A 8【χ^2 検定と直接確率計算法の違い】

Q. この研究例では3×3の度数集計表に χ^2 検定を使っていましたが，直接確率計算法は使えないのですか。

A. 使えます。ただし直接確率計算法を使うと計算値と計算量が膨大になり，大型コンピュータでもかなりの時間がかかることがあります。そこで，度数が大きくて複雑な集計表については，計算量が少なく短時間で結果のわかる χ^2 検定を使っているのです。つまり，χ^2 検定は直接確率計算法の代用です（間接確率計算法）。

χ^2 検定は，集計表の度数から直接に p（偶然生起確率）を計算せずに，計算の簡単な χ^2 値をいったん求めて，この χ^2 値の偶然生起確率を求めます。このため p は正確に算定されず，p<.05 のように段階的にしか出ません。しかし結局，公認の有意水準は5％未満に設定されていますから，p<.05 であるかどうかさえわかればよいのです。

ちなみに研究例IIに出てきた2つの度数集計表について直接確率計算法で正確な p を計算してみます。そして χ^2 検定の結果と比べてみましょう。

表6　先行オーガナイザーの想起・利用者　（人）

	思い出せなかった	思い出せたが利用せず	思い出せて利用した	
AO 説明群	12	15	15	直接確率計算法　p=0.086
AO 提示群	16	6	7	$\chi^2_{(2)}=5.13$, .05<p<.10

表8　各群の自由記述回答の成績　（人）

評点	A	B	C	
AO 説明群	31	6	5	直接確率計算法　p=0.0022
AO 提示群	11	12	6	$\chi^2_{(4)}=15.89$, p<.01
FL 説明群	5	8	6	

表の右に書いた p の値を比べてみてください。有意性の判定はまったく変わりません。安心して簡単・便利な χ^2 検定を使ってください。

Q & A 9【自由度とは何か】

Q. χ^2 検定の結果を書くとき「自由度」というものを付記していますが，自由度と

は何ですか。

A. 自由度（degree of freedom）は「統計量が自由に出る程度」を表します。χ^2 の値に限らず、いろいろな統計量は固有の自由度をもっています。

χ^2 の自由度は「χ^2 の値が自由に出る程度」と考えればよいでしょう（自由度が大きいほど χ^2 値は大きく出る）。したがって、χ^2 のすべての値を同列に扱うわけにはいきません。

自由度1なら $\chi^2_{(1)} = 4.0$ くらいで有意になりますが（$p<.05$）、自由度4なら $\chi^2_{(4)} = 10.0$ くらいないと有意になりません。そこで必ず χ^2 の値には自由度を付記することにしています。

自由度の計算方法については、p.351 の χ^2 分布表における p の求め方を参照してください。実践的には、コンピュータ出力の数値をそのまま転記すればよいでしょう（自由度の見出しはふつう "df" が用いられていますのでそれを目印にしてください）。

Q&A 10【χ^2 検定は両側検定にしかならない】

Q. 直接確率計算法のときは、p の値の直後に必ず「両側検定」というコトバを付けましたが、χ^2 検定の場合はそうしなくてよいのですか。

A. よいのです。χ^2 検定は「両側検定」にしかなりません。

Q&A 11【χ^2 値と連関係数の関係】

Q. STAR の χ^2 検定の結果は x2(4) = 15.893, $p<.01$, Phi = .297 などと表示されますが、最後の Phi = .297 は何ですか。

A. ファイ係数またはクラメールの連関係数です。Phi は ϕ または Cr を使うところですが、Phi で間に合わせています。

いずれも連関の強さを表します。連関（association）とは度数集計表のタテ次元とヨコ次元の関係性です。連関係数の値が大きいほどタテ・ヨコの関係性はつよいということです。ϕ（ファイ係数）は 2×2 表の連関係数であり、Cr（クラメールの連関係数）は一般に i×j 表の連関係数です。1×j 表に連関の概念はありません。

連関係数は 0～1 の値をとります。ちなみに ϕ と χ^2 との関係は下式のとおりです。

$$\phi = \sqrt{\frac{\chi^2}{N}} \quad \text{（N は集計表の総度数：2×2 表の場合）}$$

連関係数はこのように χ^2 値を度数1個分に換算した値であり、χ^2 値の別の表現にすぎません。総度数 N の異なる集計表どうしを比べるときに使いますが、実際にはあま

Q&A 12【χ^2 値の計算と検定】

Q. χ^2 の値はどのように計算するのですか。また、χ^2 の値から p をどのように求めるのですか。

A. 下の 3×3 表を例にとると下段のように計算します。

表10　期待度数を書き加えた集計表（人）

	評点	A	B	C
AO 説明群	実際度数	31	6	5
	期待度数	21.9	12.1	7.9
AO 提示群	実際度数	11	12	6
	期待度数	15.1	8.4	5.5
FL 説明群	実際度数	5	8	6
	期待度数	9.9	5.5	3.6

$$\chi^2 = \sum_{i=1}^{9} \frac{(実際度数\ i - 期待度数\ i)^2}{期待度数\ i}$$

$$= \frac{(31-21.9)^2}{21.9} + \frac{(6-12.1)^2}{12.1} + \cdots$$

$$= 15.893 \quad i = セルの番号$$

集計表の実際度数と期待度数の差をとり、差の±を消すため二乗し、さらに期待度数 1 個分の差に換算します。これを全セルについて合計し、$\chi^2 = 15.893$ を得ます。この $\chi^2 = 15.89$ を、あらかじめ用意されている「χ^2 分布表」に対照し、その偶然生起確率 p を求めます（p.356 に行って実際に p を求めてみてください）。

Q&A 13【残差の計算方法】

Q. 残差はどのように計算するのですか。また、その値からどのように p を求めるのですか。

A. 下の式で計算します。

$$残差 = \frac{\dfrac{実際度数 - 期待度数}{\sqrt{期待度数}}}{\sqrt{(1-行比率) \times (1-列比率)}}$$

残差の計算式は、標準正規分布（平均 0、標準偏差 1）に対照できるように数値を調

整していますので，求めた残差を特に「調整された残差」と呼んでいます。調整された残差は，その絶対値が下のように一定の値を越えればすぐに有意と判定することができます。

|残差|>0.65　ならば　p<.10（残差の値に†を付ける）
|残差|>1.96　ならば　p<.05（残差の値に*を付ける）
|残差|>2.58　ならば　p<.01（残差の値に**を付ける）

Q&A　14【χ^2検定より先に残差分析をおこなってもよいか】

Q. 研究例の解説では，χ^2検定は集計表全体について，残差分析は個々のセルについて有意性を判定するとありましたが，全体を見ずにすぐ残差分析によって個々のセルを判定してもいいですか。

A. だめです。必ず，χ^2検定（または直接確率計算法）によって集計表全体の有意性を確かめてからでないと残差分析へ進んではいけません。χ^2検定の結果が有意でないときに，あるセルの残差分析の結果が有意であってもそれは認められません。

統計的判定の公準として，高次の有意性が低次の有意性を含むと考えます。全体が有意でなければ部分が有意であっても，「全体が有意でない」ほうを信頼します。

Q&A　15【χ^2検定の使用上の制約】

Q. χ^2検定を使うときの制約はありますか。また，もしその制約にひっかかったら，どのように対処すればいいですか。

A. 一般に次のケースではχ^2検定を使えません。

* 集計表の中に度数0のセルがある。
* 集計表の中に期待度数5以下のセルが全セル数の20%以上ある。
  （3×3表では期待度数5以下のセルが1つならよい，2つはだめ）

χ^2検定は直接確率計算法の代用ですから，この制約にひっかかると直接確率計算法への近似が著しく悪くなります。残差分析も同様に使えなくなると考えてください。

対処の方法としては以下の4つがあります。

1. 直接確率計算法を使う
2. 度数0があらわれたカテゴリーを除外する
3. 小度数のカテゴリーどうしを併合して「その他」とする

4．制約にひっかからなくなるまで観測度数を増やす

残差分析を予定しているときは2番め以下の対処をとるべきでしょう。

Q&A 16【3次元の度数集計表はどのように分析するか】

Q． χ^2 検定は2次元までの集計表にしか使えませんが，3次元の集計表はどのように分析したらいいのですか。

A．確かに，χ^2 検定は"タテ×ヨコ"の2次元の集計表までしか分析できません。たとえば下のような度数集計表は3次元です。

災害映画の視聴と援助行動の意志（人）

街頭募金活動へ の参加の意志	映画視聴群		統制群	
	男子	女子	男子	女子
全面的参加	9	12	4	3
一時的参加	21	32	11	16
参加しない	16	7	31	29

上の表は"2×2×3"になっています。これが3次元の集計表です。

χ^2 検定を使って，これを分析するには1次元ずつ落として分析するしかありません。たとえば下のようにします。

〔男子だけで2×3の分析をする〕

9	4
21	11
16	31

〔女子だけで2×3の分析をする〕

12	3
32	16
7	29

〔視聴群だけで2×3の分析をする〕

9	12
21	32
16	7

〔統制群だけで2×3の分析をする〕

4	3
11	16
31	29

以上の結果を総合し，たとえば次のような知見を導きます。「視聴群のほうが募金意欲が増す。特に女子は男子よりもいっそう募金意欲が増す。統制群にはこの傾向は見られない。」

ただし，このやり方は上位次元の有意性を暗黙に仮定しています（見た目でもその仮定に危険はないと思いますが）。

3次元以上の度数集計表をそのまま分析する方法として，SASでは"カテゴリカル・

データ・モデリング"の諸手法（対数線型モデルを含む）を保有していますので，統計的分析の信頼性を最優先するならそれらを使用すべきです。しかし，実際の現象解析力はほとんど違いません。妥当性本位に考えるなら，χ^2 検定を用いた上のようなやり方でまったく支障ありません。

Q&A 17【対応のある度数データはどのように分析するか】

Q. χ^2 検定や直接確率計算法は，対応のあるデータの分析には使えないということを聞きました。どういうことですか。

A. 「対応のあるデータ」は「くり返しのあるデータ」ともいいます。具体的には度数集計表のタテとヨコのカテゴリーが同一である（したがって対応する）データのことです。たとえば下の度数集計表が対応のあるデータです。

宣伝による購入動機の変化（人）

前＼後	買う	買わない	計
買う	23	7	30
買わない	18	20	38

対応のあるデータ（度数）に対して，χ^2 検定または直接確率計算法を使ってはいけないということはありません。ただし結果はだいたい無意味になります。たとえば上の 2×2 表は直接確率計算法によると $p=0.024$（両側検定）となり，有意です。しかし，表をみるとわかるように，宣伝前に「買う」という人が（「買わない」という人に比べて）宣伝後も「買う」という場合が多かったという無意味な結果です。

形は 2×2 表であっても，対応があるときは 1×2 表に組み直してから分析してください。下のように2つの 1×2 表に組み直すことができます。

表A　宣伝の効果をみる

買う→買わない	買わない→買う
7	18

表B　買う人が多いかをみる

	買う	買わない
宣伝後	41	27
期待値	30	38

（注）期待値は宣伝前の人数。

左の表Aは直接確率計算法によると $p=0.043$（両側検定）となり有意です。宣伝が購買動機を変化させるとしたら，「買う→買わない」よりも「買わない→買う」という方向へ変化させることを証明しています。

右の表Bは実際度数と期待度数の差をとり，χ^2 値を手計算します（一般に期待度数が異なる $1\times j$ 表にはコンピュータ・プログラムは使えません）。すると次のようになります。

$\chi^2 = (41-30)^2/30 + (27-38)^2/38 = 7.218$
df ＝ カテゴリ数 − 1 ＝ 1 （1×j 表の場合）
p＜.01 　（p.356 の χ^2 分布表に対照した）

したがって，宣伝後は宣伝前よりも買う人が有意に増えたといえます。ただし，このやり方は総数 68 人の人が宣伝前に無作為に抽出されている場合に限ります。実験的に「買う人」「買わない人」34 人ずつの群を構成したというようなときは，このやり方はできません（宣伝前の人数が偶然に決まったものではないので）。

以上，対応のあるデータに χ^2 検定または直接確率計算法を使えないということは「そのまま使うと無意味な結果が出る」ということです。明らかにしたいことをよく考えて，適切な度数集計をおこなえば，χ^2 検定または直接確率計算法によって分析することができます。

Q&A　18【パーセンテージは表示しなくてよいか】

Q. 研究例に出てきた度数集計表は，たんに度数だけを載せていましたが，パーセンテージを出さなくてもいいのですか。

A. いいです。
一般に度数集計表には下のような 3 つの書き方があります。

表A　度数のみ		表B　度数と%		表C　%のみ(N=80)	
20 人	60 人	20 (25)	60 (75)	25 %	75 %

（注）カッコ内%

表 A は度数だけ，表 B は度数と%，表 C は%だけ（総度数 N を付記）です。統計的分析（χ^2 検定など）をするときは表 A か表 B にしてください。

統計的分析をしない（たんに傾向をながめる）ときは表 C にします。新聞調査などのように総度数 1000 以上あれば統計的分析なしでも "見た目" の傾向だけでモノがいえますので，表 C のようなパーセンテージ表示をとります。

もっとも悪い集計表は，統計的分析をしているにもかかわらず総度数（N）の表記なしでパーセンテージ表示だけという表です。これは書き直しです。

第2部　分散分析と実験計画法

　分散分析は平均を比べるための方法です。扱うデータは「平均の出るデータ」すなわち数量データです。

＊

　ここでは全部で5つの研究例を取り上げます（研究例Ⅲ～研究例Ⅶ）。研究例Ⅲは，問題解決における「メタ認知」という重要なテーマを扱います。分散分析を用いた実験計画法の基本として統制群法を学んでください。

　研究例Ⅳは，ビデオ教材の中へ「視覚的句読点」を挿入し，その効果を見るというユニークな研究です。2要因の分散分析を学びます。

　研究例Ⅴは，中学生の学習意欲と交流経験の関係を明らかにしようとした研究です。2要因の分散分析において交互作用があらわれたときの処理と解釈を学んでください。

　研究例Ⅵは，再び「メタ認知」というテーマを取り上げます。メタ認知を個人においてではなく，教師-児童の相互関係において取り上げるところに現代のフロントを感じてください。本格的な3要因分散分析を取り上げます。また，分散分析できないケースに χ^2 検定を用いるという臨機の処理も体験することになります。

　研究例Ⅶは，アナロジーを用いた問題解決を扱います。3要因分散分析において二次の交互作用があらわれたときの処理方法を勉強します。その際，いままで学んできたいろいろな知識や技術が試されますので，よい復習になるでしょう。

＊

　「統計基礎Q＆A」では，平均，標準偏差，正規分布などの基礎知識から分散分析の考え方と使用上の技術まで，研究例の中で出てきた知識と用語の定着をはかります。

研究例Ⅲ：1要因分散分析と統制群法

『メタ認知訓練が算数の問題解決に及ぼす効果』

はじめに

　ここでは「メタ認知」といわれるテーマを取り上げます。まず，そのテーマについて研究者の問題意識に十分になじんでください。そして問題意識にしたがった実験計画と群の構成に注目してください。

　分散分析が出てくるのはだいぶ後（データを入力してから）ですが，分散分析がうまくゆくかどうかはすべて実験計画の立て方にかかっています。分散分析それ自体を覚えても，実験計画の立て方を知らなければ分散分析は使えないのです。

　では，論文例を読んでいってみましょう。

メタ認知訓練が算数の問題解決に及ぼす効果

目　的

　学習課程および問題解決過程にはメタ認知（meta-cognition）が密接に関与していることが知られている。

　フラベル（Flavell, J. H）によれば，「メタ認知とは，その人自身の認知過程と所産，あるいはそれらに関したことすべて（たとえば，学習に直接関係する情報やデータの属性）に関する知識をさす。……メタ認知は，認知的目標やデータとの関係で，通常はある具体的な目標のあるところで行われる能動的なモニタリングとその結果としての認知過程の調整や調和的遂行（orchestration）をさす」（木下，1981より）ということである。

　したがって，メタ認知が十分であれば，学習や問題解決はよりいっそう目標指向的に調整されると考えられる。そこで，本研究は，このメタ認知のやり方を積極的に児童にトレーニングすることによって，児童の算数の問題解決を促進しようとした。

解　説

　ここは研究目的を述べているところです。論文の見出しは上のように「問題」または「目的」とします。

　研究の目的は簡明でしょう。心理学におけるメタ認知の理論を教育実践に応用しようというものです。領域は小学校の算数です。

　ここでメタ認知（meta-cognition）というテーマについて少し説明しておきます。「メタ」がなくて単に「認知」だけなら，それは事物や課題についての認知をさします。その認知についての認知があると考えると，それが「メタ認知」となります。「メタ」の意味は「次の」「後の」「上の」などであり，図解すると図3のようなイメージです。

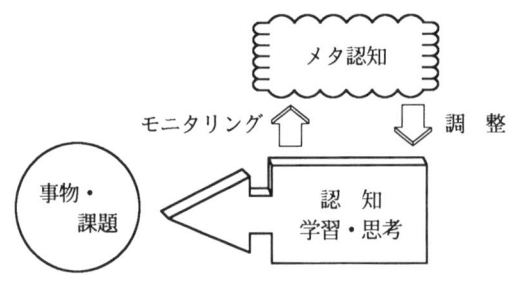

図3　認知とメタ認知の関係

　図の下段では，事物や課題に対して学習・思考がおこなわれています。学習や思考など，あらゆる意識過程をまとめて「認知」と総称します。その「認知」の上段にあるのが「メタ認知」です。図3を見ると，メタ認知が下の認知をモニター（監視）し，調整しています。それがメタ認知の働きです。たとえていえば，認知とメタ認知の関係は，野球の選手と監督みたいなものです。もちろん選手だけでもいい試合をするかもしれませんが，さらに監督がいて，その監督が全体の状況把握をし，適切な指示をあたえるならば，選手はもっと効率よく有利にプレイすることができるでしょう。理論上はそんなイメージです。

　さて，問題は実践です。実際に児童のメタ認知を十分に働かせるには，どうしたらよいでしょうか。この研究例では，直接に児童にメタ認知をトレーニングしようと考えています。どのようにトレーニングするのでしょうか。そこに注目して先を読んでみましょう。

メタ認知のトレーニング方法としてMeichenbaum & Asarnow（1979）の行動変容手続きを採用した。これは，たとえばハイパーアクティブ（多動傾向）の児童に対して「もっとゆっくりやってみよう」などの教示文を児童自身に言語化させ，それによってその児童の行動を自己制御させようとするものである。手続きは，モデルの人物が言語化するのを児童に観察させる段階から，児童の模倣→外言化→内言化という段階へ進む。これらの段階を通して児童が教示文を自発的に言語化できるようにする。

　本研究では，この行動変容の方法を参考に次の3段階の訓練を実施することにした。教師が児童に問題を提示し，① その解決を指導しながら「メタ認知的教示」を発し，児童がそれを聞く（観察）。② 教師が発したメタ認知的教示を児童が声に出して反復する（外言化）。引き続き，③ 児童がそのメタ認知的教示を心のなかで黙って反復し（内言化），同時に問題解決を遂行する。

　なお，このとき用いるメタ認知的教示として表11の5つを用意した。これらは『文字と式』（小学5年生単元）の問題解決に合わせて考案されたものである。

表11　メタ認知的教示

1.『何を求めたらいいのかな』	（問題の理解）
2.『わかってるものは何かな』	（情報の取り出し）
3.『その情報をどう利用しようか』	（式の選定）
4.『計算しよう』	（計算の実行）
5.『結果が正しいことを証明しよう』	（答えの証明）

解　説

　ここではメタ認知の訓練方法を決めています。次の2点について解説しておきます。

　第1点は，訓練の手続きです。この研究例ではマイケンバウムの行動変容の方法を参考にしています。マイケンバウムのやり方は自己言語化の訓練として，その筋ではたいへん有名なものです。また，比較的安定した成果が報告されていますので無難な選択といえます。

　第2点は，訓練事項です。ここでは「メタ認知的教示」を持ち出しています。問題があるとすればそのメタ認知的教示が本当に「メタ認知的」であるかどうかということです。定義上，メタ認知はモニタリングと調整を含みますので，メタ認知的教示はまさにモニタリングと調整を引き起こすものでなければなりません。

こうした特別の実験材料は，通常エキスパートが作ります。この研究例では小学5年生の『文字と式』を熟知している算数科の教師，おそらく研究者本人が作りました。表11の5つのメタ認知的教示をみると，シロウト目にもだいたいそんな過程（モニタリングと調整）が起こりそうだなという気がします。

さて，メタ認知の訓練方法が具体的に決まりましたので，次は実験計画を立てることになります。

以上の手続きを用いてメタ認知的教示を訓練する群を「メタ認知訓練群」と呼ぶことにする。そして，これと比較するため統制群のほかに「自己採点群」を設けた。自己採点は現場の学習指導によく取り入れられているものであり，児童に自分の答案を自ら採点させ，自ら誤りを修正させるので，メタ認知の過程を自然に引き起こしているかもしれない。そこで，この現場の常用的方法と比べることによって実験的なメタ認知訓練の有効性を検証することにした。

もしもメタ認知的教示の訓練が児童のメタ認知を促進するならば，問題解決得点において，メタ認知訓練群が自己採点群・統制群よりも優れた成績をあげるであろう。

解説

ここでは，① 実験計画を立て，② 仮説を提起しています。

実験計画とは，複数の群を比較可能な形でつくることです。上例では全部で3つの群をつくっています。メタ認知訓練群，自己採点群，統制群です。実験計画法の用語では順番に以下のように呼び分けます。

1. 実験群：研究者が期待する処遇を被験者にあたえる
2. 対照群：実験群と別の処遇を被験者にあたえる
3. 統制群：何も処遇を被験者にあたえない

ここで「処遇」(treatment) は被験者の扱い方のことです。訓練や手続きなどを総称してそういいます。

もちろん，メタ認知訓練群が実験群となります。それとは異なる処遇（自己採点指導）をあたえる自己採点群が対照群です。

統制群に処遇はありません。こうした処遇のない群をつくり，それと実験群を比べることによって処遇の効果を確かめます。統制群を用いた実験計画を「統制群法」といいます。統制群法は実験計画の基本中の基本です。

統制群を設けずに，ある処遇と他の処遇を比べるときは特に「対照群法」といいます。この研究例ではメタ認知訓練群と統制群だけでもよいのですが，もうひとつ，自己採点指導をあたえる対照群をつくりました。これは学校現場の発想です。メタ認知をいかに訓練するかを考えているうちに，日頃やっている自己採点指導はどうなのだろうかという興味がごく自然にわいてきたのでしょう。もしかすると日常的な自己採点指導が（それとは知らずに）メタ認知を訓練していることになっているかもしれないと思われたわけです。それならそれで学校現場の指導方法に一定の裏づけをあたえることができることになります。

そんなわけで統制群法と対照群法をミックスしたような3群比較の計画になりました。

実験計画を立てたら最後に仮説を述べます。この例では次のようになっています。「もしもメタ認知的教示の訓練が児童のメタ認知を促進するならば，問題解決得点において，メタ認知訓練群が自己採点群・統制群よりも優れた成績をあげるであろう。」

仮説の書式を見ておきましょう。

　　もしも〜ならば，　　　　　（←理論的期待を述べる）
　　問題解決得点において，　　（←現実のデータを指定する）
　　実験群は対照群・統制群より優るであろう。　　（←固定）

以上，仮説を明確に述べたところで「目的」の章は終わりです。次に「方法」の章に入ります。

方　法

被験者　小学5年生65人（男子28人，女子37人）。既存の3学級をそれぞれメタ認知訓練群・自己採点群・統制群に割り当てた。各群の人数，算数学力検査およ

び知能検査の平均得点と標準偏差は表12の通りであり，3群はほとんど等質であるといえた。

表12　各群の算数学力検査および知能検査の平均得点と標準偏差

		メタ認知訓練群	自己採点群	統制群
算数学力	N	22	21	22
	M	51.2	50.7	51.1
	SD	6.9	6.8	7.8
知能指数	M	52.2	53.3	53.7
	SD	8.1	6.8	6.9

解　説

ここは「方法」の最初の部分です。「方法」の記述は，適当な小見出しを付けて簡潔に書いてゆきます。原則として「方法」の最初の部分は**実験計画**と**被験者**を書きます（実験計画は明らかなので省いています：3群比較）。

被験者は次の3点について記述します。

1. 被験者の抽出方法　　　　（特別の抽出方法をとったときに書く）
2. 被験者の人数・特性　　　（学年や性別などを書く）
3. 群構成の方法と群の初期状態（表12の掲載）

1番めの「被験者の抽出方法」はここでは記述がありませんが，ごくふつうに，ある小学校の児童を抽出したということです。特定地域・特定階層・特定能力にねらいをつけて抽出するような場合はその方法を書かなくてはなりません。

2番めの「被験者の人数・特性」（学年と男女内訳）は本文に書いてあるとおりです。

3番めの「群構成の方法」は既存の3学級をそのまま3群に割り当てたということです。その結果として「群の初期状態」を表12に示しています。

本文最後の「3群はほとんど等質である」という判断を「等質性の確認」といいます。すなわち実験群・対照群・統制群の実験前の状態は等しいということです。当然，そうでなければいけません。

等質性の確認に使っている指標は，算数学力と知能指数です。この研究例で

は算数のテスト得点が実験データとなりますから，その得点に影響する（と思われる）算数学力と知能指数を取り上げました。そのように等質性の確認には，実験データと関係する指標を取り上げるようにします。

実際に表12を見ると，3群の数値はほとんど等しく，その差も1点内外にとどまっています。こんなときは文句なく「等質である」と判断してよいでしょう。なお，次の場合はそれぞれある程度の処理が必要になります。

* 等質性の保証がほしい場合：分散分析によって3群の平均間に有意差がないという結果（F比という統計量）を得ます。そのF比の小ささが等質性の証拠になります。これは分散分析を学んでから実際にやってみましょう（次の研究例Ⅳにおいて）。

* 各群が等質でない場合：被験者を入れ替えて群を再構成します。手間と時間がかかりますが一番確実な対処法です。等質でないまま実験を強行し，データ解析において対処する方法もありますが（共分散分析），制約が厳しく，うまくゆくとは限りませんので，あまりすすめられません。

ここでは，学校のクラスをそのまま各群に割り当てましたが，幸いにも既存のクラス自体が学校の方針によって等質に編成されていたようです。

続いて，「方法」の後半を読んでみましょう。

教　材　5年生の算数単元『文字と式』。この単元は（　）を使った4則計算の能力を要求する。単元の目標は，① 2つの数量の関係を x, y や a, b など文字を使って表したり，2つの数量の対応に着目することができるようになること，② 未知の数量を x として，公式などで示される数量の関係を式に表し，x の値を求めることができるようになることである。

テスト　文章式の計算問題10個と図形面積の計算問題10個。前者の文章式計算問題は，上の教材の内容と直接関係するものであった（例：1500 m 離れたおじいさんの家へ歩いて行きました。10分歩いて，あと700 m のところまで来ました。1分間に何mずつ歩いたことになるでしょう）。後者の図形面積の計算問題は上の教材内容と直接関係せず，メタ認知訓練の効果が転移するかどうかを調べるためのものである（図4参照）。

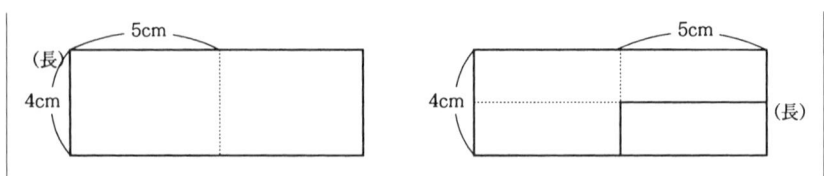

図4　図形面積計算問題の例

手続き　実験は各群ごとに実施した。算数の通常の授業6時限を利用した。各時限ともプリントで3問の練習問題を提示し，実験者がその解法を指導した。その際，メタ認知訓練群では実験者が5つのメタ認知的教示（表11）を段階的に提示し，児童がそのメタ認知的発問を外言化し，その答えをプリントに書記化した（正解を実験者が黒板に書いた）。自己採点群では，児童が独力で問題を解き，その答案を自分で教科書やノートを見ながら採点・修正した後，実験者に提出した（不適切・不十分な箇所を実験者がチェックしその場で個別に指導した）。統制群では，児童が独力で問題を解き，その答案を実験者に提出し，実験者が採点して返した後，児童が修正・再提出し，実験者がチェックするという手続きを繰り返した。各手続きはそれぞれ翌日または翌々日に実施し，6時限終了の7時限めにテストを実施した。テストの実施は文章式計算テスト，図形面積計算テストの順であった。

解　説

　ここでは，**教材・テスト・手続き**の3つの小見出しを立て，記述しています。このほかにも**材料・道具・装置・質問紙**など，内容によりいろいろな小見出しを使います。ただし，最後は必ず**手続き**となります。

　それぞれの小見出しで何を書くかは内容によりますが，どれくらい詳しく書くかについては「再現性」という基準があります。つまり，「方法」を読めば**他の人が同等の実験を再現できる**ような詳しさでなければなりません。それを念頭において書いてください。

　「手続き」の書き出しでは，一番最初に「個別実験」か「集団実験」かがわかるようにします。その後は，上文のようにだいたい各群ごとに処遇を書いてゆき，最後はテストについて書きます。

　ここまでが「方法」です。

　これでデータ（テスト得点）を入手し，各群を比較します。もちろんメタ認知訓練群が他の群より優れていたという結果になればよいわけです。

研究例Ⅲのデータ処理：1要因分散分析と多重比較

【分散分析で有意であり，多重比較へ移行するケース】

データの処理はコンピュータでおこないます。手順は以下です。

0. 得点化
1. 分散分析プログラムの入手
2. データファイルの作成
3. 分散分析の実行

最初の「得点化」はテストの採点のことです。これは解説の必要がないでしょう。この研究例では文章式計算テストと図形面積計算テストがあり，いずれも10点満点です。個々のテスト用紙を採点し，得点を右肩に記入しておきます。

ここからコンピュータを動かします。

1 分散分析プログラムの入手

まず分散分析のコンピュータ・プログラムを手に入れなければなりません。いくつか市販されていますので何でもかまいません。

本書では"STAR"を用います。入手方法は「オリエンテーション」を見てください (p. 2)。STARの分散分析プログラムは，分散分析を実行するだけでなく，その結果に応じて交互作用の分析や多重比較を自動的にやってくれるところが特徴です。

2 データファイルの作成

ここでは，STARを用いた手順を示します。STAR以外のプログラムでも，必ず「データファイルの作成」または「データ入力」というようなメニューがありますので，それを使ってください。

① STARを起動する

"star#.#.#j"のフォルダをクリックして開き，中の"index.htm"をクリックします。
　⇨STARのトップページが表示される。

なお，あらかじめ結果を保存するテキスト文書を開いておくと，後の作業がスムーズです。Windowsなら「メモ帳」を起動し，「ファイル」→「新規」をクリックし，新しい文書を画面に開いておきましょう。

② 分散分析のタイプを選ぶ

画面の左に，分散分析のメニューがあります。下のように，9つのタイプが並んでいますので，この中からひとつを選びます。

As	（1要因被験者間）
sA	（1要因被験者内）
ABs	（2要因被験者間）
AsB	（2要因混合）
sAB	（2要因被験者内）
ABCs	（3要因被験者間）
ABsC	（3要因混合）
AsBC	（3要因混合）
sABC	（3要因被験者内）

この研究例は，いちばん上のAsタイプです。それをクリックします。
　⇨「Asタイプ（1要因被験者間計画）」のページが表示される。

③ 分散分析のタイプを知る

分散分析で最も重要なことは，上のように分散分析のタイプを正しく選ぶことです。それにはどうしたらいいかを，ここで学んでみましょう。

いま手元に，3群の被験者のデータがあります。メタ認知訓練群と自己採点群と統制群のデータです。

研究例Ⅲ：1要因分散分析と統制群法 —— 71

　タイプを知るには「1被験者1行」で被験者の名前とデータを紙に書いてみることです。必ず1被験者の名前とデータを1行で書く（！）ようにします。すると，たとえば下のように書けます。

| 佐藤　6 |
| 鈴木　8 |
| 山田　10 |
| ‥‥‥　‥‥ |
| 蝦名　5 |
| 村沢　4 |
| 坂本　4 |
| ‥‥‥　‥‥ |
| 大滝　4 |
| 中川　3 |
| 柳田　6 |
| ‥‥‥　‥‥ |

⇨⇨ 左のように書いて群名を付けると ⇨⇨

	佐藤　6
メタ認知訓練群	鈴木　8
	山田　10
	‥‥‥　‥‥
	蝦名　5
自己採点群	村沢　4
	坂本　4
	‥‥‥　‥‥
	大滝　4
統制群	中川　3
	柳田　6
	‥‥‥　‥‥

　　　　　　　　　　　　⇧　　　　⇧
　　　　　　　　　　　群の欄　被験者の欄
　　　　　　　　　　　　(A)　　　(s)

　左のように「1被験者1行」で名前とデータを書いてから，右のように群の名前を書きます。すると「群の欄」「被験者の欄」と並びます。これを記号に置き換えると，左から自然に"As"と読めます。"A"は群や条件を表す仮の記号です。"s"は被験者（subjects）を表す固定記号です。これでこのデータファイルはAsタイプとわかります。

　どんな複雑なタイプも，この「1被験者1行」の書き方によって何タイプかを知ることができます。また後の研究例でやってみましょう。

　画面の中段にあるボタン「Q＆A入力」をクリックします。
　すると，コンピュータが以下のことを聞いてきますので，ひとつずつ答えてゆきます。数字の入力は，必ず半角モードにします（下線がキー入力）。

要因名を入力して下さい　⇨　GROUP　　※ユーザーの任意の名前を入力し，OKボタンをクリックする。
要因の水準数を入力して下さい　⇨　3　　※水準数とは群の数のこと。3群あるので3と入力する。
要因：GROUPの第1水準の被験者数を入力して下さい　⇨　22　※第1群の人数を入れる。
要因：GROUPの第2水準の被験者数を入力して下さい　⇨　21　※第2群の人数。
要因：GROUPの第3水準の被験者数を入力して下さい　⇨　22　※第3群の人数。

コンピュータは上のように「要因」や「水準」などの専門用語を使って聞いてきます。

要因は水準からなります。この例では，群という要因があり，それは3つの水準（メタ認知訓練群・自己採点群・統制群）からなっている，と考えることになります。このイメージも何回かやってみることで慣れることにしましょう。とりあえず，上のように入力したとします。

注意すべきは，水準の番号と各群の対応です。

コンピュータが「水準数」を聞いてきたら正確に3と入力します。するとコンピュータは水準1から水準3を内部に設定します。ここで人間の側では，各水準を順番に各群に割り当ててください。この割り当ては，いったん決めたら最後までそれを通します。

ここでは「水準1＝メタ認知訓練群」「水準2＝自己採点群」「水準3＝統制群」と決めましたので，これを通します。したがって「水準1の被験者数？」と聞いてきたらメタ認知訓練群の人数22を入力し，「水準2の被験者数？」と聞いてきたら自己採点群の人数21を入力します。以下同様です。

⑤ データを入力する

要因名・水準数・被験者数を入力し終わると，いったん「よろしいですか」と確認が入ります。これ以後，データを1個ずつ入力してゆきます。

　　第1水準　被験者 No. 1　⇨　<u>6</u>　※第1水準，つまり第1群。以下，順番に聞いてくる。
　　第1水準　被験者 No. 2　⇨　<u>8</u>
　　第1水準　被験者 No. 3　⇨　<u>10</u>
　　　…　　　…

「第1水準」はメタ認知訓練群のことです。

この群の被験者 No. 1 から，被験者 No. 2, 被験者 No. 3, …と順番に聞いてきますので，それに合わせてデータを入力します。

被験者 No. 22 まで入力すると，次は「第2水準　被験者 No. 1」へ移ります。同じように1人ずつデータを入力し，OKをクリックしてゆきます。

研究例Ⅲ：1要因分散分析と統制群法 ── 73

⑥ データを見直し，保存する

入力が終わると，画面の「データ」枠に，入力したデータが下のように表示されますので，ここで見直しをしてください。

```
As
GROUP
3
22 21 22
6 8 10 10 8 8 8 9 7 10
4 10 10 9 10 10 10 10 10 8
9 10
8 7 8 8 8 10 10 9 5 9
6 4 6 6 8 8 9 8 9 4
8
5 7 3 9 5 4 10 5 1 7
9 9 5 10 7 9 1 10 7 8
6 5
```

もし入力ミスがあったら，その数字をクリックし，削除して正しい数字を直接に入力することができます。入力でミスをしても，そこで直すよりは最後までどんどん入力し，この「データ」枠の中で直す方が楽です。

見直しが終わったら，コピー＆ペーストで，①で開いておいたテキスト文書に貼り付けましょう。手順は以下です。

「データ」枠の内をクリック，「編集」→「すべてを選択」をクリック，「編集」→「コピー」をクリックします。次に，テキスト文書のどこかをクリックし，「編集」→「ペースト」をクリックして貼り付け完了です。

最後に，「ファイル」→「保存」をクリックし，任意の名前を付けて保存しましょう。ここでは下の名前にします。

BUNSHO. TXT
　↑　　↑
ファイル名　拡張子

ここまでデータ入力を終えました。

Q＆A入力は，コンピュータがひとつ聞いてきたら，ひとつ答えるというやり方です。

直接に，画面の「データ」枠に連続入力することも可能です。以下は，研究例Ⅲのもう一種類のデータである「図形面積計算テスト」の得点を連続入力したものですので，練習用に掲載しておきます。

```
As              ※上4行は分散分析のタイプ・要因名・水準数・被験者数。
GROUP           書き方の説明は、「データ」枠の右肩にあるDataTypeをクリックすると出てくる。
3
22 21 22
7 8 8 7 9 9 4 8 6 7
6 7 10 7 9 7 10 10 8 6
8 7
7 8 6 4 4 7 9 7 3 10
0 10 1 5 8 8 9 6 6 5
7
8 9 9 9 5 3 10 8 1 6
7 9 8 10 8 10 1 4 8 6
7 0
```

数字の入力は必ず半角モードにします。データの区切りは半角スペースで，いくつ入れても構いません。また，上のように改行も自由です。

3 分散分析の実行（1）：文章式計算テストの得点について

⑦ 分散分析を実行する

「データ」枠にデータが表示されている状態で，画面中段にある「計算！」ボタンをクリックします。

⇨「結果」の枠に結果が出力される。

もし結果が出力されない場合，または，異常な数値が出力される場合は，データの入力ミスがないかを調べてみてください。特に，全角の数字や，全角のスペースがどこかに潜んでいると正常に計算しません。

数字とスペースは，必ず半角モードで入力するようにしてください。

⑧ 平均と標準偏差を見る

「結果」の出力を上から下へ見てゆきます。まず，平均と標準偏差の出力があります。

[As-type Design]

Means & SDs (of samples')
[A=GROUP]

A	N	Mean	S.D.
1	22	8.8182	1.5561
2	21	7.5238	1.7077
3	22	6.4545	2.6582

"A"の見出しの下に並んだ"1""2""3"が各水準の番号です。それぞれメタ認知訓練群・自己採点群・統制群と読んでください。

Nはデータの個数（各群の人数と一致する），Meanは平均，S.D.は標準偏差（Standard Deviation）です。平均を比べると，表面上の数値はメタ認知訓練群（8.82）が他をかなり上回っています（数値は適当にまるめる）。ざっとそんなところを見て，次へ行きます。

⑨ 分散分析表を見る

次に，分散分析（Analysis of Variance）の出力を見ます。

Analysis of Variance
[A=GROUP]

S.V.	SS	df	MS	F
A	61.6346	2	30.8173	7.08 **
Sub	269.9653	62	4.3543	
Total	331.5999	64	+p<.10 *p<.05	**p<.01

上の形式を「分散分析表」といいます。

見出しと数値がいろいろありますが，実際の研究ではFの値とマークだけを確認します。後の数値はほとんど見ません（もちろん学習時は別です）。

Fの値は「F比」といいます。F比7.08です。これは平均間の差が"偶然の揺れ"の7.08倍の大きさがあったことを意味しています。数値はつねに偶然に揺れるものです。したがって平均間に差があってもそれは偶然の揺れによって生じた可能性がいつもあります。しかし，ここではF＝7.08であり，平

均間の差は"偶然の揺れ"の 7.08 倍もあることがわかりました。

仮に F = 1.0 ならば平均間の差は偶然の揺れ具合と等しいことになります。つまり，数値の上では平均間に差が見られても，それはたまたま数値が揺れたからであり，何もしなくても（実験をしなくても）その程度の差はいくらでも生じるということです。

けれども，偶然の揺れの 7.08 倍という差は，なかなか偶然には生じないでしょう。統計学では理論的偶然分布（ここでは F 分布といわれる：p.352 参照）をつくり，あえて F = 7.08 が偶然に生じると仮定したらどれくらいの確率で生じるかを求めています。この偶然分布に対照すると，F = 7.08 は偶然には 1% 未満しか生じない（p<.01）とわかります。p<.01 であることを示すため分散分析表の 7.08 に 2 つのアスタリスク（＊＊）が付きます。

F 比が大きいほど，偶然生起確率 p は小さくなり，よりよいマークが付きます。このマークが統計的有意性（statistical significance）を表します。第 1 部「度数の分析」でも用いましたが，再び，統計的有意性の判定表を掲載します。ここでの判定は最下段に相当します。

表 3　統計的有意性の判定表

p の値	マーク	文章中の表現
p>.10	なし	有意でない
.05<p<.10	†	有意傾向である
p<.05	＊	（5％水準で）有意である
p<.01	＊＊	（1％水準で）有意である

(注) マークを論文に記載するときは肩付きとする。

⑩ 多重比較の結果を見る

さて，F 比が有意なとき，画面にはまだ下のような出力が続きます。

```
Multiple Comparisons by LSD
 (MSe=4.35428, * p<.05)
    A1  >  A2        *      (LSD=1.2734)
    A1  >  A3        *      (LSD=1.25851)
    A2  =  A3       n.s.    (LSD=1.2734)
```

これは「多重比較」(multiple comparisons) といいます。

多重比較は 2 平均のときはありません。この例は 3 平均ですので，F 比が有意である（平均間の差は偶然に生じたものではない）とわかっても，どの平均

とどの平均の差が有意なのかはまだわかりません。そこで3平均のなかの2平均ずつを比較するということをします。これを多重比較（多数回の比較）といいます。

多重比較の結果は上の出力中の等号・不等号に表されます。A1～A3は群の1番～3番に対応します。たとえば"A1＞A2"は「メタ認知訓練群＞自己採点群」であり，メタ認知訓練群の平均8.82が自己採点群の平均7.52より有意に大きいことを表します。「有意に大きい」とは群間の8.82－7.52＝1.30という差が偶然には生じない大きさであるということです（仮に偶然に生じるとしたら100回に5回未満しか生じない：$p<.05$）。

一方，"A2＝A3"は「自己採点群＝統制群」であり，両者の平均の差（7.52－6.45＝1.07）が有意でないことを表しています。その程度の差は偶然にも100回に5回以上は生じる（$p>.05$）。したがって本当に差があるとはいえないということです。けっこう厳しい判定です。しかしそれくらい慎重に考えることにしています。

結果として，メタ認知訓練群の平均が，他の2群の平均よりも大きいことがわかりました。また，自己採点群と統制群の差は有意でなく，自己採点群が優れているとは判定できないことがわかりました。

⑪ 結果を保存する

「結果」の枠内をコピーし，テキスト文書に貼り付けて保存しましょう。「コピー＆ペースト」の手順を以下に示します。

・「結果」の枠内のどこかをクリックする（アクティヴにするという）。
・「編集」→「すべてを選択」をクリック。
・「編集」→「コピー」をクリック。
・テキスト文書のどこかをクリックする。
・「編集」→「ペースト」（貼り付け）をクリック。
・「ファイル」→「保存」をクリック。
・任意の名前を入力して保存する。

前にデータを貼り付けておいた文書"BUNSHO.TXT"（p.73）に，結果もいっしょに保存するなら，データの下に貼り付けます。保存するときは「ファイル」→「上書きで保存」を選ぶようにします。

別に保存するなら，新しいテキスト文書を開き，そこに貼り付けます。保存するときはファイルの名前を変えたり，拡張子".TXT"を変えたりするとよいでしょう。慣習的に以下のような拡張子を用います。

.TXT　　テキストファイル（TEXT）　　※なかみは主に文字
.DAT　　データファイル（DATA）　　※なかみは主に数字
.DOC　　定型情報ファイル（DOCUMENT）
.RST　　結果の保存ファイル（RESULT）　　※筆者がよく用いる拡張子

4　分散分析の実行（2）：図形面積計算テストの得点について

この研究例ではもう1種類，図形面積計算テストの得点を分析します。

続けてAsタイプの分散分析を実行するときには，中段の「データ消去」ボタンをクリックします。次に「結果消去」ボタンもクリックします。

そして，きれいになった「データ」枠の中に，p.74のデータを直接書き込んでください。データを保存してから「計算！」ボタンを押しましょう。

この分散分析の結果は下段のように表示されます。

[As-type Design]

Means & SDs (of samples')
[A=GROUP]

A	N	Mean	S.D.
1	22	7.6364	1.4630
2	21	6.1905	2.6298
3	22	6.6364	2.9931

Analysis of Variance
[A=GROUP]

S.V.	SS	df	MS	F
A	23.7185	2	11.8593	1.89 ns
Sub	389.4199	62	6.2810	
Total	413.1384	64	+p<.10　*p<.05　**p<.01	

これは図形面積計算テストの結果です。

3群の平均（Mean）を比べると，やはりメタ認知訓練群（7.64）が一番よいようです。しかし，分散分析表のF比を見ると1.89であり，マークが付いていません。代わりに"ns"が付いています。これは「有意でない」（non-significant）を表します。

つまり，3平均の差は，数値の偶然の揺れ具合より1.89倍大きかったが，その程度の大きさは偶然でもよく生じるということです。具体的にはF＝1.89の偶然生起確率がp＞.10であったことになります。せめてpの値が10％未満にならないと有意・有意傾向の範囲に入ってきません。

これはこれでひとつの結果ですので，「結果」枠の出力をコピー＆ペーストで文書に貼り付け，保存します。ファイル名は，ZUKEI.RSTなどとします。

＊

以上，データ処理を終わりました。

ところで本当のデータ解析はここからです。すなわち，コンピュータ出力から的確に知見を読み取らなければなりません。また論文にもどって，どんな「結果」の記述になるのかを見てみましょう。

結　果

　表13は，文章式計算テストと図形面積計算テストの得点結果を群別に示したものである。

　まず，文章式計算テストの得点について分散分析をおこなった結果，群の効果は有意であった（$F_{(2,62)}=7.08$, $p<.01$）。LSD法を用いた多重比較によると，メタ認知訓練群の平均が自己採点群と統制群の平均よりも有意に大きかった（$MS_e=4.35$, $p<.05$）。しかし自己採点群と統制群との平均の差は有意でなかった。

表13　文章式計算テストと図形面積計算テストの得点（満点各10）

		メタ認知訓練群	自己採点群	統制群
	N	22	21	22
文章式計算	Mean	8.8	7.5	6.5
テスト	S.D.	1.6	1.7	2.7
図形面積計算	Mean	7.6	6.2	6.6
テスト	S.D.	1.5	2.6	3.0

　次に，図形面積計算テストの得点について分散分析をおこなったが，群の効果は有意でなかった（$F_{(2,62)}=1.89$）。

解　説

「結果」は次の2つの記述からなっています。

1. 各群の人数・平均・標準偏差についての記述
2. 分散分析と多重比較の結果についての記述

1番めの「各群の人数・平均・標準偏差についての記述」は表または図によって示します。上例では表13を掲載し、本文ではそれに言及するだけです。

2番めの「分散分析と多重比較の結果」はデータの種類ごとに述べます。

まず、文章式計算テストの得点について分散分析の結果を述べます。分散分析表は掲載せず、①有意性を判定し、②F比の情報（F, df, p）を示しています。

有意性の判定は、「群の効果が有意であった」とか「群の要因が有意であった」という言い方をします。この言い方は3群中のどれか2群の間に有意差が存在することを意味しています。

2群しかないときはすぐに「実験群の平均が統制群の平均よりも有意に大きかった」というように書きます。3群以上のときは分散分析だけでは結果を確定できず、分散分析よりも、その後の多重比較の方が重要になってきます。多重比較は2平均ずつを比較する方法です。

上文で「LSD法を用いた多重比較」と書いてあるように、多重比較の方法は何種類かありますので、何を使ったかを明記しなくてはなりません。STARではLeast Significant Difference（最小有意差）を計算する方法を採用していますが、他にもダンカン法、ニューマン・クールズ法、テューキー法、ダネット法、シェッフェ法など、いろいろとあります。一般的にはテューキー法が無難な方法としてよく用いられています。

結局、多重比較の結果が決定的となります。その記述は、コンピュータ出力の等号・不等号を文章に直したものです。以下コンピュータ出力と「結果」の記述を対応させてみてください。

LSD法を用いた多重比較によると，メタ認知訓練群（A1）の平均が自己採点群（A2）と統制群（A3）の平均よりも有意に大きかった（$MS_e=4.35$, $p<.05$）。自己採点群と統制群との間の平均の差は有意でなかった。

Multiple Comparisons by LSD
($MSe=4.35428$, ＊ $p<.05$)

A1 ＞ A2 ＊ (LSD=1.2734)
A1 ＞ A3 ＊ (LSD=1.25851)
A2 ＝ A3 n.s. (LSD=1.2734)

次の本文は，図形面積計算テストの得点についての分散分析の結果を述べています。これはわずか次の1文で終わっています。「群の効果は有意でなかった（$F_{(2,62)}=1.89$）。」

有意でなかったときはこのようにあっさり終わります。

「結果」の記述はここまでです。次は「考察」です。

考 察

　文章式計算テストの得点において，メタ認知訓練群が他の群よりも優れた成績をあげた。すなわち，メタ認知的教示のトレーニングが児童の問題解決におけるメタ認知を促進したと考えられる。これによって本研究の仮説は支持されたといえよう。

　ただし，もうひとつの指標，すなわち図形面積計算テストの得点においてメタ認知訓練群の成績は表面的には他の群の平均を上回っていたが，有意差を得るまでに至らなかった。今回のメタ認知的教示のトレーニングは『文字と式』の教材を用いておこなったが，メタ認知訓練群の児童にとってそうした訓練は初めての経験であり，訓練された事柄を『文字と式』の問題から図形面積の計算に転移できるほど習得が進まなかったものと思われる。

　しかしながら，今後，他の単元の学習指導においてもメタ認知訓練を積み重ねてゆくならば，児童は一般的・恒常的にメタ認知的教示を利用できるのではないかと期待される。

解　説

　この研究例は典型的な「仮説検証型」の研究でした。したがって「考察」も仮説が支持されたかどうかを中心に述べています。

　まず，文章式計算テストの得点を取り上げます。これはメタ認知訓練群の成

績がもっとも優れていました。したがって仮説を支持する直接の証拠となります。仮説が支持されたときはあまりコトバを足しません。

次に，図形面積計算テストの得点を取り上げますが，これは当初の期待をはずしました。3群間に有意差はありませんでした。つまり仮説を支持しません。専門的には「転移は見られない」とか「訓練の効果は材料依存である」という言い方になります。これは一般的にネガティヴな批評です。

すなおにみれば，ここで訓練したメタ認知的教示『何を求めたらいいのかな』『わかっていることは何かな』などは，問題内容に関係なく広く適用できそうです。それが文章式計算テストに効果があったが，図形面積計算テストに効果がなかったということは，やはり訓練材料とテスト材料が違うと効果があらわれないということになります。

この限定的結果について，上の考察では，①メタ認知的教示の訓練が被験者の児童にとって初めての経験であったこと，②今後も訓練を継続すればメタ認知的教示が一般的・汎用的なものとなり他の材料へ転移する可能性があることを述べています。

これは，そのまま今後の研究計画を示唆しています。研究は1回で終わると考えないことです。

以下，引用文献です。

〈引用文献〉

木下芳子　1981　メタ認知と認知的モニタリング　波多野誼余夫（監）　現代児童心理学　第3巻・子どもの知的発達　金子書房　Pp 45-59.

Meichenbaum, D. H., & Asarnow, J. 1979 Cognitive–behavioral modification and metacognitive development：Implications for the classroom. In P. C. Kendall & S. D. Hollon（Eds.）, *Cognitive-behavioral interventions : Theory, research, and procedures.* Academic Press. Pp. 11-35.

※この研究例は井上（1989）を再構成したものである。

井上和信　1989　自己評価能力の育成に関する研究―モニタリング・スキルの訓練を通して―　上越教育大学大学院学校教育研究科（教育方法コース）昭和63年度修士論文

統計基礎 Q & A （19–34）

Q&A　19【分散分析の「分散」の意味】

Q. 分散分析の「分散」とはどういう意味ですか。

A. 分散（variance）の概念的意味は「バラつき」です。たとえば2個のデータがあり，異なる値をとっているとき，「バラついている」と表現します。したがって，この2個のデータの差をとれば「バラつき」の大きさがわかります。差は，引く数・引かれる数によって±を生じ，扱いにくいので，±を消すため二乗します。
　この「差の二乗」が分散の数値的意味です。
　分散分析は，各群の平均の差を，二乗した数量すなわち分散として扱っているのです。

Q&A　20【分散分析を一言でいうと】

Q. 分散分析を一言で説明してください。

A. 分散分析（Analysis of Variance）は平均間の差を検定する方法です。そのとき平均間の差は「分散」という統計量に換算して扱われます。それで分散分析といいます。

Q&A　21【統計的検定とは何か】

Q. 「平均間の差を検定する」とは，どういうことですか。

A. 平均間の差が偶然に生じたかどうかを判定することです。
　偶然に生じた差でないと判定されれば，実験によって生じた差であるということになります。つまり実験効果を主張することができます。
　その差が偶然に生じた差かそうでないかは，その差がもしも偶然に生じるとしたらどれくらいの確率で生じるかを計算し，判断します。偶然生起確率が5% 未満のとき （$p<.05$），その差は偶然に生じたものではないと判断します。このとき「その差は有意である」（有意差）という特別の表現をします。
　以上の手続きを，統計的検定（statistical test）といいます。

Q&A 22【分散分析とt検定の使い分け】

Q. 平均の差を検定する方法として「t検定」を習いました。分散分析と,どう使い分ければいいですか。

A. 分散分析を習ったら,もうt検定は使わなくてよいでしょう。実質的に検定のやり方に違いはありません(F比を$\sqrt{}$するとt値になる)。分散分析は2平均以上の差を検定することができますが,t検定は2平均のケースしか扱えず古典的です。

現実の研究論文でもt検定が使われていると「ホォー」という感慨があります。まれに2平均の間に強い「片側仮説」があるときに積極的にt検定を用いますが,これは本当にまれです。

Q&A 23【分散分析の結果の書き方について】

Q. 分散分析の結果を記述するときの文章は,どんなふうに書けばいいのですか。

A. 下の3点を書くようにします。

① データを特定する
② 有意性を判定する
③ F比の情報を提示する

これを研究例Ⅲの本文で確かめてみましょう。

文章式計算テストの得点について　　　(←データの特定)
分散分析を行った結果,
群の効果は有意であった　　　　　　　(←有意性の判定)
($F_{(2, 62)}$ = 7.08, $p < .01$)　　　　　　　(←F比の情報の提示)

Q&A 24【分散分析表は掲載するものなのか】

Q. 分散分析の結果を述べるとき,ふつう,分散分析表は掲載するものなのですか。

A. ふつうは掲載しません。分散分析表のF比の情報(F, df, p)だけを本文中に書き込みます。

まれに，結果の記述がひじょうに複雑であるようなときに分散分析表を掲載することがあります（のちの3要因分散分析の例ではそのような場合が出てきます）。

ただし，大学の卒業論文や大学院の修士論文では，研究成果が評価されると同時に，本人の統計的知識も評価されることがありますから，そのようなときには積極的な評価資料として（結果の複雑さにかかわらず）分散分析表も掲載した方が無難でしょう。

Q & A 25【分散分析表の見方】

Q. 分散分析表の見方を教えてください。解説では，結果を見るならばF比だけ見ればいいということでしたが，そのほかの数値は何なのですか。

A. F比と，あと自由度（df）が結果を記述するときに必要になってきます。それ以外の数値も含めて，すべては最終的にF比を計算するために必要な数値なのです。

分散分析表におけるF比の計算を下の出力に書き込んでおきます。

```
Analysis of Variance
 [A=GROUP]

 S. V.      SS         df        MS         F

  A       61.6346  ÷   2   =   30.8173
  Sub    269.9653  ÷  62   =    4.3543    = 7.08 **

 Total   331.5999      64
```

表の見出しについてその原語と意味を以下に示します。

S. V.　Source of Variance：分散の源泉。つまり分散を生じる要因。
SS　　Sum of Square：平方和。平方は二乗つまり分散。その総和。
df　　degree of freedom：自由度。分散の出方の自由さを表す。
MS　　Mean Square：平均平方。自由度1あたりの平方和。MS＝SS/df
F　　　F-ratio：F比＝平均間の分散／誤差分散（上表のMSの分数）

これらの数値を自分で計算してみたいという人は，分散分析の定義式による計算法を載せている次の文献に当たってください。『ユーザーのための教育・心理統計と実験計画法』（田中敏・山際勇一郎，教育出版）

他書はほとんど簡易式を載せています。簡易式の計算は理解に役立ちません。

Q&A 26【分散分析の使用上の制約】

Q. 分散分析を使ってはならないという場合はありますか。

A. 一般に，分散分析の信頼性が落ちるといわれているケースは下の2つです。

* 各群のデータ分布の幅が違いすぎるとき　（←標準偏差を調べる）
* 各群のデータ分布の形がゆがんでいるとき（←データ分布を調べる）

しかし，こうしたデータ分布の異状に対して，分散分析は頑健であることが知られています（あまり結果が左右されない）。経験的にも「とんでもなくひどい」というデータを別とすれば，あまり心配する必要はないようです。

ただし以下の場合は注意してください。①各群のデータ分布が"1山"でなく"2山・3山"とある場合，②見た目で差がありそうなのに有意にならなかったり，見た目で差がなさそうなのに有意になったりする場合。

これらの場合，分散分析の結果は信頼が置けません。対処はありません。

Q&A 27【平均だけを標準偏差なしで掲載するのはだめか】

Q. 論文の「結果」では，必ず平均に標準偏差をつけるようにいわれますが，平均だけを載せたのではダメなのですか。

A. だめです。

Q&A 28【標準偏差の図示のしかた】

Q. 平均を棒グラフや線グラフで示したとき，標準偏差はどう描けばいいのですか。

A. 次ページの図のように描いてください。

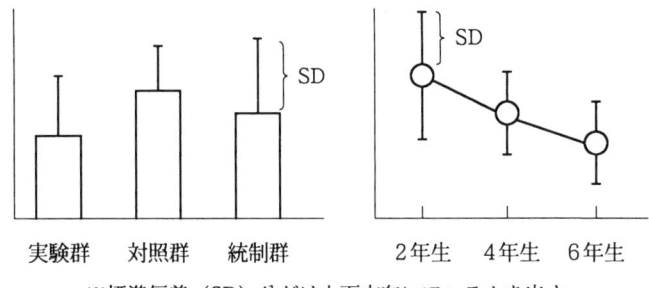

※標準偏差(SD)分だけ上下方向にアンテナを出す。

Q&A 29【標準偏差とは何か】

Q. 標準偏差とは何ですか。また,どのように計算するのですか。

A. 標準偏差(standard deviation)の概念的意味は,1個のデータの標準的バラつきです。標準偏差は必ず平均といっしょに提示されますが,標準偏差はその平均からデータがどれくらい離れて出現するかを表しています。

たとえば3個のデータ 3, 4, 8 があるとします。このとき標準偏差は以下の手順で計算します。

① 平均を計算する。$(3+4+8)/3=5.0$
② データのバラつきを計算する。$(3-5)^2+(4-5)^2+(8-5)^2=14$
③ データ1個分のバラつきを計算する。$14/3=4.7$　←分散
④ データ1個分のバラつきを元の寸法に戻す。$\sqrt{4.7}=2.2$　←標準偏差

このように,分散は二乗したバラつき,標準偏差はそれを元の寸法にルートしたバラつきなのです。

標準偏差2.2を見れば,この3個のデータ群では平均5.0からだいたい±2.2くらい離れたところにデータが出現する(それがこの群の標準的なデータのあらわれ方)ということを想像できるのです(次ページ上段の図参照)。

実践的には,各群の"平均±標準偏差"という値に注目します。たとえば,ある群が平均5・標準偏差3であり,他の群が平均7ならば,前者の標準的なデータ分布(5±3)のなかに後者の平均7が埋もれていることがわかります。すると,「両群の平均は5と7で差があるけれど,けっこうデータ分布が重なり合っている。本当に差があるかな」と,データ処理の前に一応の当たりをつけることができるのです。

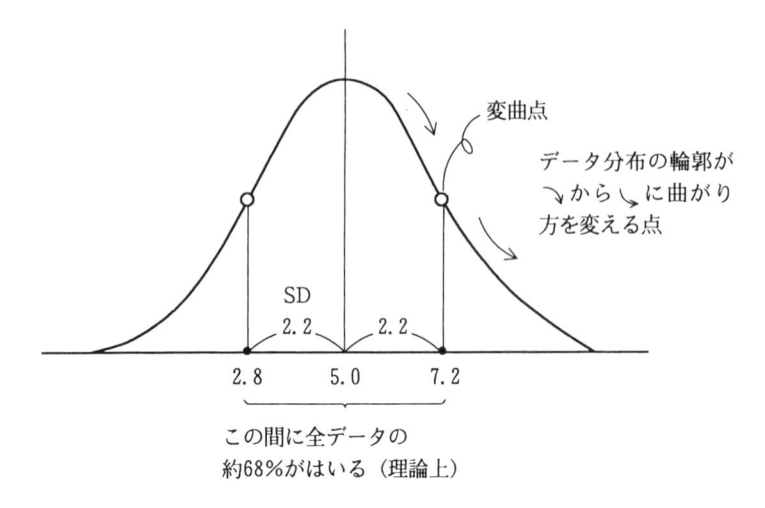

変曲点
データ分布の輪郭が
⌢ から ⌣ に曲がり
方を変える点

SD
2.2　2.2
2.8　5.0　7.2

この間に全データの
約68％がはいる（理論上）

Q&A 30【なぜ平均と標準偏差を求めるのか】

Q. そもそも，なぜ平均と標準偏差を計算するのですか。平均と標準偏差にどんな意味があるというのですか。

A. 「データとは何か」についての根本的な見方に基づいた意味があるのです。すなわち，平均はデータの「真値」です。そして，標準偏差はこの真値にかかる「誤差」の大きさを表しています。

データは必ず同一の真値をとります（この時点ではみな同じ値になる）。それから誤差によっていろいろな値をとるのです。統計学ではそのような見方をとります。

ただし，真値と誤差は理論上のものであり，明確な値はわからないことになっています。そこで実際上は推定値を使うしかありません。この真値の推定値が平均，誤差の推定値が標準偏差なのです。

以上の関係をまとめると下のようになります。

データの決まり方：　データ　＝　真値　±　誤差
その実際上の推定：　データ　＝　平均　±　標準偏差
　　　例　　　　：　3, 4, 8　＝　5.0　±　2.2

このように平均を見ると，その群のデータが本来とる値がわかり，標準偏差を見るとその群のデータが本来の値から揺らぐ程度（誤差）がわかるのです。

Q & A　31【標準偏差が違うと分散分析のF比が高く出る？】

Q. コンピュータが平均と標準偏差を出力すると、すぐに各群の標準偏差がそろっているかどうかを確かめるみたいですが、なぜですか。

A. 各群の標準偏差があまりに違いすぎると、その違いが分散分析をおこなったときにF比を不当に押し上げてしまうことがあります。
この研究例の文章式計算テストの例を見てみましょう（下表）。

文章式計算テストの得点の平均と標準偏差（満点各10）

		メタ認知訓練群	自己採点群	統制群
文章式計算	N	22	21	22
テスト	Mean	8.8	7.5	6.5
	S.D.	1.6	1.7	2.7

標準偏差（S.D.）を比べると、メタ認知訓練群と自己採点群の1.6、1.7に対して、統制群はその1.5倍以上の2.7です。これはやや違いが大きすぎる感じですが、結果として高い有意性が得られればそれほど心配しなくてもよいことが経験的にわかっています。この例では分散分析の結果、5％水準よりも1ランク高い1％水準の有意性（$F=7.08$, $p<.01$）を得ていますので特に問題ないでしょう。

Q & A　32【被験者間計画と被験者内計画の区別】

Q. 「方法」の「計画」のところに「1要因3水準の被験者間計画」と書いてありました。1要因は"群"しかないので1要因とわかりますし、3水準は実験群・対照群・統制群の3つを設置したので3水準とわかりますが、被験者間計画とは何ですか。

A. 群の比較を異なる被験者の間でおこなうということです。対語は「被験者内計画」です。次のページの左表が被験者間計画、右表が被験者内計画のデータリストになります。
見出しの水準 ①〜③ は実験群・対照群・統制群と考えてください。これらの水準（群）を比較するとき、左表では異なる被験者の得点を比べます。これに対して、右表では同じ被験者の内で得点を比べます（たとえば佐藤では6 vs. 3 vs. 5）。
実験を被験者間計画にするか被験者内計画にするかは、1人の被験者から1条件だけのデータをとるか、それとも複数条件のデータをとるかという選択になります。かりに1条件20個のデータをとるとして3条件あるとすれば被験者間計画は $20×3=60$ 人の被験者が必要ですが、被験者内計画は何条件であっても20人でよいということになり

被験者間計画と被験者内計画のデータ・リスト

被験者間計画			被験者内計画			
要因(A)	被験者(s)	データ(得点)	被験者(s)	要因(A)		
				水準①	水準②	水準③
水準① 実験群	佐藤	6	佐藤	6	3	5
	鈴木	7	鈴木	7	7	4
	山田	5	山田	5	6	4
	….	….	….	….	….	….
水準② 対照群	蝦名	5				
	村沢	4				
	坂本	4				
	….	….				
水準③ 統制群	大滝	4				
	中川	3				
	柳田	6				
	….	….				

(注1) 要因の名前はアルファベットの"A"を形式的に当てている。
(注2) 被験者は英語(subjects)の頭文字の"s"で表す。

ます。

この研究例Ⅲでは実験処遇の内容から考えて被験者内計画は不可能です(メタ認知訓練された被験者は統制群を掛け持ちできない)。それゆえ被験者間計画をとっています。すなわち、メタ認知訓練群22人、自己採点群21人、統制群22人はすべて異なる児童です。

Q&A 33【被験者は何人とればよいか】

Q. 被験者は何人とればいいのですか。

A. 分散分析をおこなう場合は、1群あたり20人を努力目標としてください。つまり、1つの平均が20個のデータから計算されるように被験者数を決めます。一応、20個くらいのデータがあれば、データ分布の"山"の形を見定めることができるという理由です。

なおまた、データのロス(手続きや回答の不備などによる)を考慮しますので、全群の被験者数を合計した数にさらに、個別実験なら1割増、集団実験なら2割増を上乗せします。

Q&A 34【1群20人の被験者は少ない?】

Q. この研究例では各群の被験者数は20人程度でしたが、少なくありませんか。20

人程度でモノがいえるのですか。

A. 被験者数とモノがいえるかどうかは関係ありません。

被験者数が少なければ，それに応じて統計的検定は厳しくなります。1群50人の結果よりも，1群5人の結果のほうがむしろ証拠能力は高いといえるほどです。

問題は各群の状態を表す統計量（特に誤差についての）が1群20人程度で安定するかどうかです。この点，人数を増やせば一般に統計量は安定してきます。逆にいえば，安定した統計量が得られるとわかっているなら人数はいらないということです。

すなわち扱っている現象しだいなのです。人間の心理現象についていえば，1群20〜30人くらいで安定するように思われます。（個人的な経験則にすぎません）。かえって1群50人を越えると，分散分析では誤差の推定が極小にゆきすぎ，現実に近似しなくなるように感じられます。（統計学上は問題ありませんが，人間の研究ではそうなったら無意味です）。

研究例Ⅳ：2要因の分散分析

『ビデオ教材の学習における視覚的句読点の効果』

はじめに

前例より1要因増えて，2要因の実験を扱います。
基本的に「統制群法」が守られていることに留意してください。

『ビデオ教材の学習における視覚的句読点の効果』

問　題

　最近，家庭用・小型ビデオカメラの普及に伴い，教師が自分で容易に映像教材を制作することができるようになった。しかし，NHKのテレビ学校放送などと比べて，一般に教師の自作ビデオ教材はシークエンス間の構成とカメラワークに稚拙さが認められる。それがシーンのつながりや画像などを質の悪いものにし，視聴する子どもたちの注意散漫や意欲の低下をまねきかねない。

　こうした自作ビデオ教材に見られる欠点は，教師の撮影技術・編集技術の向上によって，ある程度は克服可能である。しかしながら，実際上は自作ビデオ教材の構成のまずさ・画像の悪さは避けることができないものと考えるべきであろう。むしろ，それらの欠点があることを前提に，それらの欠点による悪影響をできるだけ抑えるための制作方法を考える必要がある。

　そこで，本研究は，ビデオ教材におけるシークエンス間に「視覚的句読点」（visual punctuation）を挿入することを試みようとする。視覚的句読点とは，文章における句読点と同じように，映像の構成におけるシークエンスとシークエンスを区切るための特別のワン・カットのことである（図5参照）。

```
カット  +  カット  +……=  シーン
(単語)     (単語)          (文)

シーン  +  シーン  +……=  シークエンス
 (文)      (文)           (段落)

シークエンス + シークエンス +……= 映像全体
 (段落)        (段落)           (文章)
                ↑
          視覚的句読点
          (ワンカット)
```

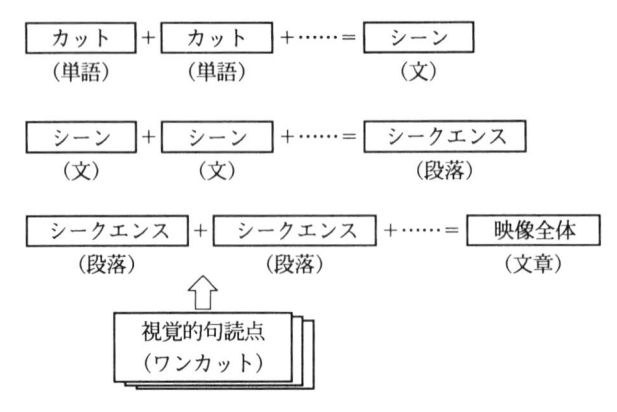

図5　映像の構成と視覚的句読点の位置

　通常，シークエンスとシークエンスのつなぎは，ストレート・カットによる処理（単純な画像の切り替え）か光学的処理（ワイプ，デゾルブ，フェードアウトなど）をおこなっている。しかし，ストレートカットは「つなぎ」を明示しないし，ワイプ，デゾルブなどは高度な編集技法である。これに対して，視覚的句読点は「つなぎ」を明示する単一の記号であり，そのシークエンス間への挿入はきわめて容易である。

解　説

　現場のニーズに応えたユニークな研究です。本人自身はビデオ教材を頻ぱんに制作し，きっとハイテクニックの持ち主なのでしょうが，それでも（どんなに頑張っても）自作のビデオ教材は画質・構成・演出などの点において TV 放送教材にはかなわないと感じているようです。それで，何とかならないかと考えて研究を始めたわけです。
　心理学の既存テーマと関係づけられないものかと思いますが，むりにそうする必要もないでしょう。ここでは理論よりも実用の具体的手段を求めています。「視覚的句読点」も造語です。何らかの理論から導き出したものではなく，本人がビデオテープを実際に編集しているうちにひらめいたものでしょう。
　研究は，こうしたアイディアを具体化してゆくことから始まります。
　まず，視覚的句読点をどのようにつくるのか。そして，その効果をどのように確かめるのか。そこに注目して読み進めてみましょう。

視覚的句読点として，順接の接続詞『そして』とユーモラスなタツノオトシゴの絵を用いて3種類のカットを作成した（図6参照）。タツノオトシゴの絵は，小学3年生120人を対象とした予備調査の結果，男女差がなく好まれる絵として15例中から選定したものである。

(a) 文字つなぎ　　(b) 絵つなぎ　　(c) 文字絵つなぎ

図6　視覚的句読点のカット

これら3種類の視覚的句読点が子どものビデオ教材の視聴を促進するかどうかを実験的に確かめることにする。通常の自作ビデオ教材は視覚的句読点なしで，ストレートカットによるつなぎ処理をおこなっている。そこで，視覚的句読点を用いたビデオ教材と，ストレートカットを用いたビデオ教材を比較することにした。

解　説

視覚的句読点は3種類をつくりました。『そして』という文字だけのカット。タツノオトシゴの絵だけのカット。その文字と絵を一緒にしたカット。これに対する統制条件はストレートカット（つなぎ処理なし）です。

仮説は述べられていませんが，統制条件があるときは当然，その統制条件の群よりも視覚的句読点の3群がよい学習成績をあげることを期待しています。視覚的句読点の3種類間の優劣は予測できません。結果を見て決めるしかないでしょう。

したがって，この研究は，ある理論に基づいた仮説検証型の研究というよりも，実務上のニーズにあった便宜的手段をさがそうとする開発試行型の研究といえます。つまり「正解」があるわけではなく，3種類の視覚的句読点はどれが優れていてもよいのです。

方　法

計　画　4×2の混合計画。第1要因はビデオ教材のつなぎ処理であり，文字つなぎ群，絵つなぎ群，文字絵つなぎ群，統制群（つなぎ処理なし）の4水準である。第2要因はビデオ教材視聴後のテストであり，直後テストと遅延テストの2水準である。

解　説

ここは実験計画を述べているところです。実験計画は2要因計画です。
「要因」と「水準」の区別を復習しておきます。

* 要因：群や条件の総称。
* 水準：要因を構成する群や条件。1要因は必ず2水準以上からなる。

第1要因は「つなぎ条件」です。これは4水準で構成しています（文字つなぎ・絵つなぎ・文字絵つなぎ・つなぎなし）。要因名はこれらの水準を総括した名前です。

第2要因は「テスト」です。これは直後テストと遅延テストの2水準によって構成されています。

全体はこの2要因を組み合わせた計画となります。具体的には次のページの表14のようなイメージをつくってみてください。

表14は「1被験者1行」の鉄則を守って書いてあります。

表の見出しを記号に置き換えて（要因はABC，被験者は固定記号s），左から右へ読んでゆくと自然に"AsB"と読めます。すなわち，この実験計画はAsBタイプです。

この"AsB"のように要因が被験者(s)をはさんだタイプを「混合計画」(mixed design)と呼びます。混合計画とは「被験者間計画」と「被験者内計画」のミックスということです。表14をみると，つなぎ条件（要因A）の4群は別々の被験者において比べます（被験者間で比較する）。他方，テスト（要因B）の直後テスト・遅延テストの比較は同じ被験者において比べることになります（被験者内で比較する）。

表14　4×2混合計画のデータリスト（1群3人とした場合）

つなぎ条件 (A)	被験者 (s)	テスト（B）	
		直後テスト	遅延テスト
文字つなぎ群	岩　長	85.7	71.4
	高　橋	○	○
	山　崎	○	○
絵つなぎ群	駒　倉	○	○
	立　花	○	○
	中　山	○	○
文字絵つなぎ群	磯　田	○	○
	戸　成	○	○
	船　山	○	○
統制群	小野寺	○	○
	立　林	○	○
	山　本	○	○

(注)　○は1個のデータを表す。

　このように一方の要因を被験者間で比較し，他方の要因を被験者内で比較する計画を「混合計画」と呼びます。混合計画のもっとも単純なタイプが，本例のAsBタイプです。現実の実験・調査では被験者をくり返しテストすることが多いので（プリテスト・ポストテスト法など），混合計画はきわめてあらわれやすいタイプといえます。

　被験者　小学3年生84人（男子41人，女子43人）。各群に21人ずつ，ほぼ男女同数になるように割り当てた。
　教　材　実験者による自作のビデオ教材「ごみのゆくえ」（16分）。NHK学校放送番組・昭和62年度放送「ごみのゆくえ」（15分）に準じて，被験者の小学校所在地に取材し編集したもの。シークエンスは6個あり，第1シークエンスから第5シークエンスの末尾に視覚的句読点を3秒ずつ挿入した（全5個15秒）。このときBGM，ナレーションは除いた。また，統制群の教材は視覚的句読点がなく（ストレートカット），長さは15分45秒である。
　テスト　実験に用いたビデオ教材から7枚，NHK学校放送番組と東映教育ビデオから8枚の計15枚の画像からなる再認テスト。後者の8枚はディストラクターとして用いた。

解説

最後の「ディストラクター」は攪乱刺激または妨害刺激です。具体的には、ビデオ中で提示していない画像のことです。これを「あった」と回答すると、まちがいになります。

手続き 実験は各群の被験者を6人から8人ずつの小集団に分けて実施した。文字つなぎ群には文字の視覚的句読点（図6のa），絵つなぎ群には絵の視覚的句読点（図6のb），文字絵つなぎ群には文字と絵を組み合わせた視覚的句読点（図6のc）が入ったビデオ教材を視聴させた。統制群にはつなぎ処理をしていないビデオ教材を視聴させた。その後すぐに再認テストを実施し，視聴したビデオ教材の中にあった場面（画像）に○，なかった場面に×を付けさせた。また一週間後に同じ再認テストを実施した。

解説

小集団実験です。1群21人を3集団に分けて実施しています。

なお，4群の初期状態が等質であることを確認していませんが，画像の再認テストに効いてくる能力（視聴覚能力など）について利用可能な情報がなかったためです。このようなときは暗黙に，ランダム・サンプリングの仮定（各群の被験者は無作為に抽出されたので等質であろう）を設けていることになります。

遅延テストは一週間後ということです。

これでデータが入手されます。

結　果

絵つなぎ群と統制群の被験者がそれぞれ1人ずつ遅延テストを欠席したので，両群の被験者数は20人となった。

解説

これは「結果」の1行めですが，被験者が欠席してデータに欠損があったこ

とを記述しています。遅延テストを用いるときによく起こります。欠席した被験者は除外します。

ここからデータ処理に入ります。

研究例Ⅳのデータ処理（１）：ヒット率の分析

【交互作用が有意でなく１つの主効果が有意になるケース】

4群中の2群に被験者の欠落があります。被験者数を入力するとき注意しましょう。

まず，テストの解答を得点化します。ここでは次の2種類のデータを得ました。

1. ヒット率：ビデオ教材に実際に出てきた画像7枚において○を付けた（出てきたと解答した）割合。
2. 正棄却率：ディストラクター8枚において×を付けた（出てこなかったと解答した）割合。

これを順番に処理します。

最初に，ヒット率のデータファイルをつくり，分散分析をおこないます。手順は以下のとおりです。

⓪ あらかじめテキスト文書を開いておく

Windowsの「メモ帳」を起動し，「ファイル」→「新規」で，新しい文書を開いておきます。データや結果の出力を，これに貼り付けることにします。

① STARを起動する

"star#.#.#j"のフォルダをクリックして開き，中の"index.htm"をクリックします。

⇨STARのトップページが表示される。

② AsBタイプの分散分析を選ぶ

画面の左のメニューで，「AsB（2要因混合）」をクリックします。
　⇨AsB（2要因混合計画）のページが表示される。

③ 要因名・水準数・被験者数を入力する

「Q＆A入力」のボタンをクリックします。コンピュータが下のように聞いてきますので，ひとつずつ答えてゆきます（下線部がキー入力）。

要因Aの名前を入力して下さい　⇨　グン(1=モジ,2=エ,3=モジエ,4=トウセイ)
　　　　　　　　　　　　　　　　　※カッコ内に水準の割り当てを書いておくと便利。ただし半角スペースを含まないこと。
要因Aの水準数を入力して下さい　⇨　4　　※4群あるので4と入力する
要因Aの第1水準の被験者数を入力して下さい　⇨　21　※文字つなぎ群の人数を入力する
要因Aの第2水準の被験者数を入力して下さい　⇨　20　※絵つなぎ群の人数
要因Aの第3水準の被験者数を入力して下さい　⇨　21　※文字絵つなぎ群の人数
要因Aの第4水準の被験者数を入力して下さい　⇨　20　※統制群の人数
要因Bの名前を入力して下さい　⇨　テスト(1=チョクゴ,2=チエン)　※半角スペースを含まなければ長文可
要因Bの水準数を入力して下さい　⇨　2　※直後・遅延の2水準なので2と入力する

④ データを入力する

以下，データの入力となります。コンピュータは機械的に聞いてきます。それを下段のように読み替えてデータを入力します。

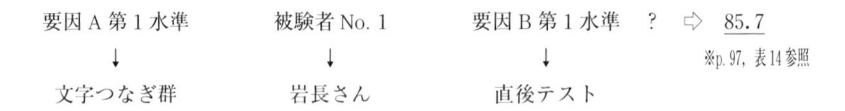

要因A第1水準　　　被験者No.1　　　要因B第1水準　？　⇨　85.7
　　↓　　　　　　　　　↓　　　　　　　　↓　　　　　　※p.97, 表14参照
文字つなぎ群　　　　岩長さん　　　　直後テスト

上のように，85.7を入力してOKをクリックしますと，また次のように聞いてきます。同様に，この繰り返しとなります。

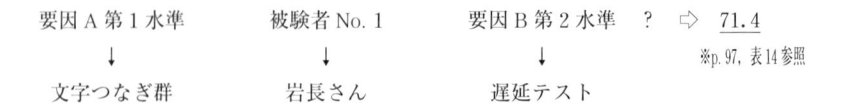

要因A第1水準　　　被験者No.1　　　要因B第2水準　？　⇨　71.4
　　↓　　　　　　　　　↓　　　　　　　　↓　　　　　　※p.97, 表14参照
文字つなぎ群　　　　岩長さん　　　　遅延テスト

データを入力し終わると,「データ」枠の中に下のように表示しますので,ここで入力ミスを修正します。

```
AsB
グン(1=モジ,2=エ,3=モジエ,4=トウセイ)
4
テスト(1=チョクゴ,2=チエン)
2
21 21 20 20 21 21 20 20
85.7 71.4
87.7 100.0
85.7 57.1
71.4 85.7
57.1 71.4
 ...   ...
```

上の"85.7 71.4"からがヒット率のデータです。「1被験者1行」の鉄則で書かれています。そこから以下,被験者82人分の82行が続きます。各被験者のデータを1人1行ずつ照合し,入力ミスをチェックしてください。

⑤ データを保存する
　「データ」枠の内をクリックし,コピー＆ペーストで（pp.77参照）,前に⓪で開いておいた文書へデータを貼り付けておきましょう。

⑥ 分散分析を実行する
　「データ」枠にデータが表示されていることを確かめて,「計算！」ボタンをクリックします。
　　⇨計算結果が「結果」の枠に表示される。

⑦ 平均と標準偏差を見る
　Means & SDs の出力を見ます（次頁掲載）。

[AsB-type Design]

Means & SDs（of samples'）
[A=グン(1=モジ,2=エ,3=モジエ,4=トウセイ)]
[B=テスト(1=チョクゴ,2=チエン)]

A	B	N	Mean	S.D.
1	1	21	82.9762	12.1812
1	2	21	88.4238	11.3537
2	1	20	79.9800	13.8643
2	2	20	85.7000	11.9642
3	1	21	80.2524	13.5849
3	2	21	86.3810	12.0664
4	1	20	77.1200	13.8643
4	2	20	86.4150	14.6356

　ざっと標準偏差（S.D.）の値を見ます。標準偏差の値が大きすぎる（小さすぎる）群はデータ分布にゆがみや異状があることを示していることがあります。ここでは，まあよいでしょう。

　次に平均を比べると，つなぎ条件（A）の4群間は差がない感じです。一方，テスト（B）は表の最上段で直後テスト82.98，遅延テスト88.42となっています。これは遅延テストのほうが（！）ヒット率が高いということです。どうなっているのでしょうか。ほかもそうです。そんなところを気にしながら次へゆきます。

⑧　各群のデータの個数がふぞろいの場合，警告メッセージが出る

　絵つなぎ群と統制群に被験者の欠落がありましたので下のようなメッセージが表示されます。

　　Nが不揃いです。
　　Unweighted-Mean ANOVAを行います。
　　N＝20.49（調和平均）と仮定します。

　2要因以上の分散分析では，各群のデータ数（N）は等しくなければなりません。このため各群のNが等しくないときは近似的に等しいNを仮定します。

これを「調和平均」といいます。

⑨ 分散分析表を見る

出力形式は下のようになります。

```
Analysis of Variance
[A(4)=グン(1=モジ,2=エ,3=モジエ,4=トウセイ)]
[B(2)=テスト(1=チョクゴ,2=チエン)]
```

S. V.	SS	df	MS	F
A	339.0917	3	113.0306	0.49 ns
Sub	18037.4066	78	231.2488	
B	1810.8437	1	1810.8437	14.78 **
A×B	98.1213	3	32.7071	0.27 ns
S×B	9554.3586	78	122.4918	
Total	29839.8220	163	+p<.10	*p<.05 **p<.01

2要因の分散分析では3つのF比が出ます。それぞれ下のような呼び方をします。

　　A　：要因Aの主効果
　　B　：要因Bの主効果
　A×B：要因Aと要因Bの交互作用

「主効果」とは1要因だけの単独効果のことです。「交互作用」とは複数の要因の相乗効果のことです。順番にF比を見てみましょう。

まず，つなぎ群の主効果（A）はF=0.49です。これは有意でありません。"non-significant"（有意でない）の記号が付いています。つまり，平均間の差が偶然の数値変動の0.49倍しかなかったということです。これは有意になるはずがありません。残念です。

次に，テストの主効果（B）はF=14.78です。アスタリスク（*）が2つ付いていますので1％水準で有意です。直後テストと遅延テストの差は偶然変動の14.78倍も大きく，こんな大きな差は偶然に100回に1回も生じないということです。ただし，この有意差は，上で平均をながめたときショックを受けたように，直後テストよりも遅延テストのほうが成績が上がったというもので

した。

最後の交互作用（A×B）はF＝0.27であり，有意ではありません。

そんなところを確認しますが，ちょっと気落ちする感じです。

⑩ 結果の出力を保存する

コピー＆ペーストで（pp. 77参照），結果を文書に貼り付けます。保存するときのファイル名は"hit.txt"（ヒット率の意味）などとします。

出力中には所々，下のような要因の注釈が出てきます。これはＱ＆Ａ入力で，打ち込んだ水準数と要因名ですが，カッコ内のように，どの水準が何群かをメモしておくと結果の読み取りをまちがうことがありません。

A(4)=グン(1=モジ,2=エ,3=モジエ,4=トウセイ) ※半角スペースを含まないこと！ 含むと計算異常を起こすので注意！
B(2)=テスト(1=チョクゴ,2=チエン)

＊

以上，ヒット率についての分析は思わしくありませんでした。分析するデータはもう1種類ありますが，とりあえず，ここで論文に戻り「結果」の記述を見てみましょう。

結 果 （1文再掲）

絵つなぎ群と統制群の被験者がそれぞれ一人ずつ遅延テストを欠席したので，両群の被験者数は20人となった。

表15　再認テストにおけるヒット率

	文字つなぎ		絵つなぎ		文字絵つなぎ		統制群	
	直後	遅延	直後	遅延	直後	遅延	直後	遅延
N	21	21	20	20	21	21	20	20
M	83.0	88.4	80.0	85.7	80.3	86.4	77.1	86.4
SD	12.2	11.4	13.9	12.0	13.6	12.1	13.9	14.6

表15は，視聴したビデオ教材中に出てきた場面に○を付けた割合（ヒット率）の平均と標準偏差を示したものである。分散分析の結果，テストの主効果のみが有

意であった（$F_{(1,78)} = 14.78$, $p < .01$）。直後テストと遅延テストの平均を比べると，遅延テストのヒット率が上昇したことがわかる。これはおそらく被験者が回答に自信をもてないとき作為的に○を付けた（あったことにした）ためではないかと思われる。したがってヒット率は信頼のおける指標とはいえないであろう。

解　説

ここではヒット率の分析結果を一応述べていますが，最終的には実験比較の指標として採用しないという方針です。それが賢明です。

理由は被験者が「わからないものはとにかく○にしておこう」と作為的に回答したのではないかということです。これはもっともらしい理由であると思います。実験としては「指標の選択に失敗した」ことになりますが，データはもう１種類ありますから（正棄却率），まだ望みをつないでいます。

以下，またデータ処理に戻り，正棄却率を分析してみましょう。

研究例Ⅳのデータ処理（２）：正棄却率の分析

【主効果が有意であり４群の多重比較をまとめるケース】

正棄却率（correct rejection）とは，ビデオ教材中になかった画像を「なかった」といえることです。ビデオ教材中になかった画像（ディストラクター）は８枚ありましたから，この８枚中何枚を「なかった」と回答することができたかという百分率（正棄却率）を各被験者において算出しておきます。

これを分析します。手順は上とほとんど同じです。

⓪　あらかじめテキスト文書を開いておく
「メモ帳」で，「ファイル」→「新規」を選び，新たな文書を開きます。

①　分散分析のタイプを選ぶ
ヒット率の分析と同じく，正棄却率の分析も，AsB（２要因混合）の実験計

画ですので，すでに表示されている AsB のページから始めましょう。

② 前の「データ」と「結果」を消去する

画面の中段にある「データ消去」と「結果消去」のボタンを順番にクリックし，それぞれ「データ」と「結果」の枠内をきれいにします。

③ 要因名・水準数・被験者数を入力する

「Q＆A入力」のボタンをクリックします。コンピュータが下のように聞いてきますので，ひとつずつ答えてゆきます（下線部がキー入力）。

要因Aの名前を入力して下さい　⇨　Tsunagi（1＝モジ,2＝エ,3＝モジエ,4＝トウセイ）
　　　　　　　　　　　　　　　　　＊要因名をメモ代わりに利用。半角スペースを含まないこと。
要因Aの水準数を入力して下さい　⇨　4　＊4群あるので4と入力する。
要因Aの第1水準の被験者数を入力して下さい　⇨　21　＊文字つなぎ群の人数
要因Aの第2水準の被験者数を入力して下さい　⇨　20　＊絵つなぎ群の人数
要因Aの第3水準の被験者数を入力して下さい　⇨　21　＊文字絵つなぎ群の人数
要因Aの第4水準の被験者数を入力して下さい　⇨　20　＊統制群の人数
要因Bの名前を入力して下さい　⇨　Test（1＝チョクゴ,2＝チエン）
要因Bの水準数を入力して下さい　⇨　2　＊直後テストと遅延テストの2水準なので2と入力する。

④ データを入力する

以下，p.100と同じ要領で，データを入力してゆきます。

⑤ データを保存する

コピー＆ペーストで（pp.77参照），⓪で開いた文書へデータを貼り付けておきます。「データ」枠の中を誤って消しても，これで大丈夫。

⑥ 分散分析を実行する

「計算！」ボタンをクリックします。
　　⇨計算結果が「結果」の枠に表示される。

⑦ 平均と標準偏差を見る

"Means & SDs" の見出しが付いた出力を見ましょう（次頁掲載）。

Means & SDs（of samples'）
［A＝Tsunagi（1＝モジ,2＝エ,3＝モジエ,4＝トウセイ）］
［B＝Test（1＝チョクゴ,2＝チエン）］

A	B	N	Mean	S.D.
1	1	21	60.1190	19.1404
1	2	21	52.9762	18.0545
2	1	20	68.1250	15.0390
2	2	20	53.7500	16.8170
3	1	21	73.8095	10.1366
3	2	21	65.4762	14.3846
4	1	20	56.2500	14.5237
4	2	20	45.0000	10.7529

直後テスト・遅延テストを比べると（B1 vs. B2），今度はどの群も直後テストのほうが平均が高いようです（たとえば最上段では 60.12＞52.98）。遅延すれば忘却しますので，こうなるところです。

⑧ 分散分析表を見る

各群のデータの個数がふぞろいなのでそのメッセージが出たあと，分散分析表が次のページの上段のように出力されます。

つなぎ条件の主効果（A）は F＝7.88 であり，1％ 水準で有意です。つまり 4 群間の平均の差は偶然変動の 7 倍以上という大きなものでした。これは有意にならないほうがおかしいでしょう。問題は 4 群のどの 2 群間にその有意差があるかということです。多重比較へ早く行きたいところですが，その前に他の F 比も見ておきます。

テストの主効果（B）は F＝28.77 であり，これも 1％ 水準で有意です。この有意性は，正棄却率が直後テストから遅延テストにかけて下降したことを意味しています。忘却するので当然です。

交互作用（A×B）は F＝0.71 であり，有意でありません。交互作用の意味は有意であったときにまた学ぶことにしましょう（研究例Ⅴ以降）。

N が不揃いです。
Unweighted-Mean ANOVA を行います。
N = 20.49（調和平均）と仮定します。

Analysis of Variance
[A(4) = Tsunagi(1=モジ,2=エ,3=モジエ,4=トウセイ)]
[B(2) = Test(1=チョクゴ,2=チエン)]

S.V.	SS	df	MS	F
A	7884.1531	3	2628.0510	7.88 **
Sub	26021.4671	78	333.6086	
B	4326.2762	1	4326.2762	28.77 **
A×B	321.0543	3	107.0181	0.71 ns
S×B	11731.2169	78	150.4002	
Total	50284.1677	163		+p<.10 *p<.05 **p<.01

⑨ 多重比較の結果を見る

つなぎ条件の主効果（A）が有意であり，かつ4群ありましたので，多重比較をし，その結果を下のように出力します。

Multiple Comparisons by LSD
(MSe= 333.609, * p<.05)
(LSD= 8.07172)

[Main Effect of Factor A]

A	N	Mean
1	41	56.5476
2	41	60.9375
3	41	69.6429
4	41	50.6250

A1	=	A2	n.s.
A1	<	A3	*
A1	=	A4	n.s.
A2	<	A3	*
A2	>	A4	*
A3	>	A4	*

見出し中の"Main Effect of Factor A"が「要因Aの主効果」を表しています。このとき，テストの2水準はつぶされてデータはコミになります。したが

ってデータ数（調和平均のN）は各群とも倍の41（＝20.49×2）になっています。

"A1"は「要因Aの水準1」を表します。つまり文字つなぎ群です。また，"A2"は「要因Aの水準2」を表し，絵つなぎ群のことです。以下同様です。コンピュータは各群を水準の番号でしか表せませんので，わたしたち人間の側でしっかり対応を付けるようにしましょう。

さて，上のA1〜A4の多重比較の結果は次のような手順でまとめます。

1. 平均の大きい順に群を並べる。　→　A3, A2, A1, A4
2. 直前・直後の群の優劣を調べる。　→　A3＞A2＝A1＝A4
3. 後ろの群と"＞"になった群をここで確定する。　→　A3はもう調べない
4. 後ろの群と"＝"になった群を1間飛びで調べる。　→　A2＞A4

このまとめ方により下の3つの情報を取り出すことができます。

　　＊　文字絵つなぎ群が他の群より優れていたこと。　　（A3＞）
　　＊　絵つなぎ群が統制群より優れていたこと。　　　　（A2＞A4）
　　＊　文字つなぎ群が統制群と有意差がなかったこと。　（A1＝A4）

⑩　結果の出力を保存する

「結果」の枠内をクリックし，コピー＆ペーストで（pp. 77参照），結果を文書に貼り付けます。

「ファイル」→「保存」で保存します。保存名は"kikyaku.txt"（棄却）などとします。再計算が必要になったら，この文書のデータ部分をSTARの「データ」枠に貼り付けて計算すれば同じ結果が得られます。

　　　　　　　　　　　　　　　　＊

以上，正棄却率の分析を終わりました。ヒット率では一瞬絶望しましたが，正棄却率ではよい結果が出ました。論文に戻り，どんな記述になっているか読んでみましょう。

結　果 （最初の2段落省略）

　一方，表16は視聴したビデオ教材に出てこなかった場面に×を付けた割合（正棄却率）である。

表16　再認テストにおける正棄却率

	文字つなぎ		絵つなぎ		文字絵つなぎ		統制群	
	直後	遅延	直後	遅延	直後	遅延	直後	遅延
N	21	21	20	20	21	21	20	20
M	60.1	53.0	68.1	53.8	73.8	65.5	56.3	45.0
SD	19.1	18.1	15.0	16.8	10.1	14.4	14.5	10.8

　4×2の分散分析の結果，群の主効果（$F_{(3,78)}=7.88$）およびテストの主効果（$F_{(1,78)}=28.77$）が共に1%水準で有意であった。LSD法を用いた多重比較によれば（$MS_e=333.6$, $p<.05$），文字絵つなぎ群の平均が他の3群よりも有意に大きかった。また，絵つなぎ群の平均が統制群の平均よりも有意に大きかった。文字つなぎ群の平均は，数値上は統制群の平均を上回っていたが有意に大きいとはいえなかった。

解　説

　正棄却率は，被験者の作為的回答に対して強い指標です。たとえば被験者がディストラクターの画像について「よくわからないからとにかく○を付けておこう」とすると，正棄却率では"不正解"になります。そのように作為的回答をカウントしませんので，信用できる指標であるといえます。

　分析の結果として2つの主効果が有意であり，交互作用（A×B）は有意でありませんでした。

　本文では，つなぎ条件の主効果を中心に述べています。特に多重比較の結果について，完全にテストの要因を無視して4群間の優劣だけを述べている点に注意してください。交互作用が有意でないときは，そのように他方の要因をないものとみなすことができます。つまり，4群間の差は直後テストでも遅延テストでも同じパターンなので，分けて考える必要がないのです。実際に正棄却率の平均を図に書いてみると，よくわかります（図7）。

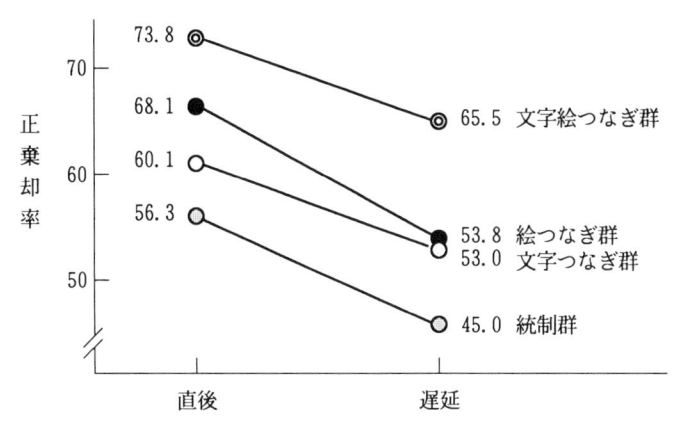

図7　直後・遅延テストにおける各群の正棄却率
（交互作用なしのときはほぼ平行になる）

正棄却率

73.8　文字絵つなぎ群 65.5
68.1　絵つなぎ群 53.8
60.1　文字つなぎ群 53.0
56.3　統制群 45.0

直後　　　遅延

　4群の優劣関係がほぼそのまま，直後テストから遅延テストへ平行移動していることがわかります。こういうときテストの要因をぜんぜん考えずにモノがいえるのです。これが主効果です。
　こうなってみると，直後テストだけでもよかったと思えますが，ビデオ視聴のすぐ後ではシーンの残像印象が強く，再認テストでは差があらわれにくいだろうと考え，いわば「保険をかけた」遅延テストだったのです。結果は4群間の差は直後テストから明確であり，取り越し苦労でした。
　以上の主効果の見方（交互作用が有意でないときの）は，テスト要因の主効果を見るときにも当てはまります。交互作用が有意でないので，つなぎ要因を無視して，直後テストよりも遅延テストのほうが成績が下がったということができるのです。つまり，つなぎ条件4群のどの群でもまったく同一の結果であるということです。これは忘却の作用です。そのように当然出るべき結果が出る指標は信頼性が高いといえます。
　以上，正棄却率の分析において好材料を得ました。「考察」を読んでみましょう。

考　察

　正棄却率の分析結果によれば，視覚的句読点を用いた3群のうち文字絵つなぎ群が他の2群よりも一段上の成績をあげた。他の2群のうち絵つなぎ群は，ストレートカットの統制群よりも高い成績を示したが，文字つなぎ群は統制群を有意に上回ることができなかった。

　以上の結果から視覚的句読点の構成を考えると，文字よりもユーモラスな絵のほうが効果があり，さらに絵だけよりも絵と文字を組み合わせたほうが有効であることが示唆される。

　そうした視覚的句読点の作成（およびビデオ教材への挿入）は，さほどむずかしい作業ではなく，ロー・コストにして大きな効果を期待できるといえよう。おそらく，視覚的句読点はビデオ教材のシークエンス単位を明確に区切るので，児童がシークエンス相互の内容を混同せずに把握することが促進されるのではないだろうか。もしそうなら，視覚的句読点は教師自作のビデオ教材の品質を補い，その教育効果を維持することに貢献する手段として有望であるといえよう。

　本研究は視覚的句読点の導入に一応の成果を見いだしたが，今後の課題も少なくない。たとえば，視覚的句読点の種類，絵柄，色彩，数，提示時間，ユーモア度などをどのように選択・決定するか。また，本研究で用いた視覚的句読点は教材内容と無関係の「つなぎ」であったが，あるいは教材内容と関連性があったほうがよいのかどうか。これらは詳細な検討が必要である。

解　説

　ここでは，視覚的句読点の実用性を中心に検討しています。これは，この研究の一貫した方針であるといえます。

　しかし，こうして視覚的句読点の有効性が実証されてみると，理論的にも，なぜ視覚的句読点は画像の認知を促進するのかと問いたくなります。一応，本文では，視覚的句読点によって「児童がシークエンス相互の内容を混同せずに把握することが促進される」と解釈していますが，それだけだったら『そして』の文字つなぎだけでも効果が見られたのではないかと思われます。図柄に使ったタツノオトシゴのユーモラスな性質も考慮に入れるべきでしょう。

　それはそれで相当の研究シリーズを生む問題です。

　そうした多くの問題が感じられること自体，実用的手段を発見したというだ

けでなく,新しい理論的な研究テーマを発掘したともいえます。

※この研究例は山崎(1991)を再構成したものである。
　山崎康樹　1991　社会科ビデオ教材の学習における視覚的句読点の効果　視聴覚教育研究, 21, 41-54.

統計基礎 Q & A (35-38)

Q&A 35【各群の人数がふぞろいの場合】

Q. 2要因以上の分散分析は各群の人数がみな等しくなければいけないのですか。

A. そうです。2要因以上の分散分析では、各群の人数が違うと、その違いが（特に交互作用の）F比を不当に大きくします。このため分散分析の結果が信頼できなくなります。

そこで各群の人数が等しくないときは次のいずれかの対処をとります。

1. 等しい人数を仮定する。(STARの分散分析プログラム)
2. 人数の違いに応じて平均を重みづける。
   (SASのGLMプロシジャー・TypeⅢ)

1番めの対処は、仮の等しい人数として各群の人数の調和平均を計算します（下式）。

$$調和平均 = \frac{i}{\frac{1}{N_1} + \frac{1}{N_2} + \frac{1}{N_3} + \cdots\cdots + \frac{1}{N_i}} \qquad \begin{array}{l} i \quad 群の数 \\ N_i \quad 各群の人数 \end{array}$$

この調和平均の人数（仮に等しくした人数）を用いた分散分析を「重みづけしない平均」(unweighted means) を用いた方法と呼びます。これは近似的方法であり、あまりに人数の違いが大きすぎると近似が悪化します。筆者のシミュレーションでは、各群N=50でそろっているときN=25の群が生じるとF比の小数点第1位が動揺する傾向が見られます。各群のデータに2倍の開きがあるときは注意した方がよいようです。

2番めの「人数の違いに応じて平均を重みづける」は厳密な方法です。人数の違いが大きすぎるときは、この対処法をとるべきでしょう。SASのGLMプロシジャー（TypeⅢ）を使えば、この対処法をとったことになります。

Q&A 36【各群の標準偏差のふぞろいについて】

Q. この研究例における正棄却率の結果をみると、各群の標準偏差が違いすぎるように思えます。前に、標準偏差の値がそろっていないとF比に反映すると習いましたが、大丈夫なのでしょうか。

A. 「大丈夫かどうか」の判断は基本的に結果論になります。実践的には分散分析を強行してください。

研究例Ⅳでも，何も言及せず（何も対処せず）分散分析を実行し，1％水準の高い有意性を得ています（F＝7.88，p＜.01）。専門的にもそれで「よし」とされます。標準偏差のバラつきだけでF比の有意性が1％水準まで届くとは考えられないからです。

なお以下の処理をすればいっそう望ましいといえます。

1. 極端値を排除する。（もしあればの話）
2. データの数値を適当に変換する。（→Q＆A 37）
3. カテゴリー・データとして処理する。（度数の分析へ移行する）

一般的にいえば，各群の標準偏差が違いすぎるとき，平均についての見た目の判断と分散分析の結果が合わないというケースは要注意です。

Q&A 37【データの変換について】

Q. 分散分析の前に，データの値を角変換したり対数変換したりする例を見かけますが，どうしてそんなことをするのですか。また，やり方を教えてください。

A. L字形やJ字形のデータ分布を正規分布に直したり，大きすぎるバラつき（標準偏差）を圧縮しているのです。そうすることで本来のデータ分布に近づくと仮定しています（したがって変換した数値についての分散分析の結果は信頼性を増すと考えています）。

1. 角変換

テスト得点や百分率のように上限（100）のあるデータに用います。

いったんテスト得点または百分率などを0～1までの比率に直します。そして下式に代入します。

$$角度 = \sin^{-1}\sqrt{比率}$$

比率0，1のときは上の変換式は使えませんので便宜値を用います。上限値をkとし，比率0のときは比率1/4k，比率1のときは比率(k−0.25)/kを代用します。しかし変換効率はきわめて悪くなります。

2. 対数変換

時間のように上限がなく理論的に無限大までゆくデータに用います。一般に常用対数に変換します。

対数＝$\log_{10}$（データ値）

データの値は1を越え，なるべくケタ数が多くなる単位にします。たとえば時間データならば，秒よりもミリ秒に直してから上式に代入します。

ほかにも，開平変換（ルート），逆数変換などがありますが，どれがいいかは試行錯誤的に決めるしかありません。変換する前と変換した後は，必ず各群のデータ分布を調べ，実際に正規分布に近づいたかどうかをチェックしてください。

なお，いわゆる「双峰分布」（山が2つある分布）はどんな変換法も効きません。分散分析も強行できません。そのデータは捨てるか，カテゴリー・データへ変換し度数の分析へ持ち込むしかありません。

Q&A 38【2水準の主効果の見方】

Q. 主効果が有意だったとき3群以上あれば多重比較してくれますが，2群のときはどっちの群が大きいか，どのように判断するのですか。

A. "平均の平均"を計算してください。

たとえば下の表15ではテスト要因（2水準）の主効果が有意でした。

表15 再認テストにおけるヒット率

	文字つなぎ		絵つなぎ		文字絵つなぎ		統制群	
	直後	遅延	直後	遅延	直後	遅延	直後	遅延
N	21	21	20	20	21	21	20	20
M	83.0	88.4	80.0	85.7	80.3	86.4	77.1	86.4
SD	12.2	11.4	13.9	12.0	13.6	12.1	13.9	14.8

このとき各水準の4平均を取り出して，直後テストの成績は$(83.0+80.0+80.3+77.1)/4=80.1$，遅延テストの成績は$(88.4+85.7+86.4+86.4)/4=86.7$，と"平均の平均"を計算します。Nを掛け合わせる必要はありません。この80.1と86.7をそのまま表面的に比べて，大きいほうが「有意に大きい」といえます（主効果の有意性によって保証されているので）。

かくして，上の表15では直後テストよりも遅延テストのほうが有意に成績が上昇したという意外な事実が判明したのでした。

研究例Ⅴ：2要因の分散分析における交互作用の分析

『中学生における交流経験と学習意欲との関係』

はじめに

　ここでは生徒の学習意欲というテーマを取り上げます。生徒の学習意欲を引き起こす要因は何か，という問題です。研究の独創性は，そうした学習意欲の要因を生徒の交流関係に求めようとする点です。

　従来は学習意欲の要因を個人の内部に求める強い傾向がありました。特に心理学では1970年代に台頭した「認知的評価理論」がその傾向の主流をなしていました。認知的評価理論は，もっぱら個人のなかの有能感・原因帰属・自己概念認知などの内部要因を重視し，それらと内発的動機づけの関連性を問題としてきたのです。

　しかし，1980年代に入ると，個人の内部要因から，個人とその周囲の他者との相互関係へと焦点が移ってきました。この背景には発想の転換があります。すなわち，動機や意欲の問題はその人だけの個人的問題ではない。動機・意欲の問題は，その人と，その回りの人たちを含んだ相互関係的問題であるという発想です。このように個人の主体性重視から，個人と他者の相互関係重視の発想へと時流は動き始めています。1990年代後半からはさらにその動きが加速しています。

　そんな現在進行中の新しい息吹を，この研究例のデータのなかに読み取ってみてください。

　データ解析の勉強としては，2要因分散分析において交互作用がないケースと交互作用が生じたケースを対比して学びます。特に人間を対象とした研究が1要因の主効果だけで済むことはまれであり，たいてい「交互作用」は避けて通れないものなのです。筆者の先輩は「人間は交互作用の生き物だ」といっていたくらいです。その交互作用が生じたときの分析のしかたをここで学びましょう。

『中学生における交流経験と学習意欲との関係』

問　題

　生徒が学習意欲を喚起するとき，その生徒をとりまく他者の影響は無視できない。特に学校場面では教師や友人との相互関係は大きな影響をあたえるであろう。個人の意欲はその個人をとりまく他者との相互関係において支えられたり強められたりしていると考えられる。

　近年，内発的動機づけの研究文脈においても個人の自律性（autonomy）と並んで他者との関係性（relatedness）という重要な概念が登場しつつある（Connell & Wellborn, 1991；中山，1995；Ryan, 1991）。

　そこで，本研究は実際に学校場面における生徒と他者との関係性を，交流経験の程度として調べてみることにした。

　学校場面における重要な他者は教師および友人であろう。したがって，生徒の主要な交流経験として教師および友人との交流経験を取り上げる。また，こうした他者との関係と比較するため，生徒の個人的問題として学業上の成功経験を取り上げる。そして，これらの交流経験または学業上の成功経験が多い者と少ない者とでは，どのように学習意欲の起こり方が異なるのかを比較検討することにした。

解　説

　問題意識は単純であり，わかりやすいと思います。生徒の意欲が教師や友人との人間関係に影響されているのではないか，というものです。

　第2段落で関連する心理学の研究文脈をあげていますが，この研究自体の動機は文献を読んで生じたものではなく，実際に学校場面の生徒を見ていて思い立ったものでしょう。

　調査計画も単純です。下の3つの関連性を調べようというものです。

　　　教師との交流経験の多少　⇨　生徒の学習意欲の大小
　　　友人との交流経験の多少　⇨　生徒の学習意欲の大小
　　　学業上の成功経験の多少　⇨　生徒の学習意欲の大小

　上の2つが交流的要因であり，一番下の「学業の成功経験」が個人的要因で

す。一応，このように"比較できる"計画にしてあることが大切です。

仮説は仮説らしい形式をとっていませんが，明確に述べるとすれば次のようになるでしょう。

1. もしも生徒の学習意欲が他者との人間関係に影響されるならば，交流経験の多い者と少ない者とでは学習意欲の起こり方が異なるであろう。

2. もしも生徒の学習意欲が他者との人間関係に影響されるならば，交流経験の多少による学習意欲の起こり方は，個人的な学業成功経験の多少による学習意欲の起こり方と異なる様相を示すであろう。

仮説は「もしも～ならば」として理論を述べ，そして現実的予測を述べます。ここでは両仮説とも"方向性のない予測"となっていることに注意してください。つまり「異なるであろう」といっているだけで，その異なるであろう方向は述べていません。たとえば「交流経験が多い者のほうが少ない者よりも大きな学習意欲をあらわす」とか「交流経験のほうが学業上の成功経験よりも学習意欲にあたえる影響が大きい」とか，そこまでいっていません。

このように，いわば"不等号"（<，>）の向きをどちらかに特定しない予測を"方向性のない予測"あるいは"両方向の予測"といいます。

仮説が明確な形式で述べられていないときは，たいてい予測に方向性がない場合です。それはそれで慎重であるといえます。

方　法

　計　画　2×3の被験者間計画。第1要因は経験の多少の2水準であり，第2要因は学力の上中下3水準である。この第1要因を教師との交流経験，友人との交流経験，および学業上の成功経験に替えて同計画を3回くり返す。

　対　象　公立中学校2年生320人。

解　説

「計画」の記述をみると，学力の要因を加えて全体は2要因計画となってい

ます。学力の要因を加えたのは，学力と（実験指標となる）学習意欲が密接に相関することが経験的・常識的に知られているからです。そうなると学力上位者と下位者では，交流経験の効き方が異なるということも考えられます。そうした考慮がはたらいています。

質問紙 教師との交流経験，友人との交流経験，学業上の成功経験をたずねる項目それぞれ4個と（表17参照），これに対応する教師・友人との交流場面および学業上の成功場面で，どの程度学習意欲が起こるかをたずねる項目それぞれ4個（表18参照）の計24項目からなる質問紙。交流経験・学業成功経験をたずねる項目への回答は「よくある」「少しある」「あまりない」「ほとんどない」の4段階評定であり，学習意欲の喚起をたずねる項目については0％から100％までの10％きざみの回答とした。

手続き 調査は集団で実施した。対象者に質問紙を配布し，対象者ペースで回答させた。最初に，教師・友人との交流場面および学業成功場面で起こる学習意欲について回答させ，次に，交流経験または学業成功経験について回答させた。これら3場面の学習意欲と3種類の交流・学業経験をたずねる項目は，質問紙ごとに掲載順序を無作為に入れ替えておいた。また，各対象者について教研式全国標準診断的学力検査の得点を別途入手した。

表17 交流経験・学業成功経験についてたずねる項目

教師交流経験	友人交流経験	学業成功経験
先生から認められたこと	何でも話せる友達ができたこと	勉強が計画どおり進んだこと
先生にやる気があったこと	友達が頑張っていたこと	問題の解き方がわかったこと
好きな先生だったこと	友達に励まされたこと	テストの成績が良かったこと
先生が一人一人に教えて回ったこと	仲の良い友達と勉強したこと	授業の内容に興味があったこと

(注) 質問紙の教示は次のとおり。「小学校時代から現在まで次のような経験をしたことがありますか。当てはまるところに○を付けてください。」回答は「よくある・すこしある・あまりない・ほとんどない」の4段階評定。

表18 学習意欲の喚起をたずねる質問

教師との交流場面	友人との交流場面	学業上の成功場面
先生から認められたとき	何でも話せる友達ができたとき	勉強が計画どおり進んだとき
先生にやる気があったとき	友達が頑張っていたとき	問題の解き方がわかったとき
好きな先生だったとき	友達に励まされたとき	テストの成績が良かったとき
先生が一人一人に教えて回ったとき	仲の良い友達と勉強したとき	授業の内容に興味があったとき

(注) 質問紙の教示は次のとおり。「あなたが最高にやる気が出た場合を100％とします。次の場合は何％のやる気が出ますか。0％から100％までの間で10％きざみで答えてください。」

解　説

ここでは質問紙において次の6種類のデータを得ようとしています。

① 教師との交流経験の多少
② 友人との交流経験の多少
③ 学業上の成功経験の多少
④ 教師との交流場面で起こる学習意欲の程度（①に対応させる）
⑤ 友人との交流場面で起こる学習意欲の程度（②に対応させる）
⑥ 学業上の成功場面で起こる学習意欲の程度（③に対応させる）

このように多くの質問項目をひとつの質問紙に載せるときは、各項目の提示順序に十分配慮しなければなりません。ここでは内容上の配慮と方法上の配慮が払われています。

第1に内容上の配慮として、学習意欲の④～⑥を先にたずねて、交流経験・学業成功経験の①～③は後でたずねたということです。逆にすると、交流経験や学業成功経験の回答が学習意欲の回答をひきずりそうな感じです（回答の順序と影響方向が一致するので被験者の意識にひっかかりやすい→作為が起こりやすい）。

第2に方法上の配慮として、学習意欲において④・⑤・⑥の提示順序を無作為化し、また交流経験・学業成功経験において①・②・③の提示順序を無作為化しています。これは提示順序の効果を相殺し、各回答を独立のものとして扱えるようにするためです。この「提示順序の無作為化」により全部で36通りの質問紙ができあがります。ややたいへんな作業ですが、それでいっぺんに何種類ものデータが採れるのですから、これくらいの労力は当然としなければなりません。

あと手続きについて注意すべきは、学習意欲の回答が「パーセンテージ評定」になっていることです。0％から100％までの10％きざみですから実質11ポイント評定です。この方法はポイント数を無理なく増やす工夫として時々使われます。もちろんパーセンテージの概念を明確にもっている学年段階でないと不適当です。ここでは中学生を対象としていますので大丈夫でしょう。

さて、ここからデータ処理に入ります。

まず、「得点化」しなければなりませんが、この研究例ではさらに質問紙の項目得点によって2×3の群構成をするという下準備が必要です。データ処理に入る前に、その部分の「結果」の記述を読んでおきましょう。

結　果

　教師・友人との交流経験および学業上の成功経験についての回答は「よくある」を4点、「すこしある」を3点、「あまりない」を2点、「ほとんどない」を1点とし、各経験の4項目の合計をもって各対象者の得点とした。得点範囲はいずれも4-16である。それぞれの経験ごとに平均を算出し、この平均未満の対象者を「経験少」とし、平均以上の対象者を「経験多」とした。

　また、教研式全国標準診断的学力検査の得点において偏差値60以上の対象者を「学力上位」、偏差値50-53を「学力中位」、偏差値45以下を「学力下位」とした。

　学習意欲の回答はパーセンテージの回答をそのまま得点とみなし、各場面の4項目の合計をもって各対象者の学習意欲得点とした。満点は400である。

解　説

ここで初めて2×3の6群が設置されました。

教師・友人との交流経験および学業上の成功経験についての項目得点は、それぞれ「経験多」「経験少」の2水準を設けるのに使われました。

また、学力検査得点は上中下の3水準を設けるのに使われました。

結局、あと残っているデータは学習意欲得点（パーセンテージ回答）です。これが実験指標です。これを分析することにしましょう。

ここからデータ処理に移ります。

研究例Ⅴのデータ処理（1）：教師との交流経験を要因とした場合

【交互作用が有意でなく主効果が有意になるケース】

分析は全部で3回おこないます。

まず，教師との交流経験（2）×学力（3）によって学習意欲得点を分析します。ここでの学習意欲得点は「教師との交流場面」における得点です。

⓪ あらかじめテキスト文書を開いておく

「メモ帳」で，「ファイル」→「新規」を選び，文書を開いておきます。

① JavaScript-STAR を起動する

② 分散分析のタイプを指定する

タイプを知るには，被験者（対象者）の名前とデータを「1被験者1行」で紙に書いてみることです。ここでは1人が1個だけしかデータをもちませんので形式は単純です。

次のページの表の見出しをみれば，このタイプは"ABs"であると自然にわかります。結局，すべての条件は被験者間で比較されます。1人が1個しかデータを与えない（という計画をとる）ときは，そのように必ず被験者間計画になります。被験者を表す固定記号 s は必ず右端にきます。

分散分析のメニューの「ABs（2要因被験者間）」をクリックします。
　　⇨ABs（2要因被験者間計画）のページが表示される。

③ 要因名・水準数・被験者数およびデータを入力する

「Q＆A入力」のボタンをクリックします。
コンピュータが次のページのように聞いてきます。適宜，入力します。

表19　ABsタイプのデータリスト

※1被験者1行で書いて，見出しをつけると			交流経験 (A)	学　力 (B)	被験者 (s)	データ
被験者	学習意欲					
島　倉	380		多　い	学力上位	島　倉	380
堤	290				堤	290
‥‥	‥‥				‥‥	‥‥
三　波	270			学力中位	三　波	270
山　田	310				山　田	310
‥‥	‥‥				‥‥	‥‥
川　原	200			学力下位	川　原	200
佐　藤	220				佐　藤	220
鈴　木	330		少ない	学力上位	鈴　木	330
海老名	250				海老名	250
‥‥	‥‥				‥‥	‥‥
坂　本	190			学力中位	坂　本	190
村　沢	300				村　沢	300
‥‥	‥‥				‥‥	‥‥
大　滝	280			学力下位	大　滝	280
中　川	300				中　川	300
‥‥	‥‥				‥‥	‥‥

要因Aの名前を入力して下さい　⇨　ケイケン(1=オオイ,2=スクナイ)
　　　　　　　　　　　　　　　　　＊要因名に水準をメモ書きしている。半角スペースを含まないこと。
要因Aの水準数を入力して下さい　⇨　2　＊経験量の多い・少ないの2水準なので2と入力する。
要因Bの名前を入力して下さい　⇨　ガクリョク(1=high,2=mid,3=low)
　　　　　　　　　　　　　　　　　＊キー入力は半角スペースを含まないようにカンマを使っている
要因Bの水準数を入力して下さい　⇨　3　＊学力は上位・中位・下位の3水準なので3と入力する。
要因A第1水準　要因B第1水準　被験者数　⇨　44　＊経験が多く学力上位の者の人数。
要因A第1水準　要因B第2水準　被験者数　⇨　49　＊　〃　学力中位の者の人数。
要因A第1水準　要因B第3水準　被験者数　⇨　34　＊　〃　学力下位の者の人数。
要因A第2水準　要因B第1水準　被験者数　⇨　35　＊経験が少なく学力上位の者の人数。
要因A第2水準　要因B第2水準　被験者数　⇨　44　＊　〃　学力中位の者の人数。
要因A第2水準　要因B第3水準　被験者数　⇨　30　＊　〃　学力下位の者の人数。

これ以下，データ入力となります。下のように1人ずつ聞いてきます。

要因A第1水準　要因B第1水準　被験者No.1　？　⇨　380

これはＡ１（経験多）のＢ１（学力上位）のｓ１（被験者１番）のデータを入力します。表19では"島倉さん"の学習意欲得点380のことです。もう１例を示します。

要因Ａ第１水準　要因Ｂ第１水準　被験者No.2　？　⇨　290

これはＡ１（経験多）のＢ１（学力上位）のｓ２（被験者２番）のデータを入力します。表19の"堤くん"の学習意欲得点290のことです。

入力が終わると，「データ」枠に表示されますので，ここで見直します。

なお，「１被験者１行」の原則で書き表すと，被験者全員で236行を使います。縦にひじょうに長くなり，見直しに不便なので，「データ」枠の中では横に並べて表示されます。

これは「１被験者１行」の原則に従って書いてから，改行を取り去ったものと考えてください。被験者間計画（As，ABs，ABCs）のデータリストはすべてそのように便宜的に表示されます。

④　データを保存する

「データ」枠の内のどこかをクリックし，コピー＆ペーストで，⓪で開いた文書にデータを貼り付けておきましょう。

⑤　分散分析を実行する

「データ」枠にデータが表示されている状態で，「計算！」ボタンをクリックします。

⇨計算結果が「結果」の枠に表示される。

⑥　各群の平均と標準偏差を見る

まず，次のページの上段のように学習意欲得点の平均と標準偏差を見ます。

ざっと平均を比べます。要因Ａの１（経験多）と２（経験少）の間で比べると，全体的に下段の平均（189.71，199.77，160.00）が低い値になっています。また，要因Ｂの１（上位）・２（中位）・３（下位）の間で比べると，下位の平均（225.59，160.00）が他よりも一段落ち込んでいる感じです。

[ABs-type Design]

Means & SDs（of samples'）
[A=ケイケン(1=オオイ,2=スクナイ)]
[B=ガクリョク(1=high,2=mid,3=low)]

A	B	N	Mean	S.D.
1	1	44	240.9091	69.3089
1	2	49	240.0000	58.9708
1	3	34	225.5882	61.7009
2	1	35	189.7143	79.0835
2	2	44	199.7727	71.4934
2	3	30	160.0000	73.5754

標準偏差は少しバラついていますが，だいたい70前後とみなせば±10ポイント程度のバラつきにおさまっていると考えられるでしょう。

⑦ 分散分析表を見る

各群のNが違いますので調和平均（N=38.17）を用いたというメッセージが出ます。そのあと下のような分散分析表が出ます。

Nが不揃いです。
Unweighted-Mean ANOVA を行います。
N=38.17（調和平均）と仮定します。

Analysis of Variance
[A=ケイケン(1=オオイ,2=スクナイ)]
[B=ガクリョク(1=high,2=mid,3=low)]

S.V.	SS	df	MS	F
A	156841.5726	1	156841.5726	32.28 **
B	32115.1438	2	16057.5719	3.31 *
A×B	6175.3451	2	3087.6726	0.64 ns
Sub	1117396.7418	230	4858.2467	
Total	1312528.8033	235	+p<.10 *p<.05 **p<.01	

主効果が2つとも有意です。交互作用A×Bは有意でありません。こういうときは他方の要因をないものとみなして各要因の結果を独立に検討することができます。

まず，要因A（経験の多少）についてF=32.28という大きなF比を得ました。1％水準で有意です。水準数は2つですので多重比較はありません。代わ

りに"平均の平均"を求めます。経験多群の3平均の平均は$(240.91+240.00+225.59)/3=235.50$，経験少群は$(189.71+199.77+160.00)/3=183.96$となり，明らかに経験多群のほうが大きな学習意欲を生じていることがわかります。つまり，教師との交流関係の多い生徒がやはり大きな学習意欲を生じるというわけです。この結果は研究者のねらいに合致しています。

次に，要因B（学力水準）はF=3.31であり，これは5%水準で有意でした。だいたいF=3程度が有意性の最低ラインです。ただし学力は上中下の3水準ありますから，多重比較をしてみないと，どの水準間に有意差があるかわかりません。

⑧ 多重比較の結果を見る

学力の3水準について多重比較の結果を下のように表示します。

```
Multiple Comparisons by LSD
(MSe=4858.25,  * p<.05)
(LSD= 22.336)
..............................................
     [Main Effect of Factor B]
   B      N       Mean
..............................................
   1      76     215.3117
   2      76     219.8864
   3      76     192.7941
..............................................
  B1  =  B2   n.s.
  B1  >  B3   *
  B2  >  B3   *
```

上段では学力3水準の平均を再計算し，表示しています。(215.31, 219.89, 192.79)。これは経験多少の2平均の平均です。多重比較はこの数値を比べているわけです。不等号の結果を見ましょう。学力上位者と中位者は差がなく（B1=B2），下位の生徒（B3）の「一人負け」です。学力が低い者は学習意欲も低いという常識的な結果です。

⑨ 結果の出力を保存する

「結果」の枠内をクリックし，コピー＆ペーストで，結果を文書に貼り付けます。続いて，「ファイル」→「保存」で保存します。教師との交流経験の多少を要因Aとしたので，保存名は"kyoshi.txt"などとしておきます。

*

　ここまで教師との交流経験を取り上げて学習意欲を分析しました。これは交互作用がない事例であり，前の研究例Ⅳと同じようなケースです。
　次に行ってみましょう。

研究例Ⅴのデータ処理（2）：友人との交流経験を要因とした場合

【2要因分散分析において交互作用が有意になるケース】

　今度は，友人との交流経験を要因として取り上げ，学習意欲を分析します。直前の分析に続けて処理することにします。

① テキスト文書を開いておく
　「メモ帳」をアクティヴにし，「ファイル」→「新規」をクリックし，新たな文書を開いておきます。

② ABsのページを初期化する
　JavaScript-STARをアクティヴにします。ABsのページが表示されていますので，中段にある「データ消去」「結果消去」ボタンをクリックし，「データ」枠と「結果」枠の中をきれいにします。

③ 要因名・水準数・被験者数を入力する
　「Q＆A入力」のボタンをクリックし，コンピュータの質問に答える形で入力します。なお，要因の名前には，半角スペースを含まないこと。

　　要因Aの名前を入力して下さい　⇨　ケイケン(1=オオイ,2=スクナイ)
　　要因Aの水準数を入力して下さい　⇨　2
　　要因Bの名前を入力して下さい　⇨　ガクリョク(1=high,2=mid,3=low)

要因Bの水準数を入力して下さい　⇨　3
要因A第1水準　要因B第1水準　被験者数　⇨　47　（経験多・学力上位）
要因A第1水準　要因B第2水準　被験者数　⇨　45　（〃・学力中位）
要因A第1水準　要因B第3水準　被験者数　⇨　33　（〃・学力下位）

要因A第2水準　要因B第1水準　被験者数　⇨　32　（経験少・学力上位）
要因A第2水準　要因B第2水準　被験者数　⇨　48　（〃・学力中位）
要因A第2水準　要因B第3水準　被験者数　⇨　31　（〃・学力下位）

被験者数は例示ですが，研究例Vの実際の人数を入れています。こんなふうに入力するのかというイメージを作ってもらえればよいと思います。

④　データを入力する

以上の入力が終わると，いったん確認が入ってから，データ入力が始まります。要領はpp. 124-125を参照してください。

⑤　入力したデータを見直して保存する

入力が終わると，「データ」枠に表示されますので，ここで見直します。

見直したら，コピー＆ペーストで，①で開いておいた文書へデータを貼り付けておくようにしましょう。

⑥　分散分析を実行する

「データ」枠にデータが表示されている状態で，「計算！」ボタンをクリックします。

⇨計算結果が「結果」の枠に表示される。

⑦　各群の平均と標準偏差を見る

次のページ上段のように表示されます。

平均をながめると，やはりA1（経験多）よりもA2（経験少）のほうが全体に低めに出ています。一方，B（学力）の1・2・3をみると，上段の3平均はヨコ一線という感じです（249.15, 259.78, 256.67）。下段のほうはB3（学力下位）の平均（172.26）が他と比べて落ち込みが激しいようです。

[ABs-type Design]

Means & SDs (of samples')
[A=ｹｲｹﾝ(1=ｵｵｲ,2=ｽｸﾅｲ)]
[B=ｶﾞｸﾘｮｸ(1=high,2=mid,3=low)]

A	B	N	Mean	S.D.
1	1	47	249.1489	73.6533
1	2	45	259.7778	63.2978
1	3	33	256.6667	69.5730
2	1	32	213.4375	73.6380
2	2	48	224.3750	63.1765
2	3	31	172.2581	70.2397

⑧ 分散分析表を見る

調和平均のN=37.94を用いたというメッセージが出たあと，下のような分散分析表が表示されます。

Nが不揃いです。
Unweighted-Mean ANOVA を行います。
N=37.94（調和平均）と仮定します。

Analysis of Variance
[A(2)=ｹｲｹﾝ(1=ｵｵｲ,2=ｽｸﾅｲ)]
[B(3)=ｶﾞｸﾘｮｸ(1=high,2=mid,3=low)]

S.V.	SS	df	MS	F
A	152945.8065	1	152945.8065	31.60 **
B	29393.3172	2	14696.6586	3.04 +
A×B	30182.0039	2	15091.0019	3.12 *
Sub	1113042.1290	230	4839.3136	
Total	1325563.2567	235		

+p<.10 *p<.05 **p<.01

さて交互作用（A×B）が有意です（F=3.12, p<.05）。

交互作用が有意なときは，要因A・要因Bの主効果（単独効果）を取り上げることはできません。他方の要因の影響を無視できないのです。上の出力をみるとAの主効果はF=31.60（1％水準で有意），またBの主効果もF=3.04（有意傾向）であり，いずれも有意に出ているので惜しい気がしますが，黙ってここは見過ごし，次へ急ぎます。

⑨ 交互作用の分析表を見る

下のような出力を表示します。これは初めて出てきた表です。

Analysis of AxB Interaction
[A(2)=ケイケン(1=オオイ,2=スクナイ)]
[B(3)=ガクリョク(1=high,2=mid,3=low)]

S.V.	SS	df	MS	F
A at B1:	24192.7500	1	24192.7500	5.00 *
A at B2:	23776.3554	1	23776.3554	4.91 *
A at B3:	135158.7050	1	135158.7050	27.93 **
B at A1:	2265.8895	2	1132.9447	0.23 ns
B at A2:	57309.4317	2	28654.7158	5.92 **
Sub	1113042.1290	230	4839.3136	

+p<.10 *p<.05 **p<.01

タイトルに"Interaction"とありますが,「交互作用」の英語です。形は分散分析表とほとんど同じであり, 左端の見出しだけが違います。それぞれ下のような意味です。

A at B1: B1水準における要因Aの単純主効果
A at B2: B2水準における要因Aの単純主効果
A at B3: B3水準における要因Aの単純主効果
B at A1: A1水準における要因Bの単純主効果
B at A2: A2水準における要因Bの単純主効果

すべて「単純主効果」(simple main effect) といいます。単純主効果は一方の要因の主効果を他方の要因の水準に分けたものです。たとえば"A"だけなら「経験の主効果」ですがA at B1は「学力上位における経験の単純主効果」となります。

交互作用が有意なときは,このように主効果を見ず, 単純主効果を見ます。その見方は次の2ステップです。

1. 平均の図を描く。
2. 単純主効果の有意性をみて平均間の差を検定する。

このとおり処理してみましょう。最初に次のように平均の図を描きます。

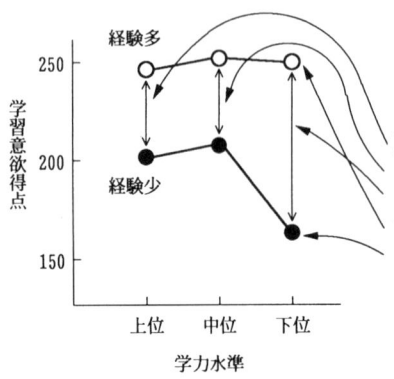

```
Analysis of AxB Interaction
[A(2)=ケイケン(1=オオイ,2=スクナイ)]
[B(3)=ガクリョク(1=high,2=mid,3=low)]

 S. V.           SS         df      MS          F
A at B1 :    24192.7500     1    24192.7500    5.00 *
A at B2 :    23776.3554     1    23776.3554    4.91 *
A at B3 :   135158.7050     1   135158.7050   27.93 **
B at A1 :     2265.8895     2     1132.9447    0.23 ns
B at A2 :    57309.4317     2    28654.7158    5.92 **
Sub       1113042.1290    230     4839.3136
                                    +p<.10 *p<.05 **p<.01
```

ここで，左の平均の図に，右の「交互作用の分析表」の有意性を当てはめてゆきます。

まず，経験（A）の単純主効果を見てみましょう。3つの単純主効果はいずれも有意ですが，A at B1，A at B2のF比に比べA at B3のF比は1ケタ大きくなっています（F=27.93）。図ではこれは256.7と172.3の一段大きな開き具合を表しています。交互作用が有意なときは，このように水準によって差の出方が異なります。

次に，学力（B）の単純主効果を見てみましょう。上の出方をみるとB at A1は有意でなく（F=0.23），B at A2は有意です（F=5.92, p<.01）。このように，交互作用が有意なときの各単純主効果の結果は違ってきます。

有意であったB at A2は（経験少群における）学力3水準のことですから，多重比較へゆきます。

⑩ 多重比較の結果を表示する

下のようにB at A2の多重比較の結果を自動的に表示します。

```
Multiple Comparisons by LSD
 (MSe=4839.31,  * p<.05)
 (LSD=31.6228)
-----------------------------------
B at A2 Level

B1  =  B2   n.s.
B1  >  B3   *
B2  >  B3   *
```

不等号をまとめるとB1＝B2＞B3となり，学力下位者の学習意欲が低いことがわかります。

　これが常識的なセンなのですが，少し戻って経験多群（at A1）の学力下位者では意欲は落ちていなかったことを思い出してください。つまりB at A1はF＝0.23であり，学力上位・中位・下位者の差は偶然変動にも満たないわずかなものでした（もちろんぜんぜん有意ではありませんでした）。この知見は注目に値します。友人との交流経験が多いと，学力下位者では本来（？）落ち込みがちな学習意欲が何とか落ち込まないように支えられているというわけなのでしょうか。よさそうな結果です。

⑪ 結果の出力を保存する

　「結果」の枠内をクリックし，コピー＆ペーストで，結果を文書に貼り付けます。「ファイル」→「保存」で保存します。保存名は漢字を使ってもよく，友人との交流経験の多少を取り上げたので「友人経験.txt」などとします。

　さて，もうひとつ，学業上の成功経験についての分析が残っています。これは学習意欲の個人的要因として，上の交流的要因との比較対照のため分析するものです。

研究例Ⅴのデータ処理（3）：学業上の成功経験を要因とした場合

【2要因分散分析において2つの主効果が有意になるケース】

　最後に，学業上の成功経験を要因Aとして，学習意欲得点を分析します。
　上の手順とほとんど同じですので結果だけを次のページに示します。コンピュータ出力の読み方を練習してください。
　平均をみると，学習意欲がいままでよりすべて高めに出ていることがわかります。やはり学校場面では，学業上の成功が学習意欲の喚起にとって何よりも決定的な要因であることは否めません。

[ABs–Type Design]
Means & SDs (of samples')
[A=ケイケン(1=オオイ,2=スクナイ)]
[B=ガクリョク(1=high,2=mid,3=low)]

A	B	N	Mean	S.D.
1	1	46	304.7826	55.3542
1	2	47	302.3404	55.3216
1	3	36	245.0000	57.8552
2	1	33	268.4848	64.8598
2	2	46	278.0435	54.4386
2	3	28	222.8571	75.9632

N が不揃いです。
Unweighted–Mean ANOVA を行います。
N＝37.84（調和平均）と仮定します。

Analysis of Variance
[A(2)=ケイケン(1=オオイ,2=スクナイ)]
[B(3)=ガクリョク(1=high,2=mid,3=low)]

S.V.	SS	df	MS	F	
A	43175.6969	1	43175.6969	11.79	**
B	150263.3715	2	75131.6858	20.52	**
A×B	2201.3308	2	1100.6654	0.30	ns
Sub	842009.9633	230	3660.9129		
Total	1037650.3626	235	+p<.10 *p<.05 **p<.01		

Multiple Comparisons by LSD
(MSe＝3660.91, *p<.05)
(LSD＝19.4736)

[Main Effect of Factor B]

B	N	Mean
1	76	286.6337
2	76	290.1920
3	76	233.9286

B1 ＝ B2 n.s.
B1 ＞ B3 *
B2 ＞ B3 *

分散分析表では、交互作用が有意でなく、2つの主効果が有意です。したが

って，それぞれの主効果を単独で検討することができます。学業上の成功経験の多い者が少ない者よりも意欲が高く（Aの主効果），また学力の上位・中位の者が下位の者よりも意欲が高い（Bの主効果および多重比較）という結果です。教師との交流経験を要因とした場合とほとんど同じです。

*

以上でデータ処理を終わります。3回分析しましたが，けっこう得るところがありました。では，論文の記述に戻って「結果」を読んでみましょう。

結　果 （最初の2段落省略）

まず，教師との交流経験(2)×学力水準(3)によって教師交流場面の学習意欲を分析した。表20は各群の人数および学習意欲得点の平均と標準偏差を示したものである。

表20　教師との交流経験による学習意欲の程度 （満点400）

交流経験	多い			少ない		
学　力	上位	中位	下位	上位	中位	下位
N	44	49	34	35	44	30
Mean	240.9	240.0	225.6	189.7	199.8	160.0
S.D.	69.3	59.0	61.7	79.1	71.5	73.6

分散分析の結果，教師との交流経験の主効果（$F_{(1,230)}=32.28$）が1％水準で有意であり，学力の主効果（$F_{(2,230)}=3.31$）が5％水準で有意であった。交互作用は有意でなかった。学力の主効果についてLSD法を用いた多重比較をおこなった結果，学力上位・中位の平均が学力下位の平均よりも有意に大きいことが見いだされた（$MS_e=4858.25$, $p<.05$）。

次に，友人との交流経験(2)×学力水準(3)によって学習意欲を分析した結果（表21参照），交互作用が有意であった（$F_{(2,230)}=3.12$, $p<.05$）。交流経験の単純主効果を検定したところ，学力上位・中位では5％水準で有意であり（学力上位 $F_{(1,230)}=5.00$, 学力中位 $F_{(1,230)}=4.91$），学力下位では1％水準で有意であった（$F_{(1,230)}=27.93$）。また，学力の単純主効果は，交流経験多において有意でなかったが（$F<1$），交流経験少において有意であった（$F_{(2,230)}=5.92$, $p<.01$）。LSD法を用いた多重比較の結果，交流経験少では学力上位・中位の平均が下位の平均よりも有意に大きかった（$MS_e=4839.31$, $p<.05$）。

表21 友人との交流経験による学習意欲の程度 (満点400)

交流経験	多 い			少ない		
学 力	上位	中位	下位	上位	中位	下位
N	47	45	33	32	48	31
Mean	249.1	259.8	256.7	213.4	224.4	172.3
S.D.	73.7	63.3	69.6	73.6	63.2	70.2

最後に,学業上の成功経験(2)×学力水準(3)による学業成功場面の学習意欲を分析した。表22は各群の学習意欲得点の平均と標準偏差である。

表22 学業上の成功経験による学習意欲の程度 (満点400)

成功経験	多 い			少ない		
学 力	上位	中位	下位	上位	中位	下位
N	46	47	36	33	46	28
Mean	304.8	302.3	245.0	268.5	278.0	222.9
S.D.	55.4	55.3	57.9	64.9	54.4	76.0

分散分析の結果,学業成功経験の主効果 ($F_{(1,230)} = 11.79$),学力の主効果 ($F_{(2,230)} = 20.52$) が共に1%水準で有意であり,交互作用は有意でなかった。LSD法を用いた多重比較によれば,学力上位・中位の平均と下位の平均との間に有意差があった ($MS_e = 3660.91$, $p < .05$)。

解 説

最初の「教師との交流経験」と最後の「学業上の成功経験」の結果は,交互作用が有意でなく主効果が有意だったケースです。このとき主効果について述べ,(多重比較をしていたら) 多重比較の結果について述べます。書き方としては比較的やさしいでしょう。

真ん中の「友人との交流経験」の結果は交互作用が有意であり,記述がやや複雑になります。基本的に下の3点をこの順序で書きます。丹念に追ってゆけば大丈夫です。

1. 分散分析の結果を述べる
   交互作用が有意であったことを述べる。
   主効果については (有意であってもなくても) 述べない。
2. 単純主効果検定の結果を述べる
   経験の単純主効果を,学力の水準ごとに述べる。

学力の単純主効果を，経験の水準ごとに述べる。
3．多重比較の結果を述べる

さて，結果は望外の収穫がありました。

この研究は明確な仮説をもっていたわけではありませんので，「考察」は仮説が支持されたかどうかではなく，どうしてそういう結果が出たのかという解釈を中心に述べることになります。

考　察

　結果として，教師・友人との交流経験または学業上の成功経験が多い者は，学習意欲を喚起する程度も大きいということが共通していえた。学業上の成功経験を多くもつ者は，過去により多くの正の強化（賞賛や満足）を得ているであろうから，似たような現在場面に対しても十分な正の強化を予想して大きな学習意欲を喚起すると考えられる。

　こうした学業上の成功経験と同様の結果が対人関係的な経験についても見られたということが特筆されるであろう。すなわち，学習意欲の喚起は，生徒とその生徒の周りの教師・友人との関係性をも要因とするのである。

　とりわけ友人との交流経験を多くもつ者は，学力下位であっても学力上位者・中位者と同等の学習意欲を喚起することが見いだされた。この知見は教師との交流経験においては見られなかったことである。すなわち，生徒の学習意欲は生徒個人の過程ではあっても，同じ学習者の立場にある友人との相互関係によって強く支えられているということが示唆されるであろう。

解　説

考察の一番の基本は「比較しながら考察すること」です。ここでもそれは守られています。

考察の基本の第2点は「観点を提出する」ことですが，ここでは学習意欲の喚起を個人的過程ではなく相互的過程としてとらえる立場をとっています。これは時流にのった観点でしょう。動機の問題に関する1980年代から1990年代への発展は主体論から相互論への転回です。フロントの状況については筆者の『心のプログラム』（啓文社，絶版中）第3章を参照してください。

さて，考察の基本の第3点は「示唆をあたえる」ことです。この研究では示唆というよりも，最大のアピールとして，友人との交流経験があれば学力下位でも上位者・中位者に負けない学習意欲を示すという知見を前面に押し出しています。これは3つの結果を並べてみると，はっきりします。

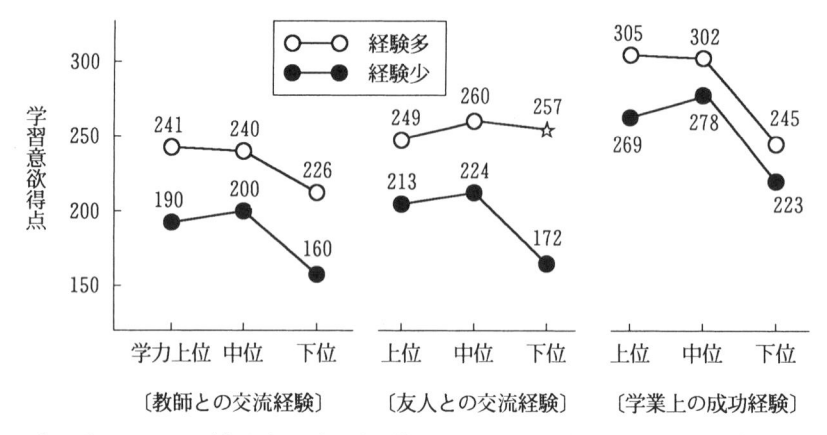

```
       ○── 経験多
       ●── 経験少
```

[教師との交流経験]　　[友人との交流経験]　　[学業上の成功経験]

学力上位 241、中位 240、下位 226（経験多）
学力上位 190、中位 200、下位 160（経験少）

上位 249、中位 260、下位 257☆（経験多）
上位 213、中位 224、下位 172（経験少）

上位 305、中位 302、下位 245（経験多）
上位 269、中位 278、下位 223（経験少）

真ん中のグラフ（友人との交流経験）の"☆"が，他のグラフのように下がっていないこと。その1平均が最大の発見といえます。そしてまた，そのわずか1平均の動きが分散分析の交互作用を有意にしたすべてなのです。

以下，引用文献です。

〈引用文献〉

Connell, J. P., & Wellborn, J. G. 1991　Competence, autonomy, and relatedness：A motivational analysis of self–system processes. *Minnesota Symposia on Child Psychology*, 23, 43–78.

中山勘次郎　1995　児童の動機づけ志向性と社会的場面における達成行動　風間書房

Ryan, R. M. 1991　The nature of the self in autonomy and relatedness. In J. Strauss & G. R. Goethals（Eds.）, *the Self：Interdisciplinary approaches*. Springer Verlag.

※この研究例は重野（1993）の一部を再構成したものである。
　重野正毅　1993　学習意欲の要因についての教師・生徒間の認知差　上越教育大学大学院学校教育研究科（教育方法コース）平成4年度修士論文

研究例Ⅵ：3要因の分散分析における交互作用の分析

『子ども教示モデルによる自己教示訓練の効果』

はじめに

　この研究例では自己教示訓練を取り上げます。自己教示訓練は，問題解決などにおいて「何を求めたらいいのかな」などの教示文を児童が自らいえるようにすることです（前に研究例Ⅲにおいても取り上げました）。

　自己教示訓練の手続きは，教師がいう教示文を児童が声に出して模倣し，だんだんと心の中で黙っていえるようにするという「内化」の手続きです。

　この内化という考え方は，もともと旧ソビエト心理学のものであり，これをアメリカの社会的学習理論の人たちが取り入れて，自己教示訓練を開発したのです。社会的学習理論の人たちは"モデリング"や「模倣学習」などを主張していましたので，モデル（演示者）の教示文を被験者が模倣・内化するという学習過程はたいへんなじみやすいものでした。

　しかしながら，実は，旧ソビエト心理学（ヴィゴツキー学派）においては内化は「協同」という概念とワン・セットだったのです。アメリカン・サイコロジーは内化を取り入れるとき，協同を落としてしまいました。日本の心理学もそれをそのままアメリカから直輸入しました。

　最近になって，このとき落とした協同について，ようやく見直しが始まりつつあります。それはひとつには，「子どもの学習はたんなる内化ではなく協同関係の内化である」ということです。これは発達心理学者ならば一応の公式ですが，もうひとつはありきたりの見直しではありません。それは，「このとき内化される協同関係というものを今までわれわれはもったことがあったのだろうか」という不安な反問です。つまり，わたしたちがよく知っている"協同"とは，むかし不幸にも内化と別れ別れにさせられた本来の協同ではないかもしれないということです。

　この研究例では，特に学校教育のなかの協同を扱いますので問題はいっそう切実です。今日の学校教育のなかに子どもが"内化すべき協同"がないとした

ら，どうなるのでしょうか。そのとき学校教育のなかに"新しい協同"を見いだす可能性があるのでしょうか。

そんな不安な問いを抱きながら，以下の論文を読んでみましょう。

方法論の勉強としては本格的な3要因分散分析を学びます。そして，① 3要因計画における交互作用の分析のしかたと，② データに異状がある（分散分析が使えない）場合の χ^2 検定による対処のしかたを学びます。

『子ども教示モデルによる自己教示訓練の効果』

問　題

　課題遂行中のメタ認知またはモニタリングを促進するため，自己教示訓練がよくおこなわれる。その訓練の最終目標は自己教示文の内化である。

　しかし，ヴィゴツキー（1973）の発達理論によれば，内化は協同と表裏一体の概念である。すなわち，子どもの発達は大人との協同関係を自分自身のなかに内化することである。この点，一般におこなわれてきた自己教示訓練は協同の側面をあまり考慮してきたとはいえない。訓練者は自己教示文を子どもにあたえるだけであり，子どもと協同して同じ課題に取り組むわけではない。したがって，その訓練は異常行動の治療に限定されたものであり（Meichenbaum & Asarnow, 1979），子どもの通常の発達と教育に適用するには理論的にも実際的にも不十分である。

　この意味において，学校教育に導入される自己教示訓練は，もっと協同の側面を考慮しなければならないであろう。これまで実際の授業のなかで自己教示訓練を試みた例は少なくないが（井上，1989；鵜沢，1984），子どもに自己教示文の内化を訓練するとき，子どもと教師の協同関係までを考慮に入れた例は見られない。

　しかし，自己教示文の内化は，文だけの内化ではなく，この文をはさんだ児童と教師の協同関係の内化であると考えられる。児童が教示文を心のなかで黙っていえるようになったとしても，それだけでは文の再生であり教示にはならない。児童のなかに教示文だけがあるというのではなく，その教示文を発する人物もそこにいなければならない。すなわち，自分自身のなかに誰かがいて自分自身はその誰かの発する教示文を聞くという状況が出来上がっていなければならないであろう。

　すなわち，自己教示訓練の目標は，たんに子どもに教示文を内化させるのではなく，その教示文をめぐる協同関係を内化させることにあるとみるべきである。この点，子どもをめぐる協同関係というものについてもっと考えなければならない。

解　説

　最初に引用されているヴィゴツキー（Vygotsky, L. S., 1896-1934）は旧ソ連の心理学者であり，この人が子どもの発達を内化と協同であると主張した人です。その理論は「最近接発達ゾーン」の理論として有名です（田中，1994, p. 107 以下参照）。自己教示訓練における内化の考え方の元をたどると，このヴィゴツキーにゆきつくわけです。

　こうした問題発掘のしかたもよくあります。いわゆる「オリジナル（原典）にあたる」というやり方です。その結果，見いだされる問題性はだいたい「今日の理論はオリジナルとは違う」というものです。

　ただし，ここでの「問題」は，理論的問題にプラスして現実的要請から構成されていることに注意してください。つまり，臨床場面・治療場面の自己教示訓練なら内化だけでもいいのかもしれないが，「学校教育に導入される自己教示訓練はもっと協同の側面を考慮しなければならないであろう」ということです。

　このように，問題提起は理論的問題と現実的要請の"合わせ技"という形になると理想的です。実際には，臨床場面の自己教示訓練も治療者とクライエントとの協同を考えたほうがよいのでしょうが，ここでは「学校教育への自己教示訓練の導入」という現実的要請において教師と児童との協同を浮かび上がらせています。

　教師と児童の協同関係を考えるうえで，田中・平山（1994）による対話の分類を参考にすると，対話者の能力が異なるタイプとして「師匠-弟子型」と「教師-児童型」の対話が区別される（図8参照）。

　この区別によれば，従来の自己教示訓練は（ほとんど意識せずに）教師-児童型の協同関係を設定してきたように思われる。すなわち対話者の目標が異なるという協同である。なぜなら教師の目標は課題の指導であるが，児童の目標は課題の遂行であるから。

　このような教師-児童型の協同関係にあっては，自己教示文は指導者の声として内化される。それは児童の課題遂行を指示したり援助したりする。しかし，そういう声を発する指導者は児童がなろうとする者ではない。

　これに対して，師匠-弟子型の協同関係では，両者とも同じ課題を遂行するとい

う同じ目標をもっている。ここでいう師匠は弟子を指導する以前に，まず自ら課題を遂行する者である。師匠はその課題遂行の中でいろいろな声を発する。それは弟子に対する指示や援助のコトバではなく，師匠自身の仕事っぷりの一部分なのである。弟子はそれを見て真似る。弟子が内化する教示文は"指導者"の声というよりも"課題遂行者"の声であり，弟子が将来的にそれになろうとする者の声である。

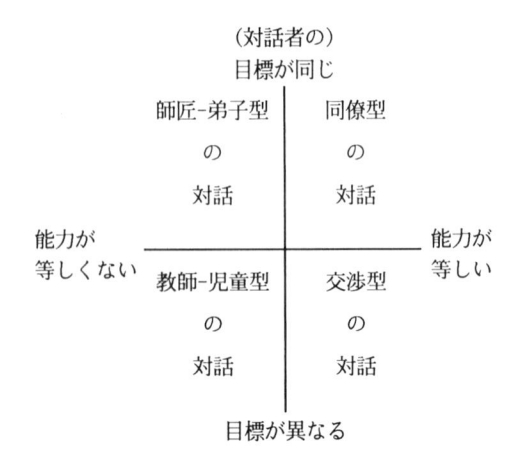

```
              (対話者の)
              目標が同じ

        師匠-弟子型  │  同僚型
          の      │   の
          対話    │   対話
                  │
能力が ────────────┼──────────── 能力が
等しくない         │            等しい
        教師-児童型 │  交渉型
          の      │   の
          対話    │   対話

              目標が異なる
```

図8　対話者の条件と対話の分類（田中・平山，1944）

　問題はそのような「師匠」を学習場面においていかに演出するかにある。以上の検討から，師匠としての必要条件は次の2点になるであろう。① 児童と同じく課題を遂行する者であること，② 児童と違って課題遂行中に自発的に自己教示ができる者であること。

　本研究では，そうした師匠として，現実の教師ではなく当の児童と同じような仮想の子ども（すでに自己教示のコトバを自発できると仮定された）を導入することにした。いわば，ここでの師匠は"一歩先をゆく他の子ども"である。

　そのような子どもの訓練者のほうが，児童は自分と同じ課題遂行者として認知しやすく，したがって内的に形成しやすいであろう。そこで，このように児童と同じ課題に取り組む子どもが訓練者となって，自己教示文を提示する条件を「子ども教示群」とし，これに対して，従来の自己教示訓練のように成人の訓練者または教師が自己教示文を提示する条件を「おとな教示群」として，両者を実験的に比較することにした。

　もしも自己教示文の学習が協同関係の内化であるならば，内化しやすい師匠-弟子型の協同関係に基づく子ども教示群のほうが，従来の教師-児童型の協同関係に基づくおとな教示群よりも自己教示文の学習において優れた成績を示すであろう。

解　説

　ここでは教師と児童の協同関係をとらえ直し,実験企画に結びつけています。
　とらえ直しの枠組みは田中・平山（1994）から引いていますが,その第1著者は筆者です。上のように理解していただければ出る幕はありません。
　具体的な実験要目は,自己教示訓練の訓練者を大人から子どもに代えようというものです。被験者の年齢に合わせたともいえますが,師匠としての必要条件（同じ課題に取り組む・高いスキルをもつ）を備えていれば,師匠は誰でもかまわないということでしょう。また,現実の授業場面では,児童と机を並べて本気で同じ課題に取り組む「おとな」という人は考えにくいですから,児童と同年齢で自己教示能力をもつ"一歩先をゆく子ども"を仮定したわけです。
　実験計画は簡明です。師匠−弟子型の協同関係を設定した「子ども教示群」と,従来の教師−児童型の協同関係を設定した「おとな教示群」の"一騎打ち"です。どちらが自己教示文をよりよく覚えるか,です。
　最後の1文が仮説となっています。「もしも自己教示文の学習が協同関係の内化であるならば,内化しやすい師匠−弟子型の協同関係に基づく子ども教示群のほうが,従来の教師−児童型の協同関係に基づくおとな教示群よりも自己教示文の学習において優れた成績を示すであろう。」

方　法

　計　画　3×2×2の混合計画。第1要因は子ども教示群・おとな教示群・統制群である。第2要因は算数の学力レベルであり,上位・下位の2水準である。第3要因はテストであり,直後テストと3日後遅延テストである。

解　説

　実験計画は3要因です。実質は子ども教示群とおとな教示群の一騎打ちですが,実施上はいろいろなことを考慮しますので,このように何かと計画がふくらみます。
　第1要因は群です。子ども教示群・おとな教示群に統制群を加えて全部で3水準となります。統制群を入れておかないと,子ども教示群の成績がどんなに

良くても「それは実験効果でないかもしれない」という疑問の余地を残します。

つまり，子ども教示群の成績がおとな教示群の成績を大きく上回っても，統制群の成績と同じくらいだという可能性があるのです。そうなると，「何もしなくてもそれくらいの成績になるのではないか」とか「子ども教示群の処遇が効いたわけではないのでは」とか「おとな教示群の訓練に不備があっただけなのではないか」とか，いろいろと突っ込まれます。理想的な結果は，子ども教示群とおとな教示群がまずもって統制群よりも成績が良くて，そのうえで子ども教示群がおとな教示群よりも成績が良いという図です。

どんな実験計画でも統制群はまず入れるものと考えて，それから必要・不必要を判断してみてください。

さて，第2要因は算数学力の2水準（上位・下位）です。これは訓練材料が算数の課題であるからです。実験指標は自己教示文をどれくらい覚えられるかですが，そのときの課題を困難に感じると，教示文を覚えるほうがおろそかになるかもしれません。そんな心配から，一応，上位者と下位者に分けて見ようとしたのです。

第3要因はテストの2水準（直後テスト・遅延テスト）です。この実験は一種の記憶実験であり，記憶の特性として処遇直後は効果があらわれにくいということがありますので，遅延テストを設けました。また，直後テストに効果があらわれても急速に減衰することもありますので，直後テストよりも遅延テストにおいてあらわれる効果のほうが評価が高くなります（忘却に耐える記憶として）。ただし，どの程度の遅延期間をおくかはむずかしく，研究者のカンによります。

以上で，3要因計画の3×2×2となっています。最後のテストの2水準が被験者内比較となりますので混合計画です。この時点でタイプを"ABsC"と判定できれば優秀です。

被験者 小学6年生90人。既存の3学級をそれぞれ子ども教示群・おとな教示群・統制群に割り当て，さらに教研式CRT算数学力検査の得点によって算数学力の上位者・下位者に分けた。表23は各群の教研式知能検査の記憶力得点および同CRT算数学力検査得点の平均と標準偏差を示したものである。記憶力得点について1要因の分散分析の結果は有意でなく（$F_{(5,84)}=1.36$），6群は等質であるといえ

た。また，学力検査得点について2要因の分散分析の結果，学力水準のみ有意であり（$F_{(2,84)}=135.69$, $p<.01$），訓練群の要因は有意でなかった（$F<1$）。

表23　記憶力得点および算数学力検査得点の平均と標準偏差

訓練群 学　力		子ども教示群		おとな教示群		統制群	
		上位	下位	上位	下位	上位	下位
記憶力	N	12	16	16	15	17	14
	Mean	3.1	2.6	3.2	3.2	3.5	3.0
	S.D.	0.9	0.9	0.9	1.1	1.1	1.0
学　力	Mean	92.5	72.3	89.9	72.8	93.5	69.5
	S.D.	5.0	7.5	3.0	11.1	4.8	11.9

解　説

ここでは，① 被験者の抽出，② 各群の設置，③ 各群の等質性の確認をおこなっています。

等質性の確認は，記憶力得点と学力検査得点の2つの指標を取り上げています。かなり慎重です。

等質性の確認のための方法は分散分析です。通常，本来の要因配置に関わりなく**"As"タイプの分散分析を適用します**。ここでは記憶力得点についてそうしています。

全体の計画はABsCですが，被験者内要因のCを無視し，被験者間要因のA(3)×B(2)の6群を設けて一列に並べ，比較します（1要因6水準という形になります）。Asタイプの分散分析をおこなった結果は，この6群間に有意差がないことを確認しました（$F=1.36$）。F比は6群間の差が偶然変動よりもちょっと大きい程度（1.36倍）であることを表しています。

一方，学力検査得点については，実験計画のなかに学力要因を入れていますので，当然，学力上位水準と下位水準は等質になりません。このようなとき分散分析はその要因を加えたタイプになります（ABsタイプ）。この結果，学力要因がとてつもないF比（135.69）を得ましたが，これはこれで学力要因の設定がうまくいった証拠になります。群の要因は$F<1$ですので，群間の差は偶然の揺れより小さく，子ども教示群・おとな教示群・統制群の学力の程度はほとんど同等であるといえます（学力上位者の3群に差がなく，学力下位者の3群に差がないということ）。

課　題　訓練課題として立方体の切断に関する問題（図9），テスト課題として三角錐の切断に関する問題（図10）を用意した。これらは岩合（1990）による「数学教育におけるメタ認知」の問題を参考に作成した。

とうふのすべてのかどをほうちょうで切り落とした時，面・辺・頂点の数は全部でいくつになるでしょう。

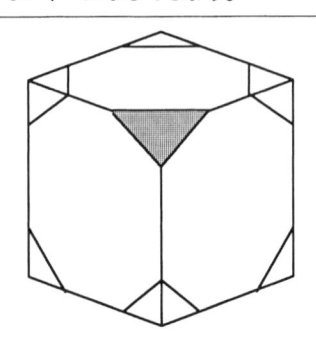

図9　訓練課題

左のような立体のかどをすべて切り落とした時，面・辺・頂点の数はいくつになるでしょう。

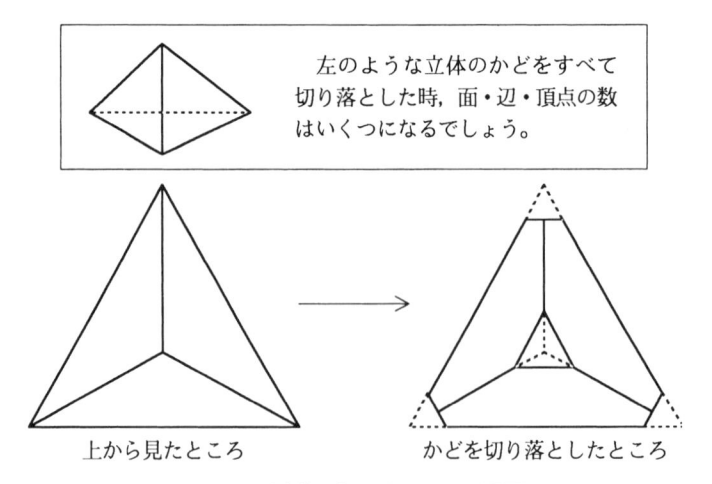

上から見たところ　　　かどを切り落としたところ

図10　訓練後に提示するテスト課題

教示文　課題遂行の4段階（問題の理解・計画・実行・検証）における疑問または方向づけの言葉を予備調査によって収集し，各段階2文ずつ取り上げた（表24参照）。

手続き　実験は群ごとに実施した。事前テストとして各群の児童にテスト課題を提示し解答させた。その後，児童に訓練課題を提示し，その解決の仕方を説明したインストラクション・ビデオを視聴させた。ビデオ中には成人男性教師が登場し，

黒板を背景に説明してゆく。子ども教示群とおとな教示群では適切な時点で表24の自己教示文が1文ずつ提示された。このとき子ども教示群では子どもの教示者を描いた映像となり（図11参照），その映像中の教示文が女児の声で読み上げられた。おとな教示群では教師を描いた映像となり（図12参照），その映像中の教示文が成人男性の声で読み上げられた。統制群ではビデオ中で教師が適切な時点で教示文を口にするが，特別の映像や読み上げおよび児童への指示は一切ない。全体のビデオ視聴時間は子ども教示群とおとな教示群が17分，統制群が15分であった。

　ビデオ視聴の直後に，事前テストと同じ課題をあたえ解答させた。その後，ビデオ中に提示された自己教示文について再認評定を実施した。これは表24の8文にディストラクター24文を加えた32文を提示し，それぞれについてビデオ中で教示者が「言った」「たぶん言った」「たぶん言っていない」「言っていない」の4ポイント評定をさせるものであった。さらに3日後に同じ再認評定を実施した。

表24　実験に用いた自己教示文

1．わかっていること，聞かれていることは何かな。（問題の理解）
2．いくつ，切り落とすことになるかな。（問題の理解）
3．切った時の面・辺・頂点の数をかぞえてみよう。（計画）
4．どのように計算していけばよいか，わかるかな。（計画）
5．まちがえないように計算しよう。（実行）
6．このやり方でいいのかな。（実行）
7．答えができているか，確かめてみよう。（検証）
8．似たような問題を作れないかな。（検証）

（注）カッコ内は課題遂行の段階。

図11　子ども教示群のビデオ映像例

```
┌─────────────────────────────────┐
│                                 │
│         [図: 男性の絵]           │
│    わかっていること，聞かれている  │
│    ことは何かな。                │
│                                 │
│     図12　おとな教示群のビデオ映像例 │
└─────────────────────────────────┘
```

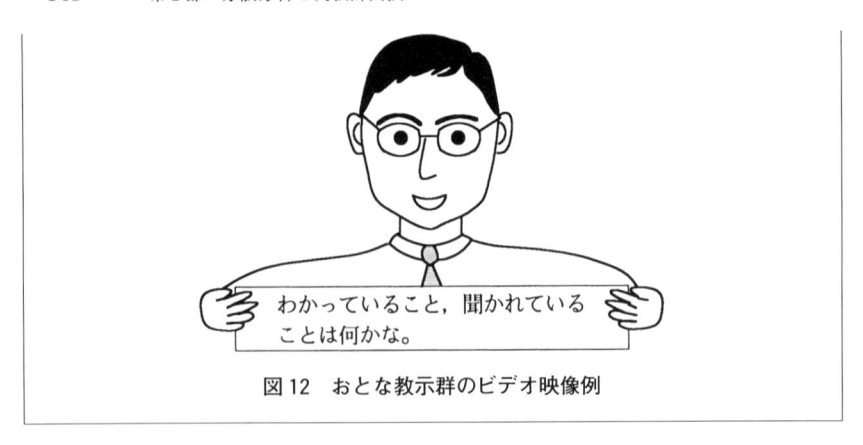

解　説

ここは方法の細目を述べています。実験は授業形態をとっていますが，訓練処遇はすべてビデオを通してあたえられています。最近の流行です（厳密な実験統制を期待できる）。

手続きの最後の段落を読むと，下の2種類のデータをとったことがわかります。

1．テスト課題の得点：訓練前と訓練直後にとっている。
2．教示文の再認評定値：ビデオ中で提示された8文に，ディストラクター24文を加えて再認させている。

再認評定値は，自己教示訓練によって児童がどれくらい教示文を覚えたかを表します。つまり訓練の効果を直接に見るためのものです。データ処理はこちらがメインです。

1番めの「テスト課題の得点」は，ここで用いた自己教示文が確かに課題解決を促進するものであったことを確かめるためのものです。覚えた教示文が課題解決に何の影響もなかったとなると，自己教示訓練の意味がありません。ここはどうしても，その教示文を覚えれば課題解決が促進されるということを確認したいところです。

ここからデータ処理に入ります。

研究例Ⅵのデータ処理（1）：教示文の再認評定値について

【3要因計画において一次の交互作用が有意になるケース】

まず，自己教示文について再認評定値を分析します。

最初は得点化です。ビデオ中に提示された自己教示文は8文あり，各文4ポイント評定です。被験者はビデオ中の教示者がその文を言ったかどうかを回答します。この回答に対して「言った」を4点，「たぶん言った」を3点，「たぶん言ってない」を2点，「言ってない」を1点とし，8文合計で8–32の範囲の値となります。

早速，JavaScript-STAR で分析してみましょう。

⓪ あらかじめテキスト文書を開いておく
「メモ帳」を起動し，「ファイル」→「新規」を選び，文書を開きます。

① JavaScript-STAR を起動する
"star#.#.#j" のフォルダの中の "index.htm" をクリックします。

② 分散分析のタイプを選ぶ
タイプを知るためには例によって次の手順をふみます。

* 被験者の名前とデータを「1被験者1行」で紙に書く。
* 訓練群(3)×学力水準(2)×テスト時期(2)の見出しを付ける。
* 見出しをアルファベットに置き換える。（要因は ABC，被験者は s）

すると，次のページのようになります。
見出しのアルファベットを左から右へ読めば，自然に "ABsC" とわかります。つまり，A，B を被験者間要因，C を被験者内要因とする混合計画です。分散分析のメニューの「ABsC（3要因混合）」をクリックします。

第2部 分散分析と実験計画法

群 (A)	学力水準 (B)	被験者 (s)	テスト (C)	
			直後	遅延
子ども 教示群	上位者	河　野 伊　藤 ….	26 29 …	22 25 …
	下位者	宮　本 長　田 ….	24 29 …	25 23 …
おとな 教示群	上位者	平　山 横　溝 ….	25 28 …	22 27 …
	下位者	海　江 橋　本 ….	26 29 …	24 23 …
統制群	上位者	窪　田 小　林 ….	27 25 …	23 20 …
	下位者	田　口 木　村 ….	30 27 …	19 24 …

③ 要因名・水準数・被験者数を入力する

ABsC（3要因混合計画）のページで，「Q＆A入力」ボタンをクリックします。以下のように，ひとつずつ答えてゆきます（下線部がキー入力）。

要因Aの名前を入力して下さい　⇨　Group(1=コドモ,2=オトナ,3=トウセイ)

※半角スペースを含まないこと。

要因Aの水準数を入力して下さい　⇨　3
要因Bの名前を入力して下さい　⇨　Gakryoku(1=ジョウイ,2=カイ)
要因Bの水準数を入力して下さい　⇨　2

要因A第1水準　要因B第1水準　被験者数　⇨　12　※子ども教示群の学力上位者の人数。
要因A第1水準　要因B第2水準　被験者数　⇨　16　※　〃　の学力下位者の人数。
要因A第2水準　要因B第1水準　被験者数　⇨　16　※おとな教示群の学力上位者の人数。
要因A第2水準　要因B第2水準　被験者数　⇨　15　※　〃　の学力下位者の人数。
要因A第3水準　要因B第1水準　被験者数　⇨　17　※統制群の学力上位者の人数。
要因A第3水準　要因B第2水準　被験者数　⇨　14　※　〃　の学力下位者の人数。
要因Cの名前を入力して下さい　⇨　Test(1=チョクゴ,2=チエン)
要因Cの水準数を入力して下さい　⇨　2

タイプがABsCですので，s（被験者）の次に最後にCを聞いてきます。Cは被験者内の要因で，どの水準も被験者数と同じデータ数となります。

④ データを入力する

以上の入力が終わると，データ入力が始まります。下のようにデータを1個ずつ指定して聞いてきます。

要因A第1水準　要因B第1水準　被験者No.1　要因C第1水準　？

この聞き方も，ABsCの順序通りです。

これは，A1（子ども教示群）の，B1（学力上位）のs1（被験者1番）のC1（直後テスト）のデータを指定しています。そこで，被験者1番の直後テストの得点を入力します（河野くんの26）。

次は，同じ被験者1番の，C2（遅延テスト）の得点を聞いてきます（22）。

要因A第1水準　要因B第1水準　被験者No.1　要因C<u>第2水準</u>　？

以下同様に，指定されたデータを入力してゆきます。

⑤ 入力したデータを見直して保存する

入力が終わると，「データ」枠に全入力が表示されます。ここで見直します。見直したら，いったんコピー＆ペーストで，文書へデータを貼り付けておきましょう。

⑥ 分散分析を実行する

「計算！」ボタンをクリックすると，「結果」の枠に出力されます。

⑦ 各群の平均と標準偏差を見る

まず，平均と標準偏差をながめます（次ページ掲載）。

[ABsC–type Design]

Means & SDs (of samples')
[A=Group (1=コドモ, 2=オトナ, 3=トウセイ)]
[B=Gakuryoku (1=ジョウイ, 2=カイ)]
[C=Test (1=チョクゴ, 2=チエン)]

A	B	C	N	Mean	S.D.
1	1	1	12	26.4167	1.8466
1	1	2	12	26.5833	2.9849
1	2	1	16	26.5000	2.5739
1	2	2	16	26.8125	2.3510
2	1	1	16	28.1875	2.3243
2	1	2	16	26.3125	2.8222
2	2	1	15	26.6000	2.3889
2	2	2	15	25.0667	2.9318
3	1	1	17	26.0588	3.0959
3	1	2	17	25.3529	3.1982
3	2	1	14	25.7143	2.2813
3	2	2	14	23.7143	3.6534

　平均をながめると，子ども教示群（A1）の4平均は26点でそろっています．学力水準と遅延期間の影響は出ていないようです．おとな教示群（A2）もよい成績をあげていますが，ある程度，直後から遅延への落ち込みが見られます．統制群はそれより一段低いレベルで推移しているようです．

　標準偏差はほとんど2-3ポイントであり，特に異状は感じられません．

　そんなことを見ながら次へゆきます．

⑧　分散分析表を見る

　調和平均のN（=14.81）を用いたというメッセージが出たあと，次のページのような分散分析表が出ます．

　3要因の分散分析ですので，かなり複雑です．上下2段に分かれていますが，これはABsCタイプに固有の形式です．あまり気に止める必要はありません．実質的に，どんなに複雑な表になっても（3要因計画では）次の7個のF比だけを見ればよいのです．

Analysis of Variance
[A(3)=Group(1=コドモ,2=オトナ,3=トウセイ)]
[B(2)=Gakuryoku(1=ジョウイ,2=カイ)]
[C(2)=Test(1=チョクゴ,2=チエン)]

S.V.	SS	df	MS	F
A	71.9745	2	35.9873	2.75 +
B	25.0292	1	25.0292	1.91 ns
AxB	19.6041	2	9.8021	0.75 ns
Sub	1100.1633	84	13.0972	
C	39.1778	1	39.1778	12.32 **
BxC	0.8027	1	0.8027	0.25 ns
AxC	31.7711	2	15.8856	5.00 **
AxBxC	5.9069	2	2.9535	0.93 ns
SxC	267.0621	84	3.1793	
Total	1561.4918	179	+p<.10 *p<.05 **p<.01	

A　　：主効果　F=2.75†
B　　：主効果　F=1.91
C　　：主効果　F=12.32**
A×B　：一次の交互作用　F=0.75
B×C　：一次の交互作用　F=0.25
A×C　：一次の交互作用　F=5.00*
A×B×C：二次の交互作用　F=0.93

　交互作用に「一次」と「二次」があることに注意してください。一次・二次の「次数」は"×"の数を表しています。主効果Aは"×"がないので「0次の作用」ということになります。
　この7個のF比を、どれから取り上げてもよいということはありません。読み取る順序があります。次の順序にしたがってください。

＊ 高次の作用から見てゆく。
＊ 高次の作用が有意なときは、そこに含まれる低次の作用は見ない。

　実践的には、分散分析表の下のほうから見てゆきます。上記の出力につい

て，こんなふうに読み取ります。

1．もっとも高次の A×B×C（二次の交互作用）を見る
　⇨A×B×C は F＝0.93，これは有意でない。

2．そこで次に A×B，B×C，A×C（一次の交互作用）を見る
　⇨A×B は有意でない（F＝0.75）。
　　B×C も有意でない（F＝0.25）。
　　A×C は有意である（F＝5.00，$p<.01$）。

3．この時点で，有意な A×C（一次の交互作用）に含まれている A および C の主効果（0 次の作用）はもう見ることができない

4．あと残った 0 次の効果 B を見る
　　B の F 比を見る。有意でない（F＝1.91）。

以上より，取り上げるべき結果は A×C の交互作用のみということになりました。コンピュータも自動的に A×C を取り出し，分析を続けます。ここからがヤマ場です。

⑨ 交互作用の分析表を見る
次のページのような A×C の分析表を表示します。
A×C は訓練群(3)×テスト時期(2)の交互作用です。交互作用の見方は下の手順です。

　　＊ 平均の図を書いて見る。（出力の上段にある平均を使います。）
　　＊ 単純主効果検定の結果から平均間の差を判定する。

すると，右のページのような図を書くことができます。

研究例Ⅵ：3要因の分散分析における交互作用の分析 ── 155

Analysis of Variance
[A(3)=Group(1=コドモ,2=オトナ,3=トウセイ)]
[C(2)=Test(1=チョクゴ,2=チエン)]

A	C	N	Mean
1	1	30	26.4583
1	2	30	26.6979
2	1	30	27.3938
2	2	30	25.6896
3	1	30	25.8866
3	2	30	24.5336

S.V.	SS	df	MS	F
A at C1：	34.2856	2	17.1428	2.60 +
(Sub at C1：	554.7566	84	6.6042)	
A at C2：	69.4601	2	34.7300	3.59 *
(Sub at C2：	812.4688	84	9.6722)	
C at A1：	0.8498	1	0.8498	0.27 ns
C at A2：	42.9982	1	42.9982	13.52 **
C at A3：	27.1009	1	27.1009	8.52 **
(S×C	267.0621	84	3.1793)	

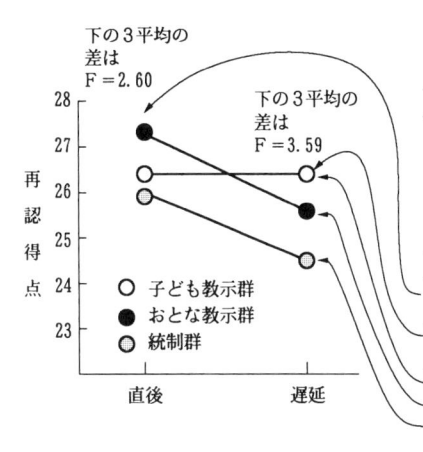

Analysis of Interaction
[A(3)=Group(1=コドモ,2=オトナ,3=トウセイ)]
[C(2)=Test(1=チョクゴ,2=チエン)]

A	C	N	Mean
1	1	30	26.4583
1	2	30	26.6979
2	1	30	27.3938
2	2	30	25.6896
3	1	30	25.8866
3	2	30	24.5336

S.V.	SS	df	MS	F
A at C1：	34.2856	2	17.1428	2.60 +
(Sub at C1：	554.7566	84	6.6042)	
A at C2：	69.4601	2	34.7300	3.59 *
(Sub at C2：	812.4688	84	9.6722)	
C at A1：	0.8498	1	0.8498	0.27 ns
C at A2：	42.9982	1	42.9982	13.52 **
C at A3：	27.1009	1	27.1009	8.52 **
(S×C	267.0621	84	3.1793)	

下の3平均の差は F＝2.60
下の3平均の差は F＝3.59

（再認得点のグラフ。横軸：直後・遅延。○ 子ども教示群、● おとな教示群、◎ 統制群）

　図はややあいまいな感じです。いたるところに差があるようでもあり、どこにも本当の差がないようでもあります。単純主効果検定の結果を見ながら、この図を確定してゆきます。
　まず、直後テスト（C1）における3群間の差（A at C1）は、有意傾向ですので、これを無視して、実験直後はほぼ同等の成績だったと判定しておきまし

ょう(多重比較をしない)。しかし,遅延テスト(C2)における3群間の差(A at C2)は,はっきりと5%水準で有意ですので(F=3.59),どの2群間に差があるかを多重比較によって見いだすことにします。

その前に各群におけるテスト(C)の単純主効果を見ておきますとC at A1がF=0.27で,まったく有意でなく,子ども教示群(A1)では直後テストの成績が遅延テストでもほとんど下がらなかったことがわかります。これに対して,他の群におけるテストの単純主効果(C at A2, C at A3)は明確に1%水準で有意であり,遅延による忘却がはっきりとあらわれています。

⑩ 多重比較の結果を表示する

STARは有意傾向の場合でも念のため多重比較を実行します。下のような出力になります。

```
Multiple Comparisons by LSD
------------------------------------
A at C1 Level
  (MSe= 6.60425, * p<.05)
  (LSD= 1.33596)
------------------------------------
  A1 = A2  n.s.
  A1 = A3  n.s.
  A2 > A3  *
------------------------------------
A at C2 Level
  (MSe= 9.67225, * p<.05)
  (LSD= 1.61676)
------------------------------------
  A1 > A3  *
  A1 = A2  n.s.
  A2 = A3  n.s.
```

上段が直後テストにおける各群の多重比較です(A at C1)。直後ではおとな教示群がややよい成績だったようです(A2>A3)。

下段が遅延テストにおける各群の多重比較です(A at C2)。子ども教示群と統制群の差が有意ですが(A1>A3),子ども教示群とおとな教示群の差は有意ではありません(A1=A2)。先の検討では,子ども教示群に遅延の影響は見られず,おとな教示群に遅延による成績低下がはっきりとあらわれていましたが(C at A2, F=13.52, p<.01),子ども教示群との間に有意差を生じるまでには下がらなかったようです。おとな教示群の直後テストの成績がやや

高めだったことが遅延の影響を緩和したようです。結果論ですが，遅延期間をもう少し長くとるべきだったでしょうか。

そんなことを思いながら，とにかく結果を保存します。

⑪ 結果の出力を保存する

コピー＆ペーストで，結果を文書に貼り付けます。

「ファイル」→「保存」で保存します。保存名は「再認評定.txt」などとすればよいでしょう。

以上，自己教示文の再認評定値について分析しました。

もう1種類データがありますが（訓練前・訓練後のテスト課題の得点），とりあえず，ここまでの「結果」の記述がどうなるかを見てみましょう。

結　果

1．自己教示文の再認評定値について

ビデオ中に提示した8個の自己教示文についての再認評定値を合計し，平均と標準偏差を計算した（表25）。

表25　自己教示文の再認評定値（範囲 8-32）

群	子ども教示群		おとな教示群		統制群	
学力	上位	下位	上位	下位	上位	下位
［直後］						
N	12	16	16	15	17	14
Mean	26.42	26.50	28.19	26.60	26.06	25.71
S. D.	1.85	2.57	2.32	2.39	3.10	2.28
［遅延］						
Mean	26.58	26.81	26.31	25.07	25.35	23.71
S. D.	2.98	2.35	2.82	2.93	3.20	3.65

分散分析の結果，群×テスト時期の交互作用が有意であった（$F_{(2,84)}=5.00$，$p<.01$）。その他の交互作用および学力の主効果は有意でなかった。

そこで，まず，群別にテスト時期の単純主効果を検定した結果，おとな教示群（$F_{(1,84)}=13.52$）および統制群（$F_{(1,84)}=8.52$）の成績が直後テストから遅延テストにかけて有意に低下したことがわかった（共に$p<.01$）。これに対して，子ども教示群の直後テスト・遅延テスト間の成績に有意差は見いだされず（$F<1$），同群

では訓練直後の成績が忘却によく耐えて維持されていた。

　次に，テストごとの水準別誤差項を用いて群の単純主効果を検定した。その結果，直後テストでは有意傾向であり（$F_{(2,84)}=2.60$，$.05<p<.10$），LSD法を用いた多重比較によればおとな教示群が統制群よりも有意に高い成績をあげていた（$MS_e=6.60$，$p<.05$）。また，遅延テストでも群の単純主効果は有意であり（$F_{(2,84)}=3.59$，$p<.05$），多重比較によると子ども教示群の成績が統制群の成績を有意に上回った（$MS_e=9.67$，$p<.05$）。しかし，子ども教示群とおとな教示群の成績差，および，おとな教示群と統制群の成績差は有意とはいえなかった。

解　説

　最初に「1．自己教示文の再認評定値について」と"項立て"がしてあります。データが複数種類あるときは，データごとにこのように項立てをするとわかりやすくなります。

　「結果」の書き方は下の3段階です。

1．分散分析の結果を述べる
2．交互作用の分析結果を述べる
3．多重比較の結果を述べる

　1番めの「分散分析の結果を述べる」では，高次の効果から低次の効果へと有意性を記述していることに注意してください。

　2番めの「交互作用の分析結果を述べる」は単純主効果検定となります。

　特に，単純主効果検定を記述するとき，最終段落の第1文が重要です。「テストごとの水準別誤差項を用いて群の単純主効果を検定した」とあります。STARの交互作用の分析表のなかに"Sub at C1"や"Sub at C2"があらわれたとき，それを分母とする単純主効果検定については必ず「水準別誤差項を用いた」と書いてください。なお"Sub"は被験者（Subjects）の個人差を表しています（このケースでは被験者の個人差が偶然変動となる）。

　このように，STARでは交互作用の分析表に"Sub at……"があらわれたケースを見たら「水準別誤差項を用いた」と書けばよいのですが，他のプログラムではそのケースで「プールされた誤差項を用いた」と書くことがあります。いずれにしても必ずどちらかの記載がここになされていなければなりません。

自分の使っているプログラムが，（このケースの単純主効果検定に）どんな誤差項を用いているかを確かめて必ず注記するようにしてください。

さて，結果のなかみを見てみましょう。

この実験は，実質的に子ども教示群とおとな教示群の"直接対決"を意図していましたが，辛辣にいえば，子ども教示群がおとな教示群より優れていたという明白な証拠は最終的に見いだされていません。研究者が一番望んでいた結果は「子ども教示群＞おとな教示群」という結果でしょう。しかし，直後テストでも遅延テストでも多重比較の結果は"Ａ１＝Ａ２"でした。

代わりに間接的証拠を持ち出すとすれば次の２つでしょう。① 子ども教示群では遅延による成績低下がなかったが，おとな教示群では低下があったこと。② 遅延テストの成績において「子ども教示群＞統制群」であったが，おとな教示群と統制群の間には有意差がなかったこと。

総合的な判定としては，子ども教示群の優位をいってもよい感じですが，あまり断定的な言い方はしないことです。

以上の結果がメインですが，データはもう１種類「テスト課題の得点」がありました。これは自己教示文の訓練が確かに課題解決を促進するという確認になります。これを分析してみます。

研究例Ⅵのデータ処理（２）：テスト課題の得点について

【データが分散分析できないケース】

テスト課題は三角錐切断の問題です。これを訓練前と訓練後に被験者にあたえています。

データファイルのタイプ（分散分析のタイプ）は，前と同じABsCです。要因Ｃの２水準が"直後テスト・遅延テスト"でなく"事前テスト・事後テスト"に変わるだけです。

例によって，データファイルの作成，そして分散分析の実行というふうに処理します。ところが，このデータ処理は途中でコンピュータがエラーを発生します。原因は，ある群のデータがすべて同一の値であったためです。

下の表26は課題解決テストの得点を示したものですが、子ども教示群の学力上位者の訓練後の成績を見てください。

表26 立体(三角錐)切断テストの得点結果 (満点3)

群	子ども教示群		おとな教示群		統制群	
学力	上位	下位	上位	下位	上位	下位
[訓練前]						
N	12	16	16	15	17	14
Mean	2.08	1.75	1.31	0.87	1.24	0.85
S. D.	0.64	0.90	1.21	1.02	1.00	0.91
[訓練後]						
Mean	3.00	2.81	2.75	2.40	2.11	1.43
S. D.	0.00	0.39	0.43	0.71	1.13	0.98

ココ→

平均が3.0、標準偏差がゼロになっていることがわかります。これは、この群の被験者がすべて満点3をとったということです。これでは分散を推定しようがありませんので、分散分析は使えません。データの尺度が狭すぎて被験者の成績がみな天井(満点)につかえてしまったのです。これを「天井効果」と呼びます。このデータ処理は中止です。

コンピュータが異常停止したときは、操作上のまちがいがなければ、データに問題がある(特に標準偏差ゼロの群があるのではないか)と考えてください。結局、それは分散分析できないデータということです。

そうしたケースに遭遇したときは、どうすればよいのでしょうか。

ここでは度数の分析 (χ^2 検定) に持ち込むことにしました。つまり、数量データをカテゴリー・データに変換し、処理するという作戦をとります。度数の分析は、データ分布とは無縁ですので、このようなときは便利です。

そこで、テスト課題の得点から数量(どれくらい伸びたか)の情報を落として、たんに「伸びた人」「伸びなかった人」の数をかぞえることにしました。これを"尺度を落とす"といいます。その手順は次のとおりです。

① 訓練前から訓練後への"得点の伸び"を計算する

② 伸びのカテゴリーをつくり、該当する被験者を数え上げる

たとえば子ども教示群の学力上位者12人の得点を例にすると、次のページの表27のような処理をします。

表27 子ども教示群・学力上位者の得点の伸び

被験者	訓練前	訓練後	伸び（訓練後−訓練前）
1	3	3	0
2	2	3	1
3	2	3	1
4	3	3	0
5	2	3	1
6	2	3	1
7	2	3	1
8	3	3	0
9	2	3	1
10	2	3	1
11	1	3	2
12	1	3	2

【人数集計】
伸び 0 : 3 人
伸び 1 : 7 人
伸び 2 : 2 人

　表の右の枠内のように，3つの「伸び」のカテゴリーに人数を分けました。ここで，訓練前にすでに3点満点の被験者は訓練後も3点なので"伸び0"となっています。この人たちはカウントからはずすべきかもしれません。しかし本当に"伸びなかった"のかもしれません。もしそうだとすると，この人たちを除外することは，この群に有利にはたらきますので，一応このまま集計に含めておきます。

③ 度数集計表をつくる

　上のように，各群の学力上位者・下位者について"伸び"による人数集計をしますと，表28のような度数集計表ができあがります。

表28 訓練前と訓練後の得点の伸びによる人数集計（人）

	得点の伸び	−1, 0	1	2, 3	検定結果
子ども教示群	学力上位者	3	7	2	$\chi^2_{(2)}=1.32$
	下位者	5	6	5	n.s.
おとな教示群	学力上位者	4	4	8	$\chi^2_{(2)}=0.11$
	下位者	3	4	8	n.s.
統制群	学力上位者	7	5	5	$\chi^2_{(2)}=0.78$
	下位者	8	3	3	n.s.

　伸びのカテゴリーを見ますと，"−1"と"0"を併合し，"2"と"3"を併合しています。これは，ある群に"−1"や"3"などがあらわれたせいです。これらは「あらわれた」といっても小度数ですので，大きな度数をもつカテゴリーに併合します。

④ 各群ごとにχ^2検定をおこなう

表28は全体として3次元の集計表になっています。つまり"群×学力×伸びカテゴリー"です。したがって，いっぺんにχ^2検定を実行するわけにはいきませんので，まず各群ごとに，学力(2)×伸びカテゴリー(3)のχ^2検定をおこないます（JavaScript–STARのメニューで「χ^2検定」をクリック）。

表28の右端には，すでにχ^2検定の結果が書き込んであります。それを見ると，どの群も有意ではありません。このように，学力×伸びのχ^2検定が**すべての群で有意でないとき**，学力の水準を「つぶす」ことができます。結果として学力の次元を取り払い，3次元の集計表を2次元に落とすことができるのです。

3次元以上の度数集計表を分析するときは，このように"有意差の出ない次元"をはずすことをねらって，その次元からχ^2検定を始めるようにします。

⑤ 学力上位者・下位者の人数をコミにして再集計する

表28の学力上位者・下位者の人数を合わせ，群(3)×伸びカテゴリー(3)の2次元集計表をつくります（表29）。

表29 学力上位者・下位者をコミにした人数集計と残差分析表（右欄）

得点の伸び	人数集計			調整された残差		
	$-1, 0$	1	$2, 3$	$-1, 0$	1	$2, 3$
子ども教示群	8	13	7	-0.64	$1.94^{\prime}$	-1.27
おとな教示群	7	8	16	-1.57	-0.94	2.49^*
統制群	15	8	8	2.20^*	-0.94	-1.25

$^{\prime}p<.10$　$^*p<.05$

⑥ 3群×伸びカテゴリーのχ^2検定をおこなう

表29（左欄）における3×3のχ^2検定の結果は$\chi^2_{(4)}=9.97$，$p<.05$となり，有意です。したがって，STARは残差分析を実行し，結果を表示します（表29右欄）。

子ども教示群とおとな教示群では，とにかく"伸びている"カテゴリー（1，2，3）において有意・有意傾向の残差を得ました。これに対して，統制群では"伸びていない"カテゴリー（-1，0）において有意な残差があらわれています。

この結果，確かに，子ども教示群とおとな教示群には伸びた被験者が偶然以

上に多くいたことになり（統制群の結果とはっきり異なりますので），これは自己教示訓練による促進効果があったことを保証しています。

なお，子ども教示群とおとな教示群の違いはいえません（有意な残差を得たセルが違っていますが）。なぜなら，子ども教示群の伸びは最初から天井につかえた状態での伸びであり，天井がもっとあれば"伸び1"の被験者の多くは"伸び2，3"のカテゴリーへ移るかもしれないからです。

＊

以上，分散分析できなかった数量データを度数に変換し，χ^2 検定に持ち込んで分析しました。度数集計表は3次元となり，χ^2 検定は何回もおこなうことになりました。最終的に2次元の集計表に落とすことができましたが，それは幸運だっただけです。いつもそうなるとは限りません。

各群における最初の χ^2 検定（④）の結果，どれか1群でも有意であれば，そこで分析を停止します。3群いっぺんの分析はあきらめて，そこまでの各群ごとの結果を採用することになります。

さて，以上の「結果」の記述を読んでみましょう。

結　果

1．自己教示文の再認評定値について
……［省略］……

2．立体切断テストの成績について

　自己教示訓練の前後に実施した立体（三角錐）切断テストの得点の平均と標準偏差を表30に示す。
　表30をみると，すでに訓練前に各群に大きな差が見られる。また，訓練後では子ども教示群の学力上位者が全員満点に達してしまい（S.D.＝0），分散推定が不可能となった。このため分散分析を用いず，代わりに，各児童において訓練後の得点から訓練前の得点を引いた「得点の伸び」を3段階に分けて，表31のように人数集計をおこなった。

表 30　立体（三角錐）切断テストの得点結果（満点 3）

群	子ども教示群		おとな教示群		統制群	
学力	上位	下位	上位	下位	上位	下位
［訓練前］						
N	12	16	16	15	17	14
Mean	2.08	1.75	1.31	0.87	1.24	0.85
S. D.	0.64	0.90	1.21	1.02	1.00	0.91
［訓練後］						
Mean	3.00	2.81	2.75	2.40	2.11	1.43
S. D.	0.00	0.39	0.43	0.71	1.13	0.98

表 31　訓練前と訓練後の得点の伸びによる人数集計（人）

	得点の伸び	−1, 0	1	2, 3	検定結果
子ども	学力上位者	3	7	2	$\chi^2_{(2)} = 1.32$
教示群	下位者	5	6	5	n. s.
おとな	学力上位者	4	4	8	$\chi^2_{(2)} = 0.11$
教示群	下位者	3	4	8	n. s.
統制群	学力上位者	7	5	5	$\chi^2_{(2)} = 0.78$
	下位者	8	3	3	n. s.

χ^2 検定の結果，いずれの群にも学力間の有意差がなかった（検定結果は表 31 右欄参照）。そこで，各群の学力上位者・下位者の人数をコミにして再集計し，χ^2 検定をおこなった結果，群間に有意な人数差が見いだされた（$\chi^2_{(4)} = 9.97$，$p < .05$）。残差分析によると，子ども教示群・おとな教示群では訓練後に伸びを示した被験者が統制群よりも有意に多くいたことがわかった（表 32 右欄参照）。

表 32　学力上位者・下位者をコミにした人数集計と残差分析表（右欄）

	人数集計			調整された残差		
得点の伸び	−1, 0	1	2, 3	−1, 0	1	2, 3
子ども教示群	8	13	7	−0.64	1.94†	−1.27
おとな教示群	7	8	16	−1.57	−0.94	2.49*
統制群	15	8	8	2.20*	−0.94	−1.25

†$p < .10$　*$p < .05$

解　説

この"伸び"は訓練前から訓練直後までの伸びです。

訓練なしなら統制群のように大半の人は伸びない（−1 か 0）という状態になるわけです。

自己教示文の習得程度は訓練直後で「子ども教示群＝統制群」「おとな教示群＞統制群」という結果でしたから，前者の「子ども教示群＝統制群」という結果が，上の結果に対応しません。子ども教示群では再認評定値が示す以上に，教示文の習得が進んでいたことになります。

　この点，再認評定値はややあまい指標（心理的変化に鋭敏でない）といえます。児童による意識評定ですから，そんなものかもしれません。

　さて，考察です。

考　察

　自己教示文の再認評定値の結果をみると，子ども教示群はテスト直後の成績を3日後も維持し続けていた（学力上位者は直後26.4→遅延26.6，下位者は直後26.5→遅延26.8）。これに対して，おとな教示群のテスト直後の成績と3日後の成績は有意差を示した（学力上位者は直後28.2→遅延26.3，下位者は直後26.6→遅延25.1）。統制群も同様の成績低下を示したことから，おとな教示群と統制群は遅延による自然忘却の影響を受けたといえる。

　したがって，子ども教示群の習得は忘却の影響を受けにくいものであったことが示唆される。この結果を協同関係の内化という観点から解釈すると，自己教示文を習得するときに児童はたんに文を覚えるだけでなく，その文と一緒にその文を発する教示者をも内的に形成すると考えられる。この点，子ども教示群の教示者は児童と同じ課題遂行者として想定されるが，おとな教示群の教示者は課題遂行を指導する者として想定されるところに大きな違いがある。児童の心のなかで自己教示文を発する像としては前者の課題遂行者のほうがいっそう自然さと必然さがある。それゆえ，子ども教示群における協同関係の内化はスムーズであり，この関係性に基づく自己教示文の習得も忘却によく耐える定着をみせたのであろう。

　ただし，おとな教示群の協同関係において想定される指導者という像も，それほど不自然であるわけではない。たとえば訓練直後の教示文の再認成績および三角錐切断テストの結果で，おとな教示群は統制群よりも優れていた。これは従来の自己教示訓練の研究結果と一致している。

　しかしながら，自己教示文の習得をたんなる文記憶ではなく協同関係の内化とみる観点まで進めば，これまで教師－児童型の協同関係においておこなわれてきた訓練の限界を先取りすることができるであろう。そして師匠－弟子型の協同関係に基づいて自己教示訓練の改善を企画することができるであろう。それはまた自己教示

訓練にとどまらず学校教育全体を協同関係の観点からとらえ直す試みにもつながることになる。

解説

ここでの考察は，子ども教示群に忘却の影響がなく，おとな教示群に忘却の影響があったのはなぜかという点に絞られています。この研究ではそれが唯一といえば唯一の知見です。

構成は次のようになっています。

① 証拠の確定　　　　　（具体的な数値をあげ説得力を増している）
② 考察の観点の提示　　（協同関係の内化）
③ 結果の解釈　　　　　（内化される教示者の像が違うということ）
④ 従来の研究への言及　（従来の実験群は本研究のおとな教示群）
⑤ 今後の示唆　　　　　（教師-児童型から師匠-弟子型の協同関係へ）

3番めの「考察の観点」は協同関係の内化です。この観点は，たんに学習観や発達観だけではなく記憶そのものについての考え方にも新しい見方を投げかけています。つまり，記憶は個人的行為というよりも個人と個人の協同行為であり，個人は提示された事項だけを覚えるのではなく，その提示者をもいっしょに覚えるということです。日常経験では，プレゼントをもらうとむしろそのプレゼンターのほうをしっかり覚えてしまう，というようなものです。そこで，自己教示文の覚えやすさだけを追求するのでなく，その提示者となる人物の覚えやすさをも追求しなければならないという結論に至っています。

研究の評価としては，以上の結論を実験的証拠がどの程度支持するかです。問題があるとすれば次の2点が気になります。

＊　遅延テストの再認評定値において子ども教示群とおとな教示群の有意差が見いだされていない。したがって，この先，おとな教示群が成績を低下させるかどうかはわからない。もしかするとそこは「下げ止まり」のレベルであり，真の知見は"子ども教示群＝おとな教示群"であるかもしれない。

* 子ども教示群とおとな教示群では協同関係が違うだけでなく，習得意欲も違っていたかもしれない。一方は教示者が被験者と同年齢の女児であり，他方は成人男性であるので，親密感が異なり，それが課題の遂行意欲に影響したおそれもある。

1番めの疑問は「うがちすぎ」でしょうが，この実験の結果からは応答できません。実際に遅延期間をのばした追試を企画するしかありません。

2番めの疑問は，認知的過程を実験したときに「情意的影響はないのか」と必ずだれかが口にする質問です。たいてい現実にはたいした影響はないものです。しかし，こうした突っ込みが予想される場合には情意的指標（やる気があったか，おもしろかったかなどを被験者に評定させる項目）も取り入れ，群間に差のないことを証明しなくてはなりません。

完璧な実証はけっこうたいへんです。ひとつテーマについて決定的実証がなされるまでには20個から200個の実験が必要であるともいわれます。

この研究例が見いだした証拠は，学校教育への自己教示訓練の導入を支持すると同時に，その際の「教える者」と「学ぶ者」との協同のあり方を再考させる最初の知見として十分な手ごたえがあるでしょう。

以下，引用文献です。

〈引用文献〉
井上和信　1989　自己評価能力の育成に関する研究―モニタリング・スキルの訓練を通して―　上越教育大学大学院・学校教育専攻（教育方法コース）昭和63年度修士論文
岩合一男　1990　数学教育におけるメタ認知に関わる認識過程の総合的研究　平成元年度文部省科学研究費補助金・一般研究（C）研究成果報告書
Meichenbaum, D. H., & Asarnow, J. 1979 Cognitive-behavioral modification and metacognitive development: Implications for the classroom. In P. C. Kendall & S. D. Hollon (Eds.), *Cognitive-behavioral interventions: Theory, research, and procedures.* Academic Press. Pp. 11-35.
田中　敏・平山祐一郎　1994　自らと語る力を養う―内言の誕生と育成―　児童心理（金子書房），12月号，pp. 33-38。
鵜沢明美　1984　児童の計算スキルに及ぼす自己教示訓練の効果　日本教育心理学会第26回総会発表論文集

※この研究例は留目（1994）の研究を再構成したものである。
　留目　守　1994　教師のメタ認知的教示に関する児童の理解―算数の問題解決を通して―　上越教育大学大学院学校教育研究科（教育方法コース）平成5年度修士論文

統計基礎 Q & A（39–47）

Q&A 39【単純主効果検定で「水準別誤差項を用いた」と書くケースは】

Q. 単純主効果検定の結果を記述するときに、「水準別誤差項を用いた」と書かなければいけないケースを教えてください。

A. 実践的には、STARの出力の「交互作用の分析表」のなかに"Sub at……"という見出しがあらわれたときです。この"Sub at……"を分母とする単純主効果検定を述べるときには必ず「水準別誤差項を用いた」と書いてください。

理論的に、そうした記述が必要なケースは次のときです。

* 交互作用の分析のとき
* 混合計画のとき
* 被験者間要因の単純主効果検定のとき

この3つがすべて当てはまる単純主効果検定については、必ず誤差項についての記述が必要です。その記述は上のように「水準別誤差項を用いた」か「プールされた誤差項を用いた」か、どちらかになります。

Q&A 40【なぜ単純主効果検定の誤差項を記述しなければならないのか】

Q. なぜ「混合計画の交互作用の被験者間要因の単純主効果検定」には誤差項の記述が必要なのですか。また、水準別誤差項とプールされた誤差項はどう違うのですか。

A. その単純主効果が発生する源泉をどこに設定するか、それによって誤差項の取り方も異なる、という問題です。この言い方からもわかるようにかなり理論的な問題です。専門研究者間でもこの問題に興味をもっている人はいわゆる「統計家」だけです。実際現象を扱っている研究者はあまり興味をもっていません。現状ではどちらを使ってもかまいません。読者のなかで興味のある人は宮本・山際・田中（1991）の論文を読んでみてください。

簡単にいうと、水準別誤差項とプールされた誤差項の違いは、水準別誤差項を用いた検定のほうがケース・バイ・ケースになるということです。実践的には、人間の現象は課題や条件が異なると誤差の出方も異なるということが多いですから、交互作用が有意

のときは水準別誤差項のほうが検定が鋭敏になるかもしれません。「鋭敏」とは有意になりやすいということではなく，真に差があるとき検出し，真に差がないとき検出しないということです。

なお，どちらを使ってもかまわないといいましたが，同じ研究論文のなかで実験Iでは水準別誤差項，実験Iではプールされた誤差項を採用するというのは，さすがにダメです（信頼性と妥当性の基準が動きますので）。

宮本友弘・山際勇一郎・田中 敏 1991 要因計画の分散分析において単純主効果検定に使用する誤差項の選択について 心理学研究，62，207-211．

Q&A 41【F比の自由度はどこを見ればわかるか】

Q. 本文中に記載するF比の自由度は2つ書かなければなりませんが，この研究例VIではどこから引いてきているのですか。

A. 分散分析表のなかです。その実験要因の自由度と，すぐ下にある誤差項の自由度です。本文中に下のような記載があり，それを下のように引いています。

分散分析の結果，群×テストの交互作用が有意であった（F(2,84)=5.00，p<.01）。

```
Analysis of Variance
[A(3)= Group (1=コドモ 2=オトナ 3=トウセイ)]
[B(2)= Gakuryoku (1=ジョウイ 2=カイ)]
[C(2)= Test (1=チョクゴ 2=チエン)]

S.V.        SS        df      MS        F
A        71.9745      2    35.9873    2.75 +
B        25.0292      1    25.0292    1.91 ns
AxB      19.6041      2     9.8021    0.75 ns
Sub    1100.1633     84    13.0972

C        39.1778      1    39.1778   12.32 **
BxC       0.8027      1     0.8027    0.25 ns
AxC      31.7711     ②    15.8856    5.00 **
AxBxC     5.9069      2     2.9535    0.93 ns
SxC     267.0621     ⑧     3.1763

Total  1561.4918    179          +p<.10 *p<.05 **P<.01
```

Q&A 42【多重比較の記載に必要な情報はどこを見ればわかるか】

Q. 多重比較の結果を記載するとき，"$MS_e = 9.67$，$p < .05$"のような数値を書き添えますが，これはどこから引いてくればよいのですか。

A. 一般には分散分析表の"MS"（平均平方）の欄における誤差項の値を引いてきます。STARでは多重比較のコンピュータ出力中に必要な情報を載せていますので，それ

をそのまま転記すればよいでしょう。

本文中の記載は下のように引いてきています。

多重比較によると子ども教示群の成績が統制群の成績を有意に上回った（MS_e=9.67, p<.05）。

```
Multiple Comparisons by LSD
A at C1 Level
(MSe= 6.60425, *p<.05)
(LSD= 1.33596)

A1 = A2 n.s.
A1 = A3 n.s.
A2 > A3 *

A at C2 Level
(MSe= 9.67225, *p<.05)
(LSD= 1.61676)

A1 > A3 *
A1 = A2 n.s.
A2 = A3 n.s.
```

なお，MS_e は Mean Square of Error（誤差の平均平方）という意味です。MS_e の値がわかると，読者は LSD 法以外にも多重比較をやってみることができるのです。多重比較の方法はいろいろありますから，MS_e の値を載せておくことは重要です。当然の情報公開であると同時に，研究者の心情としては「何でも試してみてください」という自信でもあります。

Q&A 43【3要因分散分析表の見方について】

Q. この研究例の分散分析表はひじょうに複雑ですね。他のタイプでもそうなのですか。

A. 3要因計画の分散分析表はタイプによって次のページのように見出しが異なります。ABC は要因。s が含まれている見出しはすべて誤差です。

右へゆくほど複雑になります。誤差の発生源が多くなるからです。ヨコ罫線を引いて区分けしていますから，そのなかで実験要因と誤差項を対応させてください。ひとつ区分けしたなかには必ずひとつの誤差項があります（左端の ABCs タイプでは全体として誤差項はひとつしかありません）。

基本的に，いくら表が複雑になっても，7つの F 比（s を含まない見出し）を拾い読みすればよいだけです。

被験者間計画	混合計画 I	混合計画 II	被験者内計画
ABCs	ABsC	AsBC	sABC
A	A	A	s
B	B	s	A
C	A×B	B	s×A
A×B	s	A×B	B
B×C	C	s×B	s×B
A×C	B×C	C	C
A×B×C	A×C	A×C	s×C
s	A×B×C	s×C	A×B
	s×C	B×C	s×A×B
		A×B×C	B×C
		s×B×C	s×B×C
			A×C
			s×A×C
			A×B×C
			s×A×B×C

Q&A 44【天井効果とは何か】

Q. 研究例の中に「天井効果」というコトバが出てきましたが，それはよくない意味でいわれているのですか。

A. そうです。データ分析がゆがんでいることを意味しています。

天井効果と似たコトバに「フロア効果」があります。天井効果はデータ分布が満点の方向へ偏っていること（J字形の分布になる），フロア効果はデータ分布が0点の方向へ偏っていること（L字形の分布になる）を意味しています。下の図を参照してください。

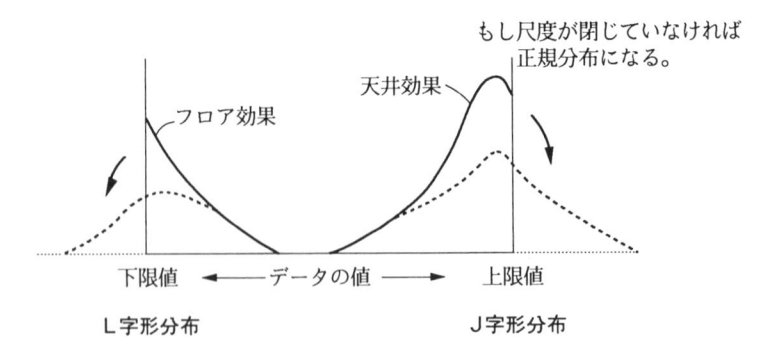

天井効果・フロア効果の原因としては，データの0点から満点までの幅が狭いこと，実験課題が困難すぎる（容易すぎる）こと，などが考えられます。

Q&A 45【天井効果にどう対処するか】

Q. データ分布に天井効果があらわれたとき，どのように対処すればよいのですか。

A. 天井効果・フロア効果があらわれたデータはそのままでは処理できません。一般に次のような対処をとります。

1．データ分布を見て「極端値」を除外する。
2．数値を角度・対数などに変換する。（分散分析の場合など）
3．カテゴリー・データに変換する。（度数の分析へ切り替える）
4．廃棄する。（因子分析の場合など）

ここで取り上げた研究例Ⅵでは，3番めの対処をとっています。

なお，時間と労力に余裕があれば，あっさりデータを取り直します。そのときは実験課題の困難さを調整したり，データの尺度をつくりかえたりし「天井」または「フロア」を広げます。評定尺度をつくりかえる場合は下の例を参考にしてください。

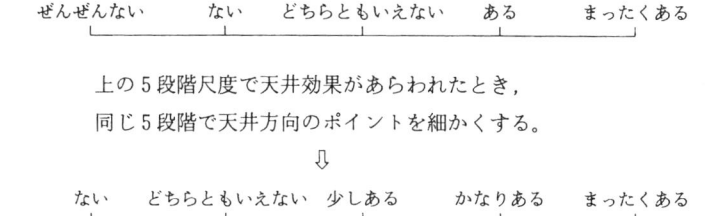

```
ぜんぜんない    ない    どちらともいえない    ある    まったくある
├────────┼────────┼────────────────┼────────┤
```

上の5段階尺度で天井効果があらわれたとき，
同じ5段階で天井方向のポイントを細かくする。
⇩

```
ない    どちらともいえない    少しある    かなりある    まったくある
├────────┼────────────────┼────────┼────────┤
```

Q&A 46【実験テストの呼び方】

Q. この研究例Ⅵでは，いろいろな時期にテストを実施していましたが，それらの呼び方と関係を教えてください。

A. 下のとおりです。

$\begin{cases} プリテスト（事前テスト）\\ ポストテスト（事後テスト）\end{cases}$ $\begin{cases} 直後テスト（immediate test）\\ 遅延テスト（delayed test）\end{cases}$

Q&A 47【遅延テストの期間の決め方について】

Q. 研究例Ⅵで用いた遅延テストは3日後でしたが，一般にはどれくらいの長さをとればよいのですか。

A. 一概にいえません。研究者の経験とカンで決めます。

遅延期間を決める基準は，① 自然忘却の影響が明確にあらわれる長さであること，しかし，② 完全にすべてを忘却しない長さであることです。

実際によく用いられる遅延期間は，翌日，3日後，1週間後などです。

課題の困難度と対象者の年齢に合わせて決めてください。

研究例Ⅶ：3要因分散分析における二次の交互作用の分析

『書き込みを加えた出題形式が小学生の小数計算に及ぼす効果』

はじめに

　この研究は，児童の問題解決にアナロジー（たとえ）をあたえようとした研究です。しかも，ただのあたえ方ではなくて，最初から問題の一部としてくっつけてあたえようというものです。

　ちょっと"面白半分"に思い立ったような研究ですが，とらわれない精神こそ研究心の最たるものなのです。遊び心・面白半分，おおいに歓迎です。ここでは，日常の何げない思いつきが問題意識となり，やがてひとつの研究テーマに育ってゆく過程を楽しみながら読んでみてください。

　データ解析法としては3要因分散分析において二次の交互作用が有意であったケースを学びます。やや複雑ですが，けっしてむずかしくはありません。むしろ新しい方法を学ぶことによって"楽しみ"のネタが増えるでしょう。

『書き込みを加えた出題形式が小学生の小数計算に及ぼす効果』

問　題

　児童の計算問題のテスト用紙を採点するとき，そこにいろいろな書き込みが見られることがある。途中の結果を忘れないためのいわゆるメモ書きが多いが，そのほかにも，特定の数字を○で囲んだり，活字の上から濃くなぞったり，ある数字から他の数字まで線をひっぱったりする書き込みも少なくない。

　これらの書き込みは，たんなる強調や区別というよりも，計算のしくみを表しているようにみえる。実は，教師も黒板で例題などを説明するときに，計算過程を児童に理解させるため，黒板の例題に小さな数字を書き込んだり，色の違うチョークを使ったり，補助線を引いたりしているのである。

　こうした書き込みや補助線が数的関係や計算操作の理解を助けることを教師は経

験的に知っている。そうした効果はアナロジーや比喩的説明の効果と類似していると思われる。アナロジーや比喩的説明が，たとえられた知識や概念の理解を促進することは実証的にも確認されている（楠見・松原，1993；田辺，1990；山崎，1992）。しかしさらにまた，最初に述べたテスト用紙への書き込みに示唆されるように，それらの書き込みは学習時・理解時に児童を助けるだけでなく，学習した知識を実際に使用するとき（テスト時）にも十分に児童を助けるのではないかと考えられる。

そこで，教師の側で，はじめからテスト問題に有効な書き込みを加えておいたらどうであろうか。実践的にも，ある児童がテスト問題の解き方に困っているとき教師が個別にその児童のかたわらに寄り，"ヒント"として児童のテスト用紙に何らかの書き込みを入れて問題の見え方を変化させることはよくある。こうした指導は，知識の理解・獲得の次の段階の，知識の使用についての指導であるといえよう。通常の教育実践における取り扱い方はどうしても前者を重視しがちであるが，この点においても，実際の知識使用を適切に促すような出題形式を工夫することは意義があることであろう。

そこで，本研究は，各種の書き込みを加えたテスト問題を作成し，そのような出題形式が児童の実際の知識使用を促進するかどうかを検討する。

解　説

この研究の起こりはテストの採点中です。答案用紙にいろいろな書き込みがしてあり，採点中，それが気になり出したのです。おそらく児童は問題を理解し解決する一助として，そんな書き込みをしたのでしょうが，「それならはじめから適当な書き込みを付けて出題してやればいいではないか」と，ふと思いついたわけです。

「問題」の構成は次のようになっています。

1．発想の具体的事例の記述（答案用紙の書き込み）
2．既存のテーマへの関係づけ（アナロジーに類似するのでは）
3．自分のアイディアの提示（テストに最初から書き込みを入れる）
4．意義づけ（知識獲得の次の段階の知識使用の指導になる）

2番めの「既存のテーマへの関係づけ」は，アナロジーや比喩的説明を持ち出しています。アナロジーとは「たとえ」のことです。一般に次のような関係

図式において考えられています。

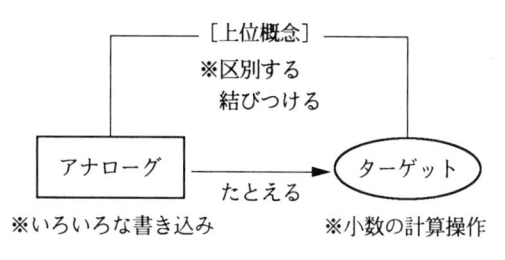

```
                    ［上位概念］
                    ※区別する
                     結びつける
         ┌─────────────────────────┐
      アナローグ  ──たとえる──→  ターゲット
      ※いろいろな書き込み         ※小数の計算操作
```

図13　アナロジーの構造
（※は本例の場合）

　ここでは，計算問題に加えられた書き込みをアナローグ（たとえるほう）とし，計算操作をターゲット（たとえられるほう）とみなしています。こうしたアナロジーの好ましい効果はだいたい実証済みですので，理論的にはあまり付け加えるものはないでしょう。

　したがって，この研究のオリジナリティはやはり実践的な側面にあります。すなわち，テスト問題にアナローグを付けて出題しようということです。それはちょっと許されないのではないか，と直感としては心配されます。しかし，それくらいですから，一応，発想としては意表をついていると思います。この点を「知識の理解・獲得の次の段階の知識の使用についての指導」と意義づけ，乗り越えようとしていますが，議論のあるところかもしれません。

　最終的に，書き込みを入れた出題形式を工夫し，その効果を検討したいということです。どの程度の書き込みを想定しているのか。研究の意義づけとからんで，そのへんが注目点でしょう。

　実験材料として小学4年生の小数計算（小数点第1位まで）の問題を取り上げ，いくつかの書き込みを考案した。その際の基準は，その書き込みが，①計算過程の重要な部分を表すこと，②児童自身にも容易に生産できることとした。結果として，問題の整数部と小数部を区別するような書き込み（区別づけ）と，さらに区別した整数部・小数部を前項と後項の間で結びつけるような書き込み（結びつけ）をそれぞれ6種類試作した（表33参照）。実験では最初にいずれかの書き込みを児童に1種類選択させ，選んだ種類の出題形式で書かれたテスト用紙をあたえることにした。そして，通常の活字形態による出題形式よりも，小数計算テストの成績を向上させるかどうかを検証することにした。

表33　実験用に試作した書き込み

結びつけ形式	区別づけ形式
[2.5] + [0.3]	2.5 + 0.3
(2.5) + (0.3)	2.5 + 0.3
[2.5] + [0.3]	2.5 + 0.3
2.5 ⌒ + 0.3	2.5 + 0.3
2.5 ⋈ + 0.3	2.5 + 0.3
[2.5 + 0.3]	2.5 + 0.3

解　説

ここでは研究の発想を具体的な実験へつなげています。

小数計算の問題を取り上げ，実際に書き込みを考案しました。そのときの観点を2つ示していますが，実際の作成は経験的なカンによっているようです。今回の12種類の試作品で効果がなければ，また別のものを作るつもりでしょう。実践的研究とはそのようなものです。

実験計画は基本的に統制群法です。試作的表記でテストする群を実験群とし，通常表記でテストする群を統制群とし，両者の成績を比較します。方法を見てみましょう。

方　法

計　画　3×2×2の混合計画。第1要因は出題形式であり，結びつけによる出題形式，区別づけによる出題形式，通常の出題形式の3水準である。第2要因は学力要因であり，プリテストの成績によって上位者・下位者を分けた。第3要因はプリテスト・ポストテストである。

> **被験者** 小学4年生174人（男子94人，女子80人）。結びつけの出題形式をあたえる結びつけ群56人，区別づけによる出題形式をあたえる区別づけ群59人，通常の出題形式をあたえる統制群59人を設置した。

解　説

　実験計画のタイプは ABsC です。「被験者間に配置した」とか「被験者内比較である」とか書いてありませんが，常識的にわかります。
　「被験者」の欄で3群を設置していますので，第1要因の出題形式は被験者間に配置されています。第2要因の学力上位者・下位者はどうしても別被験者になりますので，これも被験者間です。第3要因のプリテスト・ポストテストは被験者内に配置する以外ありえません。
　以上，ABsC タイプ（混合計画）です。

> **テスト**　小数のたし算・ひき算（小数点第一位まで）の各6問，計12問。プリテストは通常のゴチック体の活字を用いた出題形式をとった。ポストテストは，プリテストと同一の問題に結びつけの書き込みをした形式と区別づけの書き込みをした形式の，それぞれ6種類，全12形式を作成した（表33参照）。
> **手続き**　実験は各群を2つの小集団に分けて実施した。まず全群にプリテストを実施した。その翌日，結びつけ群と区別づけ群の被験者にはそれぞれ6種類の出題形式を1例ずつ掲載したプリントを配布し，「この書き方ならやりやすいと思うもの」を1種類選択させた。そして，各被験者が選択した出題形式をポストテストとしてあたえた。統制群の被験者にはプリテストと同じテスト用紙をあたえた。解答の制限時間はプリテスト・ポストテストとも15分とした。また，プリテストとポストテストの期日間に算数の授業はいずれの群でもおこなわれなかった。

解　説

　手続き自体は，前日にプリテストをやり，翌日にポストテストをやるという単純なものです。結びつけ群と区別づけ群の被験者はポストテストの実施前に，それぞれ6種類の出題形式からどれか1つを選択します。これは個人の好みを考慮したものです。実際に児童がテストで自発的に用いる書き込みは多種多様ですから。

さて、以上でデータを得ました。

ここからデータ処理に入りますが、少し準備的な処理がありますので、続けて「結果」の最初のほうを読んでみます。

結　果

解答時間 15 分以内に終了しなかった被験者を分析対象から除外した。また、プリテストの得点（満点 12）において 1 点以下の被験者および 10 点以上の被験者も分析から除外した。そのうえで、2―5 点の被験者を学力下位者、6―9 点の被験者を学力上位者とした。この結果、結びつけ群 36 人（下位者 14 人・上位者 22 人）、区別づけ群 39 人（下位者 10 人・上位者 29 人）、統制群 33 人（下位者 12 人・上位者 21 人）となった。

解　説

ここでは分析前に以下の準備をしています。

1．分析対象の被験者を制限する
2．プリテストの成績によって学力下位者と上位者を分ける

1 番めの「分析対象の被験者を制限する」は、いわゆる"不良被験者"の除外です。蛇足ながら"不良"といっても被験者の人格や能力の問題ではなく純粋にデータ特性上の問題です。

ここで除外した被験者は、① 解答時間が 15 分を越えた被験者（解答時間の条件が他の被験者と同一でないから）、② プリテストの成績が 1 点以下の被験者（この実験の処遇では伸びる見込みがないと判断したから）、③ プリテストの成績が 10 点以上の被験者（この実験の指標では満点 12 なので伸びる余地がないと判断したから）です。これらの被験者を除外すると、各群 60 人近くあったのですが、20-26 人も被験者数を減らし、33-39 人となりました。なかなか厳しい減り方です。ここまで予見して当初の被験者数を確保していたようです。

さらに、残りの被験者数の中で学力下位者・上位者を決めました。これで学

力要因を設置し，3要因が出揃ったことになります。
ここからデータ処理に入ることにします。

研究例Ⅶのデータ処理（1）：小数計算問題の得点について

【3要因の分散分析において二次の交互作用が有意になるケース】

データは1種類だけです（小数計算問題の得点）。得点化は1問1点とし，満点は12点です。JavaScript–STARで分散分析を行ってみましょう。

⓪ テキスト文書を開いておく
「メモ帳」を起動し，「ファイル」→「新規」を選び，文書を開きます。

① JavaScript–STARを起動する
"star#.#.#j"のフォルダの中の"index.htm"をクリックします。
　⇨STARのトップページが表示される。

② 分散分析のタイプを選ぶ
タイプを知る手順を下に再度掲載します。学習の仕上げとして今一度，確かめてください。

　＊ 被験者の名前とデータを「1被験者1行」で書く。
　＊ 要因（出題形式・学力・テスト）と「被験者」の見出しを付ける。
　＊ 見出しをアルファベットに置き換える（要因ABC，被験者s）。

これを実行すると，だいたい次のページの表のようになります。
見出しのアルファベットを左から右へと読むと，自然に"ABsC"と読めます。分散分析のメニューの「ABsC（3要因混合）」をクリックします。

出題形式 (A)	学力上下 (B)	被験者 (s)	テスト(C) プリ	テスト(C) ポスト
結びつけ群	下位	石田 上野 ….	2 2 …	7 1 …
結びつけ群	上位	江端 滝沢 ….	6 6 …	5 6 …
区別づけ群	下位	丸山 藤友 ….	2 2 …	7 1 …
区別づけ群	上位	矢部 相場 ….	6 8 …	7 9 …
統制群	下位	岩城 岡田 ….	5 3 …	8 2 …
統制群	上位	後藤 中村 ….	7 6 …	9 6 …

③ 要因名・水準数・被験者数を入力する

「Q&A入力」ボタンをクリックし，以下のように入力してゆきます（下線部がキー入力）。

要因Aの名前を入力して下さい ⇨ シュツダイ・ケイシキ(1=ムスビツケ,2=クベツヅケ,3=トウセイ)
　　　　　　　　　　　　　　　　　※どんなに長く書いてもよい。ただし半角スペースを含まないこと。
要因Aの水準数を入力して下さい ⇨ 3
要因Bの名前を入力して下さい ⇨ Gakryoku(1=カイ,2=ジョウイ)
要因Bの水準数を入力して下さい ⇨ 2

要因A第1水準　要因B第1水準　被験者数 ⇨ 14　※結びつけ群の下位の人数を入力する。
要因A第1水準　要因B第2水準　被験者数 ⇨ 22　※ 〃 の上位者。
要因A第2水準　要因B第1水準　被験者数 ⇨ 10　※区別づけ群の下位者。
要因A第2水準　要因B第2水準　被験者数 ⇨ 29　※ 〃 の上位者。
要因A第3水準　要因B第1水準　被験者数 ⇨ 12　※統制群の下位者。
要因A第3水準　要因B第2水準　被験者数 ⇨ 21　※ 〃 の上位者。

要因Cの名前を入力して下さい　⇨　テスト(1=プリ,2=ポスト)
要因Cの水準数を入力して下さい　⇨　2

④ データを入力する

以上の入力が終わると，いったん確認が入ります。

OKならば，データ入力へ移ります。下のようにデータを1個ずつ指定して聞いてきます。

要因A第1水準　要因B第1水準　被験者No.1　要因C第1水準　?　2

この聞き方は，ABsCの順序通りです。上では，左ページの表の「石田」さんの得点2を入力しました。

上の指定をきちんと読むと，A1（結びつけ群）の，B1（学力下位）の，s1（石田さん）のC1（プリテスト）となっています。

実践的には，「1被験者1行」で書いたデータリストの左から右へ得点を見ながら入力し，その行が終わったらその下の行へ移ります。たとえば，左ページの表なら，2，7，2，1，……，6，5，6，6，……，と入力してゆくことになります。

⑤ 入力したデータを見直して保存する

入力が終わると，「データ」枠に表示されますので，入力ミスがないか見直します。見直しが済んだら，コピー&ペーストで，文書へデータを貼り付けておきましょう。

⑥ 分散分析を実行する

「データ」枠にデータが表示されている状態で，「計算！」ボタンをクリックします。

　⇨計算結果が「結果」の枠に出力される。

⑦ 各群の平均と標準偏差を見る

まず，平均と標準偏差に異常がないか確かめます（次ページ掲載）。

[ABsC–type Design]

Means & SDs (of samples')
[A= シュツダイ・ケイシキ (1=ムスビツケ, 2=クベツヅケ, 3=トウセイ)]
[B= ガクリョク (1=カイ, 2=ジョウイ)]
[C= テスト (1=プリ, 2=ポスト)]

A	B	C	N	Mean	S. D.
1	1	1	14	4.0000	1.0000
1	1	2	14	7.0714	2.2509
1	2	1	22	7.5909	1.0728
1	2	2	22	8.2273	2.0434
2	1	1	10	4.0000	0.7746
2	1	2	10	5.5000	2.1095
2	2	1	29	8.1034	0.9946
2	2	2	29	8.7931	2.2031
3	1	1	12	3.6667	0.9428
3	1	2	12	4.4167	2.0190
3	2	1	21	8.1429	1.1249
3	2	2	21	9.0952	1.8748

⑧ 分散分析表を見る

続いて，調和平均（N=15.69）を用いたというメッセージのあと，次のページのような分散分析表が出ます。

分散分析表の読み方の"鉄則"として，高次の効果から見てゆきます。すると，いきなり二次の交互作用（A×B×C）が有意です（F=3.56, p<.05）。A×B×Cは"×"が2つありますから二次の交互作用です。

二次の交互作用が有意であったとき，それより低次の効果（一次，0次）はすべて見ないことになります。分散分析表には他にもいくつかの有意性が得られていますが，A×B×Cの情報（$F(2, 102) = 3.56$, $p<.05$）以外はすべて意味がありません。

また，二次の交互作用が有意であるとき，STARは次のようなメッセージを出して分析を停止します。

Analysis of Variance
[A(3)=シュツダイ・ケイシキ(1=ムスビツケ,2=クベツヅケ,3=トウセイ)]
[B(2)=ガクリョク(1=カイ,2=ジョウイ)]
[C(2)=テスト(1=プリ,2=ポスト)]

S. V.	SS	df	MS	F
A	5.0458	2	2.5229	0.67 ns
B	593.2331	1	593.2331	157.96 **
AxB	38.6370	2	19.3185	5.14 **
Sub	383.0592	102	3.7555	
C	75.5357	1	75.5357	38.72 **
BxC	12.1104	1	12.1104	6.21 *
AxC	8.5843	2	4.2921	2.20 ns
AxBxC	13.8908	2	6.9454	3.56 *
SxC	198.9637	102	1.9506	
Total	1329.0599	215	+p<.10 *p<.05 **p<.01	

A×B×Cが有意です。
平均のプロフィールを描いて，検討してください。

　STARの特色は，交互作用の分析を自動化している点ですが，二次の交互作用については他のプログラムソフトと同じく処理しません。
　これは処理量が多く，出力が膨大になるからです。また，そのわりに知見は単純であり，1個か2個の平均が特異な動きを示したというケースが多いからです（pp. 206-207参照）。
　そこで，その特異な平均をユーザーの側がねらいをつけながら，分析を進めることになります（コンピュータはどれにねらいをつけたらいいか判断する能力をもっていません）。
　次のページから二次の交互作用の分析に入りますが，その前に，一応ここまでの出力を保存しておきます。

⑨　結果の出力を保存する

　「結果」の枠内をクリックし，コピー＆ペーストで，結果を文書に貼り付けます。「ファイル」→「保存」で保存します。保存名は「出題形式.txt」などとします。

研究例Ⅷのデータ処理（2）：二次の交互作用の分析

【単純交互作用を選択的に分析する】

0 分析の基本方針

分析の基本方針は，二次の交互作用を複数の単純交互作用に分解することです。

単純交互作用（simple interaction）とは，他の要因の1水準に限ってみた交互作用です。具体例を見るほうが早いと思います。A×B×Cでは表34のように全部で3種類7個の単純交互作用があります。

表34 二次の交互作用A×B×Cの単純交互作用

A×B at C1	B×C at A1	A×C at B1
A×B at C2	B×C at A2	A×C at B2
	B×C at A3	

（注）この例では3×2×2なので7個ある（3＋2＋2＝7）。

表中の"A×B at C1"が単純交互作用の書き方です。

実質はすべて"○×○"という一次の交互作用です。次数が1つ落ちていることに注意してください。"at C1"がCの第1水準に限定されていることを意味しています。

すなわち，"A×B at C1"はC1（プリテスト）だけに限って見たA（群）×B（学力）を表します。同じく"A×B at C2"は，今度はC2（ポストテスト）だけに限って見たA×Bを表します。

二次の交互作用の分析は，このように個々の水準に分けて一段低次の交互作用を見てゆくことです。

単純交互作用は全部で7個ありますが，ふつう全部は分析しません。もっとも重要なものをひとつ選びます。そして，それと同種類の単純交互作用をすべて分析します。つまり，上の表の3枠のうちの1枠だけを選び，その中のものを全部分析するということです。1枠だけを全部分析し，あとは選択的に1個か2個，分析するというような方針をとります。

実際には以下のような手順となります。

1．全体の平均の図を描く
2．「もっとも重要な単純交互作用」を選ぶ
3．その同種の単純交互作用すべてを分散分析する
4．あと興味のある単純交互作用を選択的に1・2個分析する

順番に解説します。

1　全体の平均の図を描く

二次の交互作用は3要因全部が関わった作用ですから，平均の図はすべての平均（2×3×2＝12個）を使うことになります。1枚の図にするとわかりにくいので，図14のように3つの図をひとつにまとめたような図にするとよいでしょう（平均の数値は p. 184 の出力参照）。

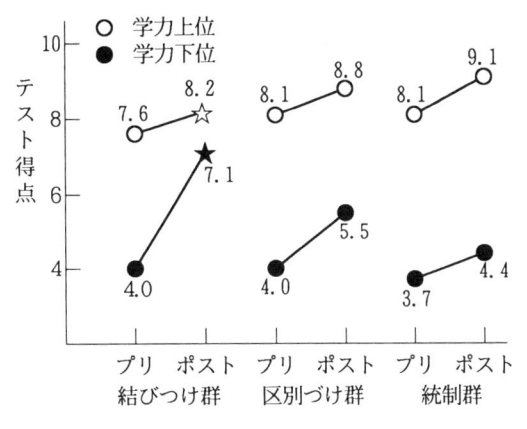

図14　3×2×2の平均のプロフィール

この図を見て，差があるかどうか知りたいところを見つけます。そして，その差を含む「もっとも重要な単純交互作用」を選び出します。

2　「もっとも重要な単純交互作用」を選ぶ

上の図では一見しただけで"★"が目立ちます。これは結びつけ群の学力下位者のポストテストの成績です。ここだけ，下位者の成績（★）が上位者の成

績（☆）にかなり迫っているのです。他の群ではそのようなことは見られません。これが二次の交互作用の原因のようです。

かくしてポストテストにおいて（at C2），何か重要な結果を得ることができそうです。そこで"at C2"を含んでいる単純交互作用を選択します。下の表34のなかの下線を引いたものがそれです。

表34　二次の交互作用A×B×Cの単純交互作用

A×B at C1	B×C at A1	A×C at B1
A×B at C2	B×C at A2	A×C at B2
	B×C at A3	

（注）A：出題形式3群，B：学力下位者・上位者，
　　　C：プリテスト・ポストテスト。

「もっとも重要な単純交互作用」はA×B at C2と決まりました。この実験の目的からしても，出題形式をあたえた後の結果（すなわちポストテストの結果）は一番知りたいことですから，もっともな選択といえます。

3　同種の単純交互作用すべてを分散分析する

「もっとも重要な単純交互作用」としてA×B at C2を選んだら，その枠内にあるA×B at C1も分析します。こちらはプリテストの結果であり，処遇前なのであまり興味はありませんが，原則として1枠だけはその枠内のすべての単純交互作用を分析しなければなりません。

結局A×B at C1とA×B at C2は同種の交互作用なのです。

これを処理する分散分析は2要因であり，ABsタイプとなります。分散分析のタイプも下のように水準を限定した形で書き表すことにします。

表35　単純交互作用と対応する分散分析のタイプ

単純交互作用	その分散分析のタイプ
A×B at C1 →	ABs at C1（プリテストだけのデータを使ったABs）
A×B at C2 →	ABs at C2（ポストテストだけのデータを使ったABs）

※元のABsCに準拠したタイプになる。
　他の単純交互作用の分散分析は次のようになる。
　　B×C at A1　→　BsC at A1（結びつけ群だけのデータを使う）
　　B×C at A2　→　BsC at A2（区別づけ群だけのデータを使う）
　　B×C at A3　→　BsC at A3（統制群だけのデータを使う）
　　A×C at B1　→　AsC at B1（学力下位者だけのデータを使う）
　　A×C at B2　→　AsC at B2（学力上位者だけのデータを使う）

まず，ABs at C1の分散分析を実行します。

4 ABs at C1（プリテスト・データ）の分析

以下，JavaScript-STAR によるデータ処理に移ります。

① ABs の分散分析を選ぶ

ABs at C1 を分析しますので，分散分析のメニューの「ABs」をクリックします。

⇨ABs（2要因被験者間計画）のページが表示される。

② 要因名・水準数・被験者数およびデータを入力する

「Q&A」ボタンをクリックし，下のように入力してゆきます。

要因 A の名前を入力して下さい　⇨　シュツダイ・ケイシキ(1=ムスビツケ,2=クベツヅケ,3=トウセイ)
要因 A の水準数を入力して下さい　⇨　3
要因 B の名前を入力して下さい　⇨　Gakryoku(1=カイ,2=ジョウイ)
要因 B の水準数を入力して下さい　⇨　2

要因A第1水準　要因B第1水準　被験者数　⇨　14　※結びつけ群の下位者の人数を入力する。
要因A第1水準　要因B第2水準　被験者数　⇨　22　※　〃　の上位者。
要因A第2水準　要因B第1水準　被験者数　⇨　10　※区別づけ群の下位者。
要因A第2水準　要因B第2水準　被験者数　⇨　29　※　〃　の上位者。
要因A第3水準　要因B第1水準　被験者数　⇨　12　※統制群の下位者。
要因A第3水準　要因B第2水準　被験者数　⇨　21　※　〃　の上位者。

要因 C の入力はありません。

これ以下，データ入力となりますが，プリテスト（C1）だけのデータを用います。コンピュータは「プリテストのデータを入力せよ」と指示しませんので，ユーザーの側で注意していてください。

要因A第1水準　要因B第1水準　被験者No.1　？　2

これは，p.182 の表の「石田」さんのプリテストの得点です。

実践的には，p.182 の表で，2, 2, ……, 6, 6, ……, 2, 2, ……と，プリ

テストの欄だけを見て，入力してゆくことになります。

データの入力が終わったら，見直して，文書に貼り付けておきましょう。

文書への貼り付けも多くなりましたから，「ここから二次の交互作用の分析」などのコメントを書き込んでおくようにします。

③ 分散分析を実行する

「計算！」ボタンをクリックします。

⇨「結果」の枠に下のように出力する。

[ABs–type Design]

Means & SDs（of samples'）
[A= シュツダイ・ケイシキ(1=ムスビツケ,2=クベツヅケ,3=トウセイ)]
[B= ガクリョク(1=カイ,2=ジョウイ)]

A	B	N	Mean	S. D.
1	1	14	4.0000	1.0000
1	2	22	7.5909	1.0728
2	1	10	4.0000	0.7746
2	2	29	8.1034	0.9946
3	1	12	3.6667	0.9428
3	2	21	8.1429	1.1249

N が不揃いです。

Unweighted–Mean ANOVA を行います。

N=15.69（調和平均）と仮定します。

Analysis of Variance
[A(3)= シュツダイ・ケイシキ(1=ムスビツケ,2=クベツヅケ,3=トウセイ)]
[B(2)= ガクリョク(1=カイ,2=ジョウイ)]

S. V.	SS	df	MS	F
A	1.0381	2	0.5190	0.48 ns
B	387.4318	1	387.4318	355.23 **
A×B	3.1004	2	1.5502	1.42 ns
Sub	111.2459	102	1.0906	
Total	502.8162	107	+p<.10 *p<.05 **p<.01	

N, Mean, S. D. の値は，元の3要因分散分析の結果（プリテストの）と同じです。

分散分析表は高次の効果から見てゆきます。交互作用 A×B（一次）は有意ではありません（F=1.42）。そこで主効果（0次）を見ることができます。

A は有意でありません（F=0.48）。これは A（出題形式）の3群が等質であることを意味します。処遇前の結果ですから悪いことではありません。交互作用なしですので，この3群の等質性は学力下位者でも上位者でもいえることになります。

B は途方もないほど有意です（F=355.23, p<.01）。もちろんこれはプリテストの成績で 2—5 点を学力下位者，6—9 点を学力上位者と人為的に分けたせいです（データ分布はまったく重なりません）。

④ 結果を保存する

一応，結果を取っておきます。

「結果」の枠内をクリックし，コピー&ペーストで，結果を文書に貼り付けます。分析したデータが分かるように「プリテスト得点」などのコメントを書いておきます。

あるいは，別の新しい文書を開いて，二次の交互作用の処理はそちらへまとめるのもよいでしょう。実践的には，オール・イン・ワンで1文書に詰め込んでおく方が，後で利用するとき便利なようです。

5　ABs at C 2（ポストテスト・データ）の分析

次に，本命の ABs at C 2 を分析してみましょう。

① C 2（ポストテスト）のデータを入力する

画面が ABs のページであることを確認しましょう。

「データ消去」「結果消去」をクリックし，画面の枠内をきれいにします。

「Q&A 入力」をクリックし，まず要因名・水準数・被験者数を入力します。これは C 1（プリテスト）の入力とまったく同じです（p. 189 参照）。

次のデータの入力では，ポストテストの得点だけを用います。p. 182 の表でいうと，7, 1, ……, 5, 6, ……, 7, 1, ……と入力してゆきます。

② データを保存する

データを入力し終わったら,「データ」枠の中で見直します。

そして,コピー&ペーストで,文書に貼り付けます。文書中には「ABs at C 2」または「ポストテスト得点を用いた出題形式×学力水準の単純交互作用の分析」などのタイトルを書き込んでおきます。

③ 分散分析を実行する

「計算!」ボタンをクリックします。

⇨計算結果が「結果」の枠内に出力される(下記)。

[ABs-type Design]

Means & SDs (of samples')
[A= シュツダイ・ケイシキ(1=ムスビツケ,2=クベツヅケ,3=トウセイ)]
[B= ガクリョク(1=カイ,2=ジョウイ)]

A	B	N	Mean	S. D.
1	1	14	7.0714	2.2509
1	2	22	8.2273	2.0434
2	1	10	5.5000	2.1095
2	2	29	8.7931	2.2031
3	1	12	4.4167	2.0190
3	2	21	9.0952	1.8748

N が不揃いです。

Unweighted-Mean ANOVA を行います。

N = 15.69 (調和平均) と仮定します。

Analysis of Variance
[A(3)= シュツダイ・ケイシキ(1=ムスビツケ,2=クベツヅケ,3=トウセイ)]
[B(2)= ガクリョク(1=カイ,2=ジョウイ)]

S. V.	SS	df	MS	F
A	12.5920	2	6.2960	1.36 ns
B	217.9117	1	217.9117	47.21 **
AxB	49.4274	2	24.7137	5.35 **
Sub	470.7770	102	4.6155	
Total	750.7081	107		+p<.10 *p<.05 **p<.01

分散分析表の交互作用を真っ先に見にいきましょう。すると，A×Bは有意です（F=5.35, p<.01）。もはや主効果は見ません。すぐにMeanの値を使って平均の図を描き，次にゆきます。

④ 交互作用を見る

コンピュータは「交互作用の分析表」を下のように表示します。となりに平均の図を並べておきます。

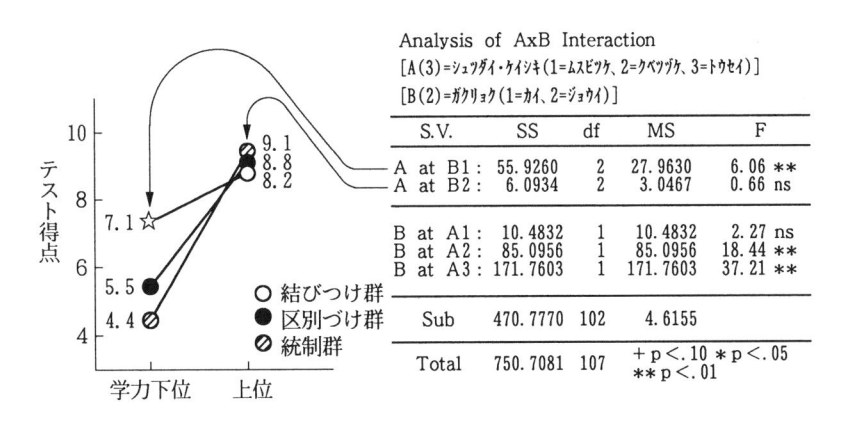

Analysis of AxB Interaction
[A(3)=シュツダイ・ケイシキ（1=ムスビツケ，2=クベツヅケ，3=トウセイ）]
[B(2)=ガクリョク（1=カイ，2=ジョウイ）]

S.V.	SS	df	MS	F
A at B1:	55.9260	2	27.9630	6.06 **
A at B2:	6.0934	2	3.0467	0.66 ns
B at A1:	10.4832	1	10.4832	2.27 ns
B at A2:	85.0956	1	85.0956	18.44 **
B at A3:	171.7603	1	171.7603	37.21 **
Sub	470.7770	102	4.6155	
Total	750.7081	107		

+ p<.10 * p<.05 ** p<.01

（平均の図：テスト得点　学力下位／上位；○結びつけ群　●区別づけ群　◎統制群；値 9.1, 8.8, 8.2, 7.1, 5.5, 4.4）

単純主効果検定の結果を平均の図に対照します。これは2要因の交互作用の分析の復習です。以下のように順番に読み取ってみましょう。

* A at B1が1％水準で有意です（F=6.06, p<.01）。つまりB1（学力下位者）におけるA（出題形式）の3群間に差があるということです。図では結びつけ群の成績（☆）が高い位置にあり，統制群との差は確実に有意でしょう。区別づけ群との差も大きい感じですが，有意かどうかは多重比較を見ないとわかりません。あとで見ましょう。

* A at B2は有意でありません（F=0.66）。B2（学力上位者）ではAの3群間に有意差なしということです。結びつけ群も区別づけ群も統制群を上回ることができませんでした（8.23≒8.79≒9.10）。さすがに学力上位者となると統制群でも実力があります。

* B at A1は有意ではありません（F=2.27）。ここがもっとも見たかった

ところです。つまり結びつけ群（A1）における学力下位者・上位者の差を検定しています。結果は両者の差は有意でない。ということは，処遇前は完全に離されていた学力下位者がポストテストにおいて学力上位者と有意差を生じないレベルにまで迫ったことになります。つまり，学力下位者はそんなに「伸びた」わけです。図を見ると，両者の差（7.07—8.23）は，いまだにまだ偶然変動の2倍強（$F=2.27$）の大きさがありますが，それでも検定するまでもなかった隔たりが"有意とはいえない差"にまでなったことは，結びつけ群の出題形式が学力下位者に大きな効果を及ぼしたことを示唆しています。

* B at A2 は 1% 水準で有意です（$F=18.44$, $p<.01$）。これは区別づけ群（A2）における学力下位者・上位者の成績差を表しています。プリテストの成績差がポストテストでも持続したということです（5.50<8.79）。

* B at A3 も 1% 水準で有意です（$F=37.21$, $p<.01$）。統制群（A3）における学力要因の効果です。見方は同上です（4.42<9.10）。

⑤ A at B1（学力下位者の3群）について多重比較をおこなう

単純主効果検定でA at B1が有意でしたので，コンピュータは自動的に多重比較の結果を表示します。

```
Multiple Comparisons by LSD
(MSe= 4.61546,  * p<.05)
(LSD= 1.5341)
------------------------------------
 A at B1 Level
------------------------------------
 A1  >  A2    *
 A1  >  A3    *
 A2  =  A3    n.s.
```

結果を一括すると，"結びつけ群＞区別づけ群＝統制群"とまとめることができます。結びつけ群は，区別づけ群・統制群よりも優れた成績をあげましたが（A1＞A2，A1＞A3），区別づけ群の成績は統制群の成績より有意に高いとはいえませんでした（A2＝A3）。

⑥ 結果を保存する

コピー＆ペーストで，結果を文書に貼り付けます。

平均と標準偏差（Means & SDs）の値は，最初におこなった3要因分散分析ABsCの出力（p. 184）とまったく同一ですので，ここはコピーから外してもよいでしょう。

文書への貼り付けが大量で見にくくなるようでしたら，そのように選択的にコピー＆ペーストしてください。

＊

以上，「同種の単純交互作用」をすべて分析しました。それでだいたい重要な知見はほとんど拾えるはずです。あとは"落ち穂ひろい"のように，ちょっと見ておいたほうがよいところを分析します。

6 興味のある単純交互作用を選択的に1・2個分析する

上の分析では，結局，要因C（テスト）の有意性を判定していませんので，残った興味があるとすれば，要因Cが有意かどうか（プリテスト・ポストテスト間で成績が伸びたかどうか）ということでしょう。

この点，群間比較の基準となっていた統制群について，プリテストからポストテストへかけての"自然の伸び"があったかどうかを確かめておきたい気がします。これを確かめないと，「統制群より優れている」といっても，その効果は，自然上昇があったときの（さらにその上をゆく）効果なのか，自然上昇がないときの効果なのか微妙に解釈が違ってきます（あまり重要でないかもしれません）。

そこで，あと1つ，統制群（A3）における状況をつかむため"at A3"という単純交互作用（B×C at A3）を分析してみることにします。分散分析のタイプは，元の計画がABsCですので実質はBsC at A3という混合計画となります。STARの操作上は"AsB"タイプを指定することになりますので，混乱しないよう十分に注意してください。

以下，コンピュータ処理の手順です。

① 2要因混合計画の分散分析を選ぶ

BsC at A3の分析ですが，メニューではAsBをクリックします。

⇨ 「AsB（2要因混合計画）」のページが表示される。

② 要因名・水準数・被験者数およびデータを入力する

「Q&A 入力」のボタンをクリックします。コンピュータは以下のように聞いてきますが，「要因 A」を B に読み替え，「要因 B」を C に読み替えて入力してください。

要因 A の名前を入力して下さい　⇨　Gakryoku(1＝カイ,2＝ジョウイ)
　　　　　　　　　　　　　　　　　　※Aと聞かれても，ここは学力要因(B)を入力する。

要因 A の水準数を入力して下さい　⇨　2

要因 A の第 1 水準の被験者数を入力して下さい　⇨　12
　　　　　　　　　　　　　　　　　　　　　　　※学力下位者の人数。p.184の出力のA3の欄と同じになる。

要因 A の第 2 水準の被験者数を入力して下さい　⇨　21

要因 B の名前を入力して下さい　⇨　テスト(1＝プリ,2＝ポスト)
　　　　　　　　　　　　　　　　　　※これもBと聞かれるが，テスト要因(C)に読み替えて入力する。

要因 B の水準数を入力して下さい　⇨　2

以下，データ入力です。下のように聞いてきます。ここでも表示される「要因 A」は学力（B），「要因 B」はテスト（C）とします。

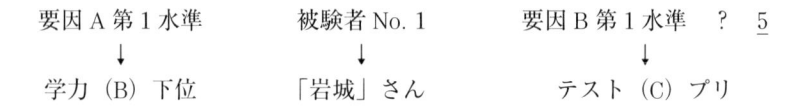

要因 A 第 1 水準	被験者 No. 1	要因 B 第 1 水準　？　5
↓	↓	↓
学力（B）下位	「岩城」さん	テスト（C）プリ

紛らわしいですが落ち着いて，指定されたデータを入力してください。入力が終わったら，「データ」枠の中で見直し，文書に貼り付けておきます。

③ 分散分析を実行する

「計算！」ボタンをクリックすると，右のページのように出力されます。

[AsB–type Design]

Means & SDs (of samples')
B ⎯⎯ [A = ガクリョク (1=カイ, 2=ジョウイ)]
C ⎯⎯ [B = テスト (1=プリ, 2=ポスト)]

B ~~A~~	~~B~~ C	N	Mean	S. D.
1	1	12	3.6667	0.9428
1	2	12	4.4167	2.0190
2	1	21	8.1429	1.1249
2	2	21	9.0952	1.8748

ここで混乱を避けるため，出力中の"A"の記号を元のBに，"B"の記号を元のCに書き直すことにします。出力をプリントした際などは真っ先にそうやってください。

次に下のような分散分析表を表示しますが，これも記号を書き直します。

Analysis of Variance
B ⎯⎯ [A(2) = ガクリョク (1=カイ, 2=ジョウイ)]
C ⎯⎯ [B(2) = テスト (1=プリ, 2=ポスト)]

	S. V.	SS	df	MS	F
B	~~A~~	320.0005	1	320.0005	93.27 **
	Sub	106.3634	31	3.4311	
C	~~B~~	11.0655	1	11.0655	6.40 *
BxC	~~AxB~~	0.1564	1	0.1564	0.09 ns
SxC	~~SxB~~	53.6009	31	1.7291	
	total	491.1867	65		

+p<.10 *p<.05 **p<.01

ところで，上の出力中のF比は採用できません。

単純交互作用の分散分析が混合計画となるとき，コンピュータが出力するF比とその有意性の結果をそのまま採用することはできません。人間が再計算し，必要とあらば再検定しなくてはなりません。

二次の交互作用の分析はこんなところに手間がかかります。

上の出力で使えるのは，B，C，B×CのMSの値だけです。これを用いたF比の「再計算・再検定」の手順は次のようになります。

(1) 誤差項の MS（平均平方）の値を，**元の 3 要因分散分析の誤差項の値に書き改める**（p. 185 参照）。

　　Sub ：〔現〕3.4311　→　〔正〕3.7555　※自由度 31→102
　　S×C：〔現〕1.7291　→　〔正〕1.9506　※自由度 31→102

(2) 書き改めた値を用いて各要因の F 比を計算する。

　　B　 ：〔現〕93.27　→　〔正〕320.0005／3.7555＝85.21
　　C　 ：〔現〕 6.40　→　〔正〕 11.0655／1.9506＝5.67
　　B×C：〔現〕 0.09　→　〔正〕 0.1564／1.9506＝0.08

(3) 新しい F 比を検定する。要因の自由度（df_1）と，誤差項の自由度（df_2）を確認し，352 ページの F 分布表に対照する。

　　B　 ：F＝85.21, df_1＝1, df_2＝102　→　p＜.01
　　C　 ：F＝ 5.67, df_1＝1, df_2＝102　→　p＜.05
　　B×C：F＝ 0.08, df_1＝1, df_2＝102　→　non-significant

　F 比の大きさはあまり変わりませんので，有意性の判定も変わりません。
　この再計算・再検定は，二次の交互作用の分析として単純交互作用を分析するとき，たいていはやらなければなりません。
　先に C 水準の単純交互作用（ABs at C1, ABs at C2）を分析したときはやりませんでしたが，そのケースに限ってはコンピュータ出力の F 比をそのまま使うことができたのです。そんなケースはあまりありません。下の 3 つだけです。

　1．ABsC タイプにおける ABs at C（全要因の F 比を採用できる）
　2．AsBC タイプにおける AsB at C（A の F 比のみ採用できる）
　3．AsBC タイプにおける AsC at B（　　　同　　上　　　）

　2 番め・3 番めのケースで，A 以外の主効果と交互作用については，やはり

元の3要因分散分析の誤差項を持ってこなければなりません。

なお，STAR以外のプログラムで「プールされた誤差項」を用いている場合は，上の3ケースのいずれでもF比の再計算・再検定が必要です。STARは「水準別誤差項」を用いているので，上の3ケースに限ってはそれを計算していることになり，出力をそのまま使えるのです。

さて，再計算・再検定後の結果をみると，交互作用B×Cは有意ではありません（F=0.08）。そこで主効果を見ます。B（学力）は当然有意です（F=85.21, p<.01）。そしてC（テスト）が有意です（F=5.67, p<.05）。つまり，プリテスト・ポストテスト間に差があるということです。交互作用がありませんから，このことは学力下位者・上位者に共通して当てはまります。どちらが大きいかはいわゆる"平均の平均"を計算して判断しますが，ここでは見た目だけでもポストテストの成績のほうが大きいとわかります（3.67, 8.14＜4.42, 9.10）。

以上，統制群においてプリテストからポストテストへかけての"自然上昇"があったことを確認しました。

④ 結果を保存する

コピー＆ペーストで，結果を文書に貼り付けます。

ひとまず分析を完了しましたので，「ファイル」→「保存」または「上書き保存」で，文書を保存します。

＊

以上，二次の交互作用の分析として3個の単純交互作用を分析しました。同種の単純交互作用を全部（2個）と，ちょっと見ておきたい単純交互作用を1個です。二次の交互作用が有意なときは，そのように処理します。

それでは「結果」に行ってみましょう。

結　果（第1段落重複）

　解答時間15分以内に終了しなかった被験者を分析対象から除外した。また，プリテストの得点（満点12）において1点以下の被験者および10点以上の被験者も分析から除外した。そのうえで，2—5点の被験者を学力下位者，6—9点の被験者を学力上位者とした。この結果，結びつけ群36人（下位者14人・上位者22人），区別づけ群39人（下位者10人・上位者29人），統制群33人（下位者12人・上位者21人）となった。　←①

　図15は各群の学力下位者・上位者別にプリテスト・ポストテスト得点の平均と標準偏差を示したものである。　←②

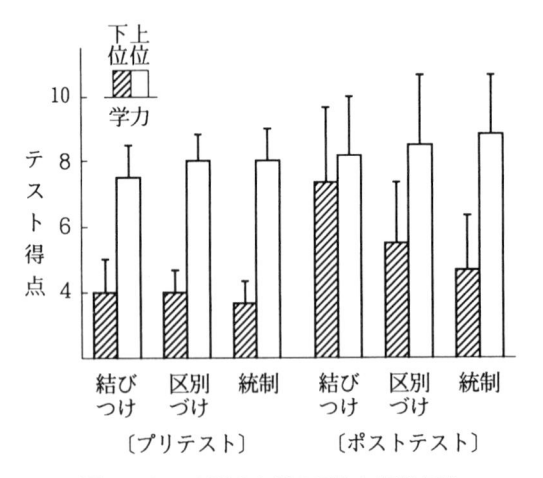

図15　テスト別の各群の平均と標準偏差

　このテスト得点について出題形式×学力×テストの分散分析をおこなった結果，二次の交互作用が有意であった（$F_{(2,102)}=3.56$, $p<.05$）。　←③

　そこで，プリテスト・ポストテスト別に出題形式×学力の単純交互作用を分析した。**水準別誤差項を用いた検定**によれば，プリテストにおいては学力の主効果のみが有意であり（$F_{(1,102)}=355.23$, $p<.01$），出題形式の主効果（$F=0.48$）および出題形式と学力の交互作用（$F=1.42$）は有意でなかった。このことからプリテストにおける出題形式の3群は等質であったといえる。　←④

　一方，ポストテストにおいては出題形式×学力の交互作用が有意であった（$F_{(2,102)}=5.35$, $p<.01$）。水準別誤差項を用いた単純主効果検定の結果，結びつけ群では学力下位者・上位者の差は有意でなかったが（$F=2.27$），区別づけ群と

統制群では学力下位者・上位者の差は共に1％水準で有意であった（区別づけ群 $F_{(1,102)} = 18.44$, $p < .01$；統制群 $F_{(1,102)} = 37.21$, $p < .01$）。　←⑤

　学力別にみると，学力上位者における3群間の差は有意でなかったが（$F = 0.66$），これは天井効果によるものではなく（満点は4人にとどまった），出題形式の影響があらわれなかったことを示している。これに対して，学力下位者では出題形式の効果が有意であり（$F_{(2,102)} = 6.06$, $p < .01$），LSD法を用いた多重比較の結果，結びつけ群の平均が区別づけ群と統制群の平均より有意に大きかった（$MS_e = 4.615$, $p < .05$）。しかし区別づけ群と統制群の平均差は有意でなかった。　←⑥

　以上より，結びつけの出題形式が学力下位者のテスト成績をよりよく促進したことがわかった。それによって結びつけ群の学力下位者は，同群の学力上位者と有意差を生じないレベルまで成績を高めたものと考えられる。　←⑦

　なお，統制群における学力×テストの単純交互作用を分析した結果，交互作用が有意でなく，テストの主効果が有意であったことから（$F_{(1,102)} = 5.67$, $p < .05$），テスト成績の自然上昇があったことが推測される。結びつけの促進効果はそうした自然上昇を上回るものであったといえる。　←⑧

解　説

本文中のマル数字に合わせて解説します。

①はすでに解説しました。得点化，被験者の選別，学力要因の設置（下位者と上位者の群分け）です。

②は平均と標準偏差を図で示しています。バーの天井の"アンテナ"の高さが標準偏差の大きさを表します。プリテスト・ポストテスト別にバーをまとめてありますが，これは後々の考察の観点に合わせたものです。

③は3要因の分散分析ABsCタイプの結果です。二次の交互作用が有意であったことだけを述べています。それより低次の効果は述べても意味がありません。

④から単純交互作用の分析が始まります。まずプリテストにおける分析結果ですが特に解説を必要としないでしょう。太字の「水準別誤差項を用いた検定によれば」は，「プールド・エラーを用いた検定によれば」とどちらかになります。STARを使っている場合は前者です。これは前述したとおり（p. 198）ABsCタイプのABs at C 1，ABs at C 2という特殊ケースに限った注記です。たいていの場合は（元の3要因分散分析の誤差項を使わなければならないので），このような注記はありません。

⑤，⑥はポストテストにおける出題形式×学力の単純交互作用の分析結果です。ここがメインです。結果として，当の単純交互作用が有意となり，したがって単純主効果検定（さらには多重比較）へとなだれ込みます。

途中，学力上位者において出題形式の3群間に有意差がなかったことを「天井効果によるものではない」と断っています。天井効果はデータ分布が上限値にぶつかったことを意味しています。その場合，出題形式が効いても，もはや学力上位者に伸びる余地はありません。しかし，ここでは天井効果を否定し，出題形式が効いた（がデータに表れなかった）のではなく，上位者には出題形式が効かなかったと事実確認したのです。

⑦はメインの結果から何がいえるかをサラリとまとめたものです。結果の記述がやや複雑になっていますから，こうしたまとめは有効です。

⑧は，もう1個だけ，興味のある単純交互作用を分析したものです。ここでは「水準別誤差項を用いた」というような注記はありません。元の3要因分散分析の誤差項を用いているからです。それがたいていの場合です。

では，考察を読んでみましょう。

考　察

　出題形式の効果は，結びつけ群の学力下位者にのみ見られ，区別づけ群および学力上位者には見られなかった。
　その理由を考えるために，まず第1に，出題形式の違いに注目してみると，その出題形式が示唆している計算操作の数が決定的であると考えられる。この点，少なくとも結びつけの出題形式は，① 問題の整数部と小数部を区別すること，② 前項と後項の整数部どうし・小数部どうしを関係づけることという2つの計算操作を示唆している。これに対して，区別づけは ① を直接に示唆しているが，後者の ② をあまり明確に含んでいない。したがって，結びつけ群は区別づけ群よりも優れた成績をあげたと考えられる。これに対して，区別づけ群は統制群を上回ることができなかった。
　ただし，これは学力下位者にのみ見られた結果である。そこで，第2に，学力下位者と学力上位者の違いを考察してみると，学力下位者は結びつけなどによる"外的な支え"がないとうまく計算操作を実行できないが，学力上位者はそれを独力で運用できるレベルにあると思われる。この点，結びつけ群の学力下位者が，ポストテストにおいて同群の学力上位者とほぼ同じレベルにまで上昇したことが注目され

る。ある意味で，学力下位者が"外的な支え"を得ることによって接近したレベルは，学力上位者がそうした外的支えなしで到達しているレベルであるといえよう。

しかしながら，田中（1994）によれば，人が知識を使用するときは必ずその知識を表す何らかの心的媒体（サイコメディア）を生産しなければならないということである。この観点に立つと，学力下位者が"外的な支え"を得ている分，学力上位者も（支え不要なのではなく）計算操作を表す何らかの"内的な支え"を自分なりに生産していると考えられる。

今回の実験の出発点となったテスト用紙への書き込みは，まさに児童が自分なりの知識使用の"支え"をつくり出している姿と見ることができる。裏を返せば，通常の学習指導の中でそうした知識使用の"支え"について一定の教示がおこなわれていないといえよう。児童は，教師が黒板の例題を解くときの書き込みや補助線などを見ながら，そのときの知識の心的媒体を自分なりに形成してゆくほかはない。けれども，多くの児童は別に気にとめないであろう。なぜなら教師がそうした書き込みや補助線までを学習事項として指定することはほとんどないからである。そんなところから学力下位者と学力上位者の差異が生じているのではないか。

以上の観点に立つと，本研究において試行した出題形式は知識の使用についての指導の一方策と考えることができるであろう。テストも学習であるとするならば，テスト問題に何らかの書き込みを加えることもアンフェアではないと思われる。公式の評価以外の授業内の小テストなどでは，むしろ積極的に有効な書き込みを加えてはどうであろうか。また，知識内容に合わせてそのような有効な知識使用の表現を開発することに努めなければならない。

解　説

ここでの「考察」の構成は次のようになっています。

1．結果の限定（結びつけ群の学力下位者が上昇した）
2．比較による解釈（結びつけと区別づけ，学力下位者と上位者）
3．特定の観点の提出（計算操作の"支え"，知識使用の心的媒体）
4．問題提起（知識使用を指導していない。テストを指導手段としては）
5．今後の課題の提出（公式の評価との関係，有効な書き込みの開発）

3番めの「特定の観点の提出」は，自分で新規の説明概念をつくり出すか，人の考えを引用するか，どちらかです。ここでは計算操作の"外的支え""内的支え"という，自分なりの説明概念を提案しています。さらにもっと一般化

するため，知識使用の「心的媒体」（サイコメディア）という考え方を引用しています。

4番めの「問題提起」は，現実の認識が深まったところで新たな問題が見えてきたものです。つまり，通常の学習指導は知識獲得に力を入れているが，知識使用はあまり指導していないのではないかということです。知識を使用するのにどんな"支え"をつくればよいか，どんな知識の心的媒体を形成すればよいか。そうした問題は児童の側にまかせ放しであり，それがもしかすると上位者・下位者を生み出しているのではないかということです。この辺は実験結果と現実認識がついに"かみ合った"ところです。複雑さに耐えながら二次の交互作用を分析してきた苦労はこの辺で報われます。

テストを評価の手段でなく学習の手段として積極的に活用しようという提言も，よいのではないでしょうか。

わたしのほうからは次のような提言を付け足させてもらいます。

人が知識を使用するときは知識の心的媒体（サイコメディア）をつくり出しています。知識のメディアとは知識の"乗り物"と考えるとよいでしょう。知識は乗り物がないと動けないのです。しかし知識のメディアをつくり出す作業はなかなかたいへんであり（特に児童にとって），多くの認知資源（認知活動の元になる原料やエネルギー）を費やします。

もしもこのとき何らかの適当なアナロジーがあたえられていると，知識のメディアはひじょうにつくりやすくなり，認知資源の持ち出しも節約できます。そこで，知識を学習するときは必ずアナロジーを添えることにしてはどうでしょうか。実際の授業では，知識の獲得だけでなく，そのアナロジーの獲得にも力を入れて指導するようにします。したがって，知識についてテストするだけでなく，アナロジーについてもテストします。教材開発の主要目標はアナロジーの開発と位置づけるようにします。そんなふうにしてはどうでしょうか。

アナロジーの素材としては，学習者が熟知していることが大前提です。覚えるのに負担にならない軽快な言語表現，各種記号，わかりやすい図式，印象的な画像などがよいでしょう。アナロジー自体が"重い内容"をもってはよくありません。

ここでは主に知識の使用について述べてきましたが，実は，知識をちゃんと獲得できるかどうかも，その知識のメディアを形成できるかどうかにかかっているのです。それを個々の児童にまかせた孤独な作業としないで，指導者はア

ナロジーをあたえて援助の手を差し伸べることです。

以下，引用文献です。

〈引用文献〉

楠見　孝・松原　仁　1993　認知心理学におけるアナロジー研究　情報処理，34，536-546。

田辺敏明　1990　心理学概念の理解と保持における比喩的説明の効果　教育心理学研究，38，166-173。

田中　敏　1994　子どものはるか内面で起こること　授業研究21（明治図書）10月号（No. 419）Pp. 83-87。

山崎晃男　1992　類推による問題解決に及ぼす目標構造の同一性と写像類似性の効果　教育心理学研究，40，237-246。

※この研究例は増澤（1995）の実験Ⅰを加筆・再構成したものである。

　増澤　進　1995　算数の問題解決における概念使用のアナロジー　上越教育大学大学院学校教育研究科（教育方法コース）平成6年度修士論文

統計基礎 Q & A（48–50）

Q&A 48【二次の交互作用はどんなイメージをもてばよいか】

Q. 二次の交互作用がまだはっきり理解できません。どんなイメージをもてばいいですか。

A. 単純交互作用（複数ある）が同じパターンでない，というイメージです。

たとえば，この研究例について簡単にいうと，下図において区別づけ群の単純交互作用だけが有意であり，右の2例とは同じパターンを示していません。

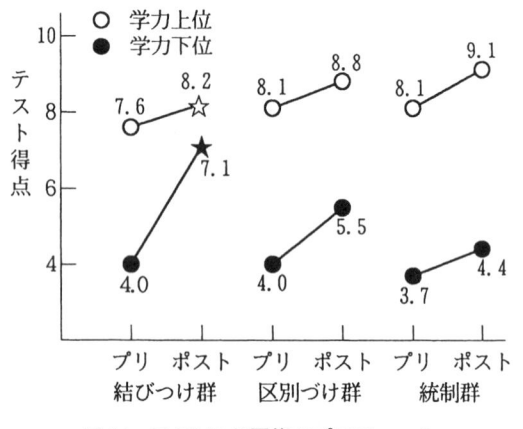

図14　3×2×2の平均のプロフィール

ほかの例をあげれば，次のページの図ではやはり左端の交互作用だけが有意であり，右の2例とパターンが違っています。

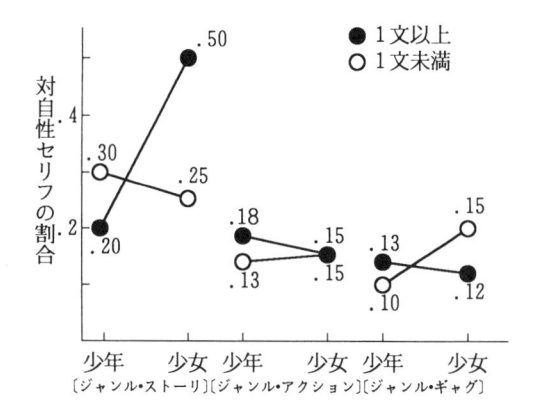

[グラフ: 対自性セリフの割合を、ジャンル（ストーリ／アクション／ギャグ）×性別（少年／少女）×長さ（1文以上／1文未満）で示したもの。値: ストーリ 少年 .20/.30, 少女 .50/.25; アクション 少年 .18/.13, 少女 .15/.15; ギャグ 少年 .13/.10, 少女 .15/.12]

このように，同種類の単純交互作用のパターンが違うことが，二次の交互作用の分散を発生します。

もしも同種類の単純交互作用のパターンが完全に一致するなら，二次の交互作用の分散はゼロとなり，有意になることはありません。そのときは一次の交互作用の有意性の問題となります。

Q&A 49【単純交互作用の分析は元の3要因の誤差項を用いる，その例外】

Q. 単純交互作用を分析するときは，元の3要因分散分析の誤差項でF比の再計算・再検定をすればよいのですね。そのとき STAR を使った場合は，まれにしなくてもよいケースがあるということでした。そのケースをもう一度あげておいてください。

A. 単純交互作用の分散分析のタイプをすべて挙げてみましょう（下表では i, j, k = 1, 2, 3, ……）。

ABCs	ABsC	AsBC	sABC
ABs at C_k	**ABs at C_k**	AsB at C_k	sAB at C_k
BCs at A_i	BsC at A_i	sBC at A_i	sBC at A_i
ACs at B_j	AsC at B_j	**AsC at B_j**	sAC at B_j

STAR を使った場合でF比を再計算しなくてよいケースは，上の太字で示した3つのタイプだけです。ただし，それぞれまた以下のような注意が必要です。

1．ABsC を主分析とするときの ABs at C_k
主効果・交互作用すべてのF比を再計算する必要なし。

2．AsBC を主分析とするときの AsB at C_k
　主効果 A の F 比を再計算する必要なし。
　主効果 B と交互作用 A×B の F 比は再計算しなければならない。
　※もしも A×B が有意であったとき
　　単純主効果 A at B_j の F 比は再計算する必要なし。
　　単純主効果 B at A_i の F 比は再計算しなければならない。

3．AsBC を主分析するときの AsC at B_j
　主効果 A の F 比を再計算する必要なし。
　主効果 C と交互作用 A×C の F 比は再計算しなければならない。
　※もしも A×C が有意であったとき
　　単純主効果 A at C_k の F 比は再計算する必要なし。
　　単純主効果 C at A_i の F 比は再計算しなければならない。

Q&A　50【各群のデータ数がふぞろいの分散分析は大丈夫か】

Q．この研究例Ⅶでは，各群の N がかなり違っているように思えます。N がふぞろいのとき STAR の分散分析は"重みづけしない平均"を用いるが，あまりに違いすぎると注意しなければいけない，ということでした。大丈夫ですか。

A．関連する表を下に掲載します（p. 192 の出力から作表した）。

研究例Ⅶにおける各群の人数バランス（人）

	結びつけ群	区別づけ群	統制群
学力上位	22	29	21
学力下位	14	10	12

学力下位者の人数が 10—14 人，上位者の人数が 21—29 であり，2 倍以上の違いが見られます。しかし，このように，ある要因の水準別に多い・少ないが分かれるときはあまり心配いりません。

心配しなければならないケースは上のような表において，N が大きい群（N が小さい群）が対角線的にあらわれるときです。

なお，ちなみに，この研究例Ⅶについて STAR（平均を重みづけない近似法）と SAS（平均を重みづける）の分散分析の結果を比べてみると（ポストテスト得点について），次のページのように大差ありません。

[STAR の結果]

Analysis of Variance
[A(3)= シュツダイ・ケイシキ(1=ムスビツケ,2=クベツヅケ,3=トウセイ)]
[B(2)= ガクリョク(1=カイ,2=ジョウイ)]

S. V.	SS	df	MS	F
A	12.5920	2	6.2960	1.36 ns
B	217.9117	1	217.9117	47.21 **
A×B	49.4274	2	24.7137	5.35 **
Sub	470.7770	102	4.6155	
total	750.7081	107		

+p<.10 *p<.05 **p<.01

[SAS の GLM プロシジャー Type III の結果]

Source	DF	Type III SS	Mean Square	F-ratio	Pr>F
GROUP	2	13.0173511	6.5086756	1.41	0.2488
LEVEL	1	217.9116542	217.9116542	47.21	0.0001
GROUP*LEVEL	2	51.2259736	25.6129868	5.55	0.0052

第3部　因子分析と回帰分析

　因子分析・回帰分析は共に「多変量解析」の代表的な方法です。
　前の分散分析は「実験計画法」の代表的な方法でした。この実験計画法と多変量解析が実証科学の2大方法論となっています。

＊

　ここでは因子分析の研究例を2つ，回帰分析の研究例を1つ読むことにします。
　研究例Ⅷは『悲しみ場面における愛他的メッセージの認知』です。テーマとしては，愛他心（人を思いやる気持ち）をその受け手の側から検討します。データ解析法としては，因子分析の一連の手続きと結果の見方を学びます。
　研究例Ⅸは『理科的事物に特異な行動を示す児童の因子分析的研究』です。われわれがまだよく知らない児童の現象や行動を因子分析によって解明してゆきます。
　研究例Ⅹは『生涯学習にふさわしい趣味の特性』です。テーマとしては，人々の生涯学習意識と現状の趣味の特性との関連を探ります。そのように何らかの関連性を探るために用いる方法が回帰分析です。研究例Ⅹは途中で因子分析も使いますので，因子分析の復習にもなるでしょう。

研究例Ⅷ：質問紙調査と因子分析

『悲しみ場面における愛他的メッセージの認知』

はじめに

　この研究例は愛他的メッセージをその受け手の側から検討します。愛他的メッセージは思いやりのあるコトバのことです。

　問題は，悲しんでいる人が愛他的メッセージに慰められ元気づけられるという現象がどうして起こるのか，ということです。

　こういうとき因子分析を用います。因子分析は現象を引き起こしている原因（因子）を見つけだそうとする方法です。目の前の現象がどうして起こっているのかわからないときに用います。

　悲しんでいる人がやさしいコトバをかけられて，感情を和らげたり元気を回復したりする。それは，悲しんでいる人が愛他的メッセージをいかに認知するかにかかっているでしょう。そこで，この愛他的メッセージの認知を引き起こしている心理的因子を探ってみようということになります。

　では，「問題」から読み始めてみましょう。

『悲しみ場面における愛他的メッセージの認知』

問　題

　現代社会は人間関係が希薄化している。それに伴い，他者に対するやさしさや思いやりが失われつつあるといわれる。近年，このような他人を思いやる感情は一般に愛他心（altruism）としてテーマ化されてきた。愛他心とは自分自身よりも他者の利益を優先する自発的傾向のことである。

　ところで，研究の現状をみると，愛他心を起こす側を対象とする研究がほとんどであり，その愛他心の発現を受ける側の研究は少ない。しかしながら，愛他心は愛他心を起こす者だけで成立するのでなく，その愛他心を受け取る者との関係におい

て成立すると考えるべきであろう。そこで，本研究は，愛他心が発現したときのその受け手側の観点に立ち，愛他心の認知を規定している要因を探ることにした。
　典型的な愛他心の発現場面として，ある人が悲しんでいるとき，その悲しんでいる人のために何らかのコトバを投げかける（メッセージを発する）という場面を取り上げる。そして，悲しんでいる人がその愛他的メッセージを確かに愛他的と認知する（悲しんでいる自分のために言ってくれたと認知する）要因を，因子分析によって探索してみることにした。

解説

　問題の発端は，愛他心に関する現状の研究体勢に偏りがあるということです。

　つまり，愛他心を起こす側に集中しすぎていて，愛他心を受ける側の研究がほとんどないと指摘しています。おそらく文献検索をしていたときにふと気がついたことでしょう。それが研究の始まりです。

　愛他心というテーマは，学校場面ではいじめ・暴力・傍観などと関連して，また社会場面では災害ボランティアなどと関連して注目されるようになりました。愛他心の基礎には同情（sympathy）や共感（empathy）などがあるといわれています。また，愛他心の具体的発現としては援助行動（helping behavior）や寄付行動などが起こり，これらは一般に「愛他行動」と呼ばれています。

　1980年代後半から愛他心・愛他行動は発達心理学と社会心理学の重要なテーマとなりつつありますが，確かにここで指摘されているように研究関心に偏りがみられます。たとえば共感者・援助者の研究に比べて，被共感者・被援助者の側の研究はあまりに少ないといえます。すなわち，共感され援助される相手が本当にそれを共感や援助として認知するかという問題です。この問題ぬきでは，結局，愛他心は真の意味での「利他性」になりません。相手の気持ちを無視した自己充足的な動機のひとつにすぎない，ということになってしまうでしょう。

　そこで相手側の観点に立ち，愛他心の認知を研究してみようというわけです。

　場面は悲しみの場面です。この場面における愛他心の発現として，悲しんでいる人への話しかけを取り上げています。悲しんでいる人のためによかれと思

われるやさしい・思いやりのあるコトバ（愛他的メッセージ）を投げかけるわけです。そのメッセージを，悲しんでいる人が「自分のことを思って言ってくれている」と受け取ること，それが愛他心の認知です。

この愛他心認知を引き起こす原因，それを因子分析によって探索します。

これまでの分散分析を用いた研究と性格が異なるでしょう。それらはだいたい「仮説検証型」でしたが，この研究例Ⅷは典型的な「探索型」なのです。

研究全体は予備調査と本調査の2段階に分かれます。

予備調査は質問紙を作るための準備です。本調査はその質問紙を使った調査の実施，そして因子分析の実行です。

予備調査

目　的

悲しんでいる人に対する愛他的メッセージの事例を収集し，本調査のための質問項目を開発する。

方　法

対象者　大学生15人（男子6人，女子9人）。

提示場面　ある人物が友人に裏切られ悲しんでいるという場面を調査者が創作した（表36参照）。場面の内容は，大学生50人に対して「もっとも人に聞いてもらいたい悲しみ」をたずねた結果，最高22％（11人）が回答した内容であった。

手続き　表36の悲しみ場面を対象者に提示し，悲しんでいる人物に対する愛他的メッセージを回答させた（教示は表36下段参照）。回答は自由記述であり，約15分後に終了した。

表36　予備調査における悲しみ場面と教示文

［提示場面］
　あなたの同級生Sさんは，友人にウソをつかれて落ち込んでいます。その友人をSさんはとても信用していたのです。Sさんには何でも正直に話してくれると思っていました。だからウソをつかれるなんて夢にも思いませんでした。Sさんの悲しみはとても深く，いまではもう人を信じることさえできないといいます。

［教示］
　Sさんは，あなたに上のような話をし，黙って下を向いてしまいました。Sさんのためを思って，何かコトバをかけてあげてください。

(注) 対象者が男子の場合には「Sさん」を「Sくん」に替えた。

結 果

対象者の回答から 47 個の愛他的メッセージの事例を得た。これらの事例を内容により 7 個のカテゴリーに分類した。そして 1 カテゴリーにつき 1 個の代表的事例を選定した。選定されたメッセージの文面は他の事例を参照しながら適宜加筆修正した。その結果，表 37 のような愛他的メッセージを本調査用として確定した。

表 37　愛他的メッセージの 7 分類と本調査用の事例

分　類	代表的な事例
① 場面の転換	そう気を落とさずにパーッと，どこかに遊びに行こうよ。
② 単純な記述	信じていたのに悲しいね。つらいね。がっかりしたでしょう。
③ 達　観	いろんな人がいるからね。いい勉強をしたと思ったらどう。
④ 友人の非難	そのコ，ひどいなぁ。許せないよね。もう友だちじゃないよ。
⑤ 類例の披瀝	わたしもそんなことがあったからわかる。本当に落ち込むよね。
⑥ 接触の勧め	いまの気持ちをそのコに言ったら。話し合ってみるべきよ。
⑦ 情報の収集	そのコも何かあったのかもね。回りの人に事情を聞いてみたら。

(注) 事例は女子の事例。対象者が男子の場合は適宜コトバを変えた。

解 説

予備調査の全部を読みました。予備調査の目的は表 37 の 7 つの愛他的メッセージを決定することです。この作業を「項目の開発」といいます。それらは質問紙に載せる項目となります。

項目開発の手順は下の 4 ステップです。

1．内容の収集
2．内容の選別・除外
3．表現・表記のチェック
4．逆転項目・ダミー項目の使用（オプション：任意選択）

順番に説明します。

1　内容の収集

まず項目の内容を収集します。ここでは悲しみ場面におけるいろいろな愛他的メッセージを集めることになります。一般に次の 4 つのやり方があります。① 対象者にたずねる（本調査の対象者と同年齢・同適性の者），② エキスパ

ートにたずねる（現象をよく知っている者），③ 既存の文献・心理検査の項目を参照する，④ 研究者自身が考え出す．

この予備調査は，①です．大学生 15 人にいろいろな愛他的メッセージを考えてもらうことにしました（本調査でも大学生を対象とする予定です）．これはまた②のエキスパートにたずねているともいえます．悲しんでいる大学生をうまくなぐさめられるエキスパートはやはり同世代の人間でしょうから．

あと，③の「既存の文献・心理検査の項目を参照する」もよくおこなわれます．先行研究における項目をそのまま引いてきたり，変更したりします．さらにそれに自分自身が考えた項目をいくつか追加したりします．ただし先行研究が用いているからといって"鵜のみ"にしないことです．特に標準化された項目（心理テストの項目など）は，かなり内容が一般的なものになっており，特定の現象を解明するには「粗すぎる」ように思います．

最終的に，どのやり方をとろうと，④の「研究者自身が考え出す」は必ず含めるようにします．

2　内容の選別

次は，集めた内容を選別し，不適切なもの・不要なものを除外します．その観点は次の 3 つです．① 内容の妥当性，② 内容の独立性，③ 全体の項目数．

①の「内容の妥当性」とは，内容がとらえたい現象を"射当てている"（現象に当たっている）ということです．内容の妥当性は最優先の観点です．ここでは「愛他的」メッセージを収集しているわけですから，愛他的でない内容のメッセージは取り除きます．

②の「内容の独立性」とは，他の内容と重複していない（独立である）ということです．たとえば次の 2 つの愛他的メッセージは内容が重複しています．『そう気を落とさずにパーッと，どこかに遊びに行こうよ．』『いやなことは忘れてカラオケに歌でもうたいに行こうよ．』

どちらも「場面の転換」とみなせるでしょう．したがって，どちらか一方を用いることにします．ふつう特殊なコトバ（カラオケ）が出てくるほうを除外します．表 37 をみるとわかるように『そう気を落とさずにパーッと……』のほうを採用しています．

内容の独立性のチェックは，結果的に事例を分類することになります．この予備調査では愛他的メッセージの事例 47 個を収集して，最終的に 7 つのカテ

ゴリーに分類しました。

　さて，③の「全体の項目数」という観点は，一通りの内容の選別が終わった後の方法論上の観点です。すなわち本調査の項目数をいくつにするかという問題です。約40〜60個くらいとします。この目安は経験的なものです。本質的には，分析しようとする現象のサイズによります。項目数が少なすぎると現象の重要部分に関係する因子を探し当てることができなくなります。反対に，項目数が多すぎると調査時間が長くなったり対象者が疲労したり，測定誤差が大きくなります。また，内容の重複（意図的に特定の因子を抽出できる）や，瑣末な内容の混入（本質的な因子を隠蔽する）などの疑問も生じます。

　この予備調査では7個の項目を選別しました。これはまったく少ないです。通常の因子分析的研究ではありえません。この研究例Ⅷは解説用の事例なのです。

　以上，①〜③のほかにも，内容の選別については「対象者の年齢段階に適当か」「倫理的・人道的問題に抵触しないか」などをチェックする必要があります。不適当と判断された内容は使いません。

3　文面の加筆修正

　項目を選定したら，その文面を適宜加筆修正します。低年齢の対象者のときはやさしい単語を選んだり，漢字にふりがなをふったりします。

4　逆転項目・ダミー項目の使用

　逆転項目・ダミー項目の使用はオプション（任意選択）です。特にそれらを使っていないからといって批判されることはありません。また特にそれらを使ったからといって分析力が上がるということはありません。

　逆転項目とは，ある項目の内容を反対・否定に変えたものです。逆転項目を使うときは，全体のうち数個の項目を逆転項目に作り変えます。たとえば『そのコと話し合ってみるべきだよ』（接近）を『そんなコともう二度と口をきく必要ないよ』（回避）というように変えたりします。もしもある回答者が前者のメッセージに満点の愛他心を認知するなら，後者のメッセージでは最低の得点をあたえるはずです（逆もある）。理論上は，データの尺度が左右入れ替わるだけであり，逆転させても逆転させなくても同じ分布特性のデータが得られるはずです。

つまり，逆転項目は新しいデータをとるというわけではありません。逆転項目は，回答の方向性をときどき変えたいときに使うのです。それによって対象者の意識を"覚醒"し，回答の常同化・惰性化を防ぐと考えられています。

なお次のことは十分注意してください。文面の内容を反対にしても尺度が逆転しないことがあります。たとえば，上の例では『話し合ってみるべきだよ』と『もう二度と口をきく必要ないよ』の両方に満点の愛他心を認知することもありえます（どちらも自分のことで怒ってくれていると認知すれば）。これでは逆転項目とはいえません。逆転項目は，文面上の意味が反対になるだけでなく心理的にも反対性が確定していなければなりません。したがって，逆転項目の適正な使用は動詞・形容詞・形容動詞など，単語レベルの項目に限られるようです（たとえば「あなたのクラスの雰囲気はどんなですか」という質問に対する回答項目『明るい』を『暗い』に変えるなど）。

一方，ダミー項目とは"にせもの"のことです。これも全体項目の中に数個をまぜて使います。ダミー項目の用途は，調べたい事柄を隠すことです。調べたいことを対象者が知ると作為や防衛が生じそうなときに使います。本例では使いませんが，もしも使いたいならば，先の「内容の選別」の段階でハネられた"愛他的でない"メッセージをいくつか利用すればよいでしょう。もちろん，ダミー項目についてはどんな回答が得られようがデータにはしません。

以上，逆転項目もダミー項目も測定の信頼性を維持しようとする手段です。ただし実際にはその効果は明確ではありません。筆者の経験では，結局，対象者が悪ければどうしようもないし，対象者が良ければぜんぜん問題ないという印象です。したがって対象者の抽出と管理をしっかりやれば，逆転項目・ダミー項目などの小手先の気遣いは不要であると思われます（現象解明でなくテスト開発を主目的とする研究領域では話は別です）。むしろ，それらを混入したゆえに質問紙全体の妥当性が落ちることのほうが心配です。

この研究例では逆転項目もダミー項目も使用しません。

これで「項目の開発」を終了しました。愛他的メッセージ7項目を作りました。「予備調査」の記述もここで終わりです。次は本調査です。

本調査

目 的

悲しみ場面における愛他的メッセージの受け手が，その愛他的メッセージをいかに認知するかを調べる。そして，愛他的メッセージの認知を規定している要因を因子分析によって探索する。

方 法

対象者 大学生10人（男子5人，女子5人）。※解説のため少ない。

質問紙 悲しみ場面の記述，教示，愛他的メッセージの項目，愛他心認知の程度をたずねる評定尺度，および対象者の悲しみ体験の有無をたずねる質問項目からなる（表38参照）。愛他的メッセージの項目は予備調査において得られた7項目である。愛他心認知の程度は6ポイント評定である。また，対象者の悲しみ体験の有無は，質問紙中の悲しみ場面と似たような体験が「ある」または「ない」の2ポイント評定である。

表38　質問紙の形式

［提示場面］
　あなたは友人にウソをつかれて落ち込んでいます。あなたはその友人をとても信用していたのです。あなたには何でも正直に話してくれると思っていました。だからウソをつかれるなんて夢にも思いませんでした。あなたの悲しみはとても深く，いまではもう誰も信じることができないと思えるほどです。

［教示］
　あなたは上のような話を，同級生のAさんに聞いてもらいました。あなたの話を聞いた後，Aさんは以下のようなコトバを言いました。Aさんは，どれくらい，あなたのためを思って言ってくれたと感じますか。当てはまる目盛りに○を付けてください。

［項目1］
　『そう気を落とさずにパーッと，どこかに遊びに行こうよ。』
（Aさんはあなたのためを思って言ってくれた）

まったく そう思う	そう思う	どちらかといえば そう思う	どちらかといえば そう思わない	そう思わない	ぜんぜん そう思わない

[項目2]
『信じていたのに悲しいね。つらいね。がっかりしたでしょう。』
(Aさんはあなたのためを思って言ってくれた)

| まったく
そう思う | そう思う | どちらかといえば
そう思う | どちらかといえば
そう思わない | そう思わない | ぜんぜん
そう思わない |

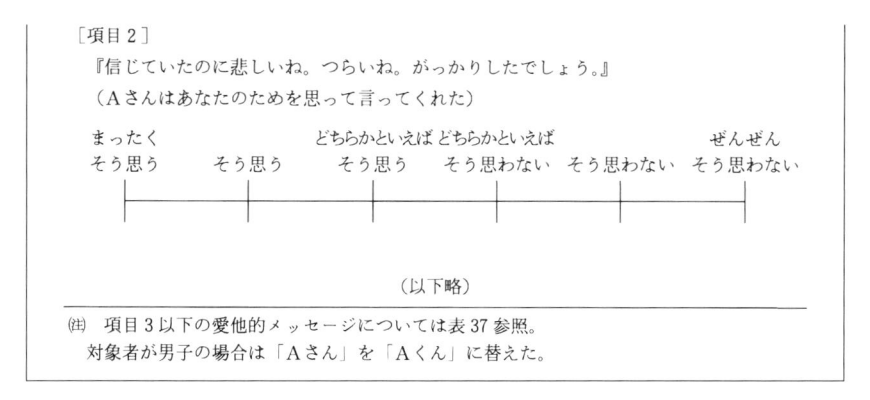

(以下略)

(注) 項目3以下の愛他的メッセージについては表37参照。
対象者が男子の場合は「Aさん」を「Aくん」に替えた。

解 説

ここで，完全な形の質問紙を作成しています。質問紙の作成は以下の3段階となります。

1．項目の開発
2．評定尺度の作成
3．質問紙の編集

1番めの「項目の開発」は予備調査において済んでいます。2番めの「評定尺度の作成」から解説します。

2 評定尺度の作成

評定尺度は，問題の現象（愛他的メッセージの認知）を数量化するためのものです。評定尺度を決定するには次の3点を決める必要があります。

a．単極尺度にするか両極尺度にするか。
b．ポイント数をいくつにするか。
c．ポイント表現を文にするか数字にするか。

a 単極尺度にするか両極尺度にするか。

表38の例は単極尺度です。その例のように単極尺度は「思う―思わない」という単一内容の肯定と否定です。これに対して，両極尺度は対になる内容が

あり，「一方の肯定」と「他方の肯定」という2極をもちます。

表38の単極尺度を両極尺度に作り替えてみましょう。

［単極尺度］（中間ポイント省略）

（Aさんはあなたのことを思って言ってくれた）

まったくそう思う　　　　　　　　　　　　　ぜんぜんそう思わない

├──┼──┼──┼──┼──┤

［両極尺度］

（Aさんはあなたのためを思って言ってくれた）

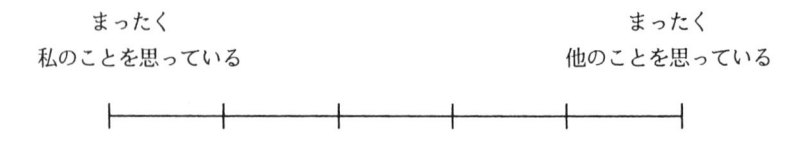

まったく　　　　　　　　　　　　　　　　　まったく
私のことを思っている　　　　　　　　　　　他のことを思っている

├──┼──┼──┼──┼──┤

単極尺度は「肯定―否定」となり，両極尺度は「肯定―肯定」となります。そう覚えておけばよいでしょう。

単極尺度か両極尺度かの選択は，通常，単極尺度を選びます。

両極尺度を選ぶときは，対になる内容の反対性がちゃんと確定していなければなりません。前述した「逆転項目」と同様の注意が必要です。上の両極尺度はむりに作ってみたものですが，左のほうの否定が必ず右のほうの肯定になるという保証はあまりありません。やはり"安全な"両極尺度は単語レベルの反意語に限られるようです（「明るい―明るくない」→「明るい―暗い」）。

b　ポイント数をいくつにするか

評定尺度のポイント数は，① 対象者の年齢と，② 回答の中心化傾向を考慮して決めます。① 対象者の年齢を考慮し，ポイント数をできるだけ多くとるようにします。小学校低学年でも3ポイントより4ポイント程度を用いられないかどうかを積極的に考えてみてください。② 回答の中心化傾向（中立の「どちらでもない」に回答が集中する傾向）が強く出そうなときは，偶数ポイントを用います。

通常，① の観点を優先します。この研究例は6ポイント尺度を採用していますが，これも中心化傾向を考慮したというよりは，できるだけポイント数を

かせいだものです。ポイント数の「大きなかせぎ方」として，パーセント評定をおこなわせる方法があります。ふつう 10% きざみで 0% から 100% までの間の回答を求めます。これでポイント数は 11 ポイントとなります（具体例は研究例V参照）。もちろん，パーセンテージの概念が十分に形成されている年齢段階でないと使えません。

c　ポイント表現を文にするか数字にするか

原則として，ポイント表現は文にします。表 38 の例のように，それぞれのポイントに簡単な程度表現の文を添えます。5 ポイント尺度ならば，「まったく……」「だいたい……」「どちらでもない」「あまり……ない」「ぜんぜん……ない」のようにします。

ポイント表現を数字にすることはまれです。特に低い年齢段階では数字を用いないほうが無難です。

以上，「2. 評定尺度の決定」が終わりました。項目と評定尺度がそろったので次は質問紙の編集に取りかかります。

3　質問紙の編集

質問紙の編集は以下のものを順番に組んでゆきます。

① フェースシート項目（対象者の年齢・性別などをたずねる項目）
② 教示文（注意事項または場面設定を含む）
③ 練習項目と回答見本（1 個か 2 個）
④ 項目＋評定尺度（この研究例では全部で 7 個。並べ方は無作為）
⑤ 関連質問（この研究例では 1 個あった。悲しみ体験の有無をたずねる）
⑥ 事後の指示・予告
⑦ 謝辞

以下，順番に解説します。
① フェースシート項目。原則として氏名はたずねません。対象者を特定する必要がある場合も，できるだけ名簿番号などで代用してください。また，いわゆる差別事項とされる事柄もたずねてはいけません。

② 教示文。全体の構成は一般的教示（下例の＊から上）と，特定的教示（下例の＊から下）からなります。

調査のお願い

　次のようなアンケート調査をおこなっています。よろしくご協力をお願い致します。

＊

　以下に書いてあるような場面を思い浮かべてください。そして，そのときの気持ちを下の質問にしたがって答えてください。
〈以下，表38の内容が続く〉

　一般的教示には「対象者のプライバシー保護についての説明」を含めることもあります（後述の「5. 調査の実施」のcを参照してください）。

③ 練習項目または回答見本。練習項目の内容は，本題の項目とはまったく無関係の内容にします。しかし評定尺度は実際に用いる評定尺度とまったく同じものにします。

④ 項目＋評定尺度。必ずページを改めて並べ始めます。1ページ（B5版）の掲載項目数は5個くらいにおさえます。ぎっしり詰めすぎると対象者の疲労感やハロー効果（前の項目の回答が後の項目の回答に影響する）を生じやすくなります。並べ方は原則として無作為とします。並べ方が無作為にならないケースとしては，(1) 内容別に項目をまとめて置く場合，(2) 前の項目の回答によって分岐・飛び越しがある場合，などです。

⑤ 関連質問。全項目の評定が終わった後で，関連する質問を付けることがあります。次のような場合です。(1) 対象者の回答意欲などを知りたい場合（あとで回答の信頼性について検討する），(2) 項目の得点と関係する他のデータを得たい場合（あとで項目の得点と関連づけて分析する），などです。この研究例は後者のケースであり，対象者自身の悲しみ体験の有無をたずねています。あとで，そうした悲しみ体験をもつ対象者ともたない対象者に群分けし，分析しようという予定があります。

⑥ 事後の指示・予告：この研究例では特にありません。たとえば，調査内容を"口止め"したり，調査が2回に分かれているとき次回を予告したりすることがあります。調査者が口頭で伝える場合もあります。

⑦ 謝辞：必ず書くものでしょう。

以上，質問紙ができあがりました。これを使って，実際に対象者に「手続き」を実施します。

> **手続き**　調査は集団で実施した。対象者に質問紙を配布し，教示文を読みながら口頭で補足説明をあたえた。回答は対象者ペースであり，特に制限時間を設けなかった。回答終了者はその場で質問紙を裏返しにさせた。対象者全員の回答の終了を待って回収した。

解説

「手続き」の第1文は，必ず「集団調査」か「個人調査」かを書きます。

それ以下，ここではあまり特記事項はないようですが，やるべきことはちゃんとやっているものです。その手順は調査の計画段階に少し戻りますが，次のとおりです（番号は質問紙の作成からの通し番号）。

4　対象者の確保と調査の計画

a　対象者を十分に確保したか

因子分析に必要な対象者の人数は，最低，項目数の2倍と考えてください。さらに必要かつ十分な人数として「5倍」という専門研究者もいます。したがってこの範囲（項目数の2倍～5倍）を目安にしてください。なお，ぜったいダメなのは人数が項目数より少ない場合です（結果の信頼性が疑われる）。

b　調査期間

通常，調査は1回でやります。低年齢を対象にしているとき項目数が50個を越えたら2回以上に分けることを考えてください。そのときは個人を特定する情報（名簿番号など）を得なければなりません。

c　回答は対象者ペースか調査者ペースか

通常，意識調査では回答は対象者ペースとし，時間を制限しません。低年齢の対象者のとき，調査者ペースとすることがあります。そのときは調査者が項目を読み上げて，回答を促し，全体の回答速度を合わせます。

5　調査の実施

a　あいさつ

b　調査目的の説明

いわゆる"インフォームド・コンセント"（十分に説明したうえでの同意）を対象者から得なければなりません。対象者が「何をやらされているのかわからない」と不安に思うことがないようにします。とりわけ，個人を特定した結果が出る場合には，調査への参加はその個人の自由意志とすべきでしょう。

心理調査では調査目的をあまり詳しくいえない場合が少なくありませんが，そのときは次の「プライバシーの保護」を十分に約束します。

c　対象者のプライバシー保護に関する説明

以下のことを対象者に伝え，実際に履行します。これは調査をする者の義務と考えるべきです。

* 学校の成績とは一切関係ない（評価に利用することはない）。
* 個人を特定できない。すべての情報は数字として処理される。
* 回答用紙は廃棄する。シュレッダーにかける。

以上のa〜cは「教示文」の前段に一般的教示として書き込んでおくこともあります。

d　質問紙の配布

e　教示文の読み上げ

f　回答方法に関する注意

　　＊　自分の考えで回答する（他人の回答を見ない）。
　　＊　あまり深く考える必要はない。
　　＊　前のページに戻らない。

g　回答例の説明

h　回答の開始

i　回答の終了

j　事後の指示・予告

k　謝辞

　以上，調査を実施しました。調査もけっこうたいへんです。
　次はデータの処理，つまり因子分析です。
　因子分析は，SAS（Statistical Analysis System）のFACTORプロシジャーを使っておこないます。SASの入手方法についてはp.3を参照してください。
　因子分析は，そのプログラムの実行自体よりも，実行前の準備と実行後のまとめが重要です。たんに「因子分析を使える」というだけでは因子分析的研究はできません。
　ここでは下の5段階に分けて解説します。

　1．データファイルの作成
　2．平均と標準偏差の計算
　3．1回めの因子分析
　4．2回めの因子分析
　5．因子の解釈と命名

研究例Ⅷのデータ処理（1）：データファイルの作成

【データファイルの作成，SASの起動，データの読込み】

　データ処理は，データファイルの作成から始まります。
　ここではデータファイルをつくった後，さらにSAS（統計分析プログラム）を起動し，コンピュータにデータを読み込むところまで行きます。
　対象者の質問紙を回収した時点からスタートします。

1　データファイルの作成

1.1　回答のチェック

　対象者の回答（○の記入）をひとつずつ見てゆきます。そして，記入もれ・あいまいな回答・作為的回答などを取り出します。
　「記入もれ」は評定尺度上に○が付いていないことです。
　「あいまいな回答」は1つの評定尺度上に○が2つ付いていたり，○がポイントではなく線上に付いていたりすることです。
　「作為的回答」は全項目で同じポイントに○が付いていたり，機械的に○が付いていたり（項目の掲載順に1・2・3……と階段状に○を付けているなど）することです。
　こうした回答の不備があったとき，対処のしかたは3つあります。

① 不備の見つかった対象者の全データを捨てる。（質問紙1部を破棄する）
② 不備の見つかった項目を欠損値扱いとする。（"欠"と書いておく）
③ 不備の見つかった項目の平均（対象者全体の）をそこへ充当する。

　以上の対処は番号順に望ましいと考えてください。ただし③はあまりすすめられません。
　この研究例では特に回答の不備は見いだされなかったものとします。

1.2 回答の得点化

評定尺度のポイントに等間隔の数値をあたえます。

ここでは6ポイント尺度を用いていましたので，1点きざみで1から6までをあたえます。ふつう，ポジティヴな意味をもつポイント（まったくそう思う）のほうに大きな得点をあたえます。

逆転項目については他と逆順に得点化することを忘れないように。

欠損値があるときは，そこにピリオドを書き込んでおきます。

この得点を「愛他心認知得点」と呼んでおきましょう。得点が大きければ大きいほど，対象者がその愛他的メッセージ項目に強い愛他心を認知したことを表します。

1.3 データの入力

まだSASは動かしません。データの入力は，手持ちのコンピュータのエディタかワープロソフトを使っておこなってください。下のような文書を作成します。下線部はユーザーの任意です。

```
DATA AITA1;      ←SAS上のデータセットの名前をあたえる。
  INPUT NO MF X1-X7 EXP;  ←変数名をあたえる。連番表記可。
  CARDS;         ←以下にデータ（カード）を書くという宣言。
   1   1   2 1 4 2 2 2 3 0  ←スペース，改行は自由。
   2   1   2 4 4 4 3 4 5 1
   3   1   2 3 1 3 4 3 5 0
   4   1   2 1 1 3 1 4 4 0
   5   1   5 4 2 4 6 1 2 1
   6   2   2 2 3 4 4 4 6 0
   7   2   4 4 3 4 4 3 3 1
   8   2   3 5 3 6 4 5 2 1
   9   2   3 2 3 4 3 5 3 0
  10   2   1 3 2 3 4 5 5 0
  ;              ←データの終わりを示す（セミコロンだけの行）。
  RUN;           ←プログラムの終わりを示す（実行せよという命令）。
```

SASでは1つのステートメントの終わりを；（セミコロン）で表します。数値の部分がデータであり，「1人1行」で書いています。

下線部分は，ユーザーの側で適宜変更してかまいません。ここでは次のように決めています。"MF" は男女（Male, Female）を表します。

  AITA 1 SAS データセットの名前（番号を付けておくとよい）
  NO 対象者の通し番号
  MF 対象者の性別：1 は男，2 は女
  X 1–X 7 愛他的メッセージ 7 項目の愛他心認知得点(X 1–X 7 は連番を表す)
  EXP 悲しみ体験（Experience）の有無：1 は有り，0 は無し

下線が引いてない部分は，書いてあるとおりに書いてください。

気をつけることは次のことです。

 ＊ 半角の数字と半角のスペースだけを用いる。（全角は用いない）
 ＊ データとデータの間にスペースを入れる。（いくつ入れてもよい）
 ＊ 欠損値は数値の代わりに "."（ピリオド）を書いておく。
 ＊ 性別や年齢などの情報も数値として書いておく。
 ＊ カテゴリー・データもできる限り数値とする。

以上，データファイルを書き上げました。

1.4　データファイルの保存

前のページのように作成したデータファイルを "aita.sas" という名前で保存します。漢字で「愛他心.sas」としてもよく，ユーザーの任意です。

拡張子 ".sas" は，SAS 用のファイルであることを表します。こうしておくと，SAS は優先的に検索します。

正確にいうと，このデータファイルは，データ読み込みプログラムをすでに含んでいます。数値以外の部分がプログラムの言語です。SAS を利用するときは，このように，データとその読み込みプログラムをいっしょに書き込んでおくとよいでしょう。

データファイルができあがったので，次は SAS を動かします。

研究例Ⅷのデータ処理（2）：基本統計量の計算と不良項目のチェック

【平均と標準偏差の計算，不良項目のチェック】

ここから SAS にデータを読み込んで処理します。

2　基本統計量の計算と不良項目のチェック

2.1　SAS の起動

SAS をインストールしたパソコン，または情報処理センター等のターミナル・コンピュータの前に座ります。

SAS を起動するには，情報処理センターでは所定の利用開始（ログイン）および SAS の選択の操作がありますので，それに従ってください。

パソコン用 SAS は，インストールの時点で，ショートカット（即時起動ボタン）が作られます。通常はコンピュータのデスクトップにありますので，そのショートカット・アイコン（絵柄）をクリックすれば起動します。

ショートカットが見当たらない場合は，「スタート」→「すべてのプログラム」→「The SAS System」→「The SAS System for Windows V#.#」を選んでクリックしてください。

　⇨　SAS の画面が表示される。

2.2　データの読み込み

SAS の画面で，「表示」→「プログラムエディタ」を選びます。このエディタの枠内に p.229 のデータをコピー＆ペーストで貼り付けます。

別の方法として，「ファイル」→「開く」を選びます。
⇨「ファイルを開く」のボックスが表示される。
以下，次の手順でデータファイル"aita.sas"を読み込みます。
・「ファイルの場所」をクリック　　※FD や CD から読み込む場合
・「ファイルの種類」をクリック　　※拡張子が".sas"でない場合

- "aita.sas" が表示されたらクリックする
- 「開く」のボタンをクリックする
  ⇨ "aita.sas" のデータが読み込まれ，画面に表示される。
- 「実行」→「サブミット」をクリック
  ⇨ 画面のデータがSASの中に取り込まれる。

「実行」→「サブミット」に代えて，"人が走っている絵柄"のボタンがありますが，それをクリックしても同じです。

一応，ここまでで，SASのなかにデータを保有したことになります。
ここからプログラムを書いては実行し，結果を確かめ，またプログラムを書いては実行するという手順をくり返すことになります。因子分析のデータ処理はそのように試行錯誤的なものです。
まず平均・標準偏差など基本統計量を計算します。

2.3 平均・標準偏差の計算

「表示」→「プログラムエディタ」を選び，下のプログラムを書きます。

```
PROC MEANS DATA=AITA1 ;
   VAR X1-X7 ;
RUN ;
```

このプログラムは，愛他的メッセージの項目1から項目7（X1-X7）について愛他心認知得点の平均・標準偏差などを計算するプログラムです。
これを実行（サブミット）します。結果は下のように出力されます。

N Obs	Variable	N	Minimum	Maximum	Mean	Std Dev
10	X1	10	1.0000000	5.0000000	2.6000000	1.1737878
	X2	10	1.0000000	5.0000000	2.9000000	1.3703203
	X3	10	1.0000000	4.0000000	2.6000000	1.0749677
	X4	10	2.0000000	6.0000000	3.7000000	1.0593499
	X5	10	1.0000000	6.0000000	3.5000000	1.3540064
	X6	10	1.0000000	5.0000000	3.6000000	1.3498971
	X7	10	2.0000000	6.0000000	3.9000000	1.2866839

各項目のN（データ数），および愛他心認知得点のMinimum（最小値）とMaximum（最大値），Mean（平均）とStd Dev（標準偏差）を表示しています。

2.4 不良項目のチェック

上の出力を見ながら不良項目のチェックをおこないます。次の3点をチェックします。

① 最小値・最大値の幅が狭すぎないか
② 他と比べて小さすぎる（大きすぎる）標準偏差がないか
③ 平均±標準偏差の値が尺度の上限値・下限値を越えていないか

① と ② がデータ分布の幅のチェック，③ がデータ分布の形のチェックです。

① の「最小値・最大値の幅が狭すぎないか」は出力中のMinimum, Maximumを見ます。評定尺度のポイントは1—6ですので，各項目の得点も最小値1，最大値6となっていることが理想です。出力中では項目3（X3）がやや狭い感じです（1—4）。不良項目と判定するかどうかは次の ② のチェックと合わせておこないます。

② の「他と比べて小さすぎる（大きすぎる）標準偏差がないか」は，Std Devを見ます。だいたい1.1—1.4でそろっているようです。特に異状を認めません。上でチェックされた項目3も不良項目と考えなくてよいでしょう。

③ の「平均±標準偏差の値が尺度の上限値・下限値を越えていないか」は，データ分布の形（ゆがみ）のチェックであり，天井効果・フロア効果を診断する便宜的方法です。Mean±Std Devの値が尺度の上限値を超えたら（＞6），その項目のデータ分布はJ字形に偏っていると判定し，尺度の下限値を越えたら（＜1），L字形に偏っていると判定します。たとえば項目7は3.9±1.3ですので，大半のデータは2.6—5.2の範囲にあり，上限値・下限値を越えていません。他の項目も大丈夫です。

以上のチェックの結果，不良項目なしです（あれば除外します）。全7項目を因子分析に持ち込むことにします。

研究例Ⅷのデータ処理（3）：1回めの因子分析

【主成分分析による因子分析，因子の抽出数の決定】

ここから因子分析に入ります。前もって次のことを常識として覚えておいてください。

* 因子分析は1回で済まない。最低2回は実行する。
* 因子分析は1種類ではない。設定により何種類もある。

1回めで因子の抽出数を決定し，2回めで各項目の因子負荷量（後述）を計算します。その1回めです。因子分析の「設定」からスタートします。

3　1回めの因子分析

3.1　因子分析の設定

因子分析の設定は以下の2点を決めます。

① 共通性の初期値

共通性は「項目の共通性」と読み，項目のデータが因子に支配される程度を表します。

共通性の値は0〜1の範囲です。共通性0なら，その項目のデータは因子に支配されずまったく自由に動きます。共通性1なら，その項目のデータは因子に完全に支配され，規則的に動きます。共通性0.70なら，その項目は70％因子に支配されて動き，残り30％は項目独自に動きます。

最初に各項目がどれくらい因子に支配されているかを決めます。それが「共通性の初期値」を決めることです。だいたい次のなかから選びます。

　　ONE　　1を全項目にあたえる。
　　SMC　　各項目の重相関係数の二乗値（squared multiple-correlation）を

各項目にあたえる。0.45, 0.76 などの中間値になる。
MAX　　各項目と他の変数との相関のうち最大の相関を各項目にあたえる。

　ONE，SMC などは SAS の言語です。共通性の初期値はほかにもありますが，どれを選べばよいかは研究者の任意です。まず ONE を選んで結果がよくなければ，次に SMC に替えてやってみる，というくらいのつもりで適当に選びます。
　この研究例では ONE を選ぶことにしました。すなわち，1 を全項目の共通性とします。

② 因子の抽出法
だいたい次のなかから選びます。アルファベットは SAS の言語です。

PRIN　　主因子法
PRINIT　反復主因子法
ML　　　最尤因子法

　このほかにもいくつかありますが，適当にどれかを選びます。それで結果が思わしくなければまた違うものを選んで再実行します。ここでは PRIN（主因子法）を選ぶことにしました。これはもっともポピュラーな因子抽出法です。
　以上，共通性の初期値を ONE，因子の抽出法を PRIN とすることに決めました。

3.2　因子分析の実行
「表示」→「プログラムエディタ」を選び，下のプログラムを書きます。

```
PROC FACTOR PRIORS=ONE METHOD=PRIN DATA=AITA1 ;
   VAR X1-X7 ;
RUN ;
```

　下線部がユーザーの任意となります。それぞれの意味は次のとおりです。

PROC FACTOR　因子分析のプロシジャー
PRIORS=　　　共通性の初期値の指定
METHOD=　　　因子抽出法の指定
DATA=　　　　データセットの指定（AITA1は先に読み込んだ）
VAR　　　　　因子分析する変数（VARiable）の指定

なお，SASでは共通性の初期値ONE，因子抽出法PRINは**デフォルト**（ユーザーの指定がないときの設定）となっていますので，上のプログラムの1行めは次のように省略してもかまいません。PROC　FACTOR　DATA＝AITA1；
　この設定を特に「主成分分析」と呼びます。

したがって，結果の記述で「共通性の初期値を1とする主因子法をおこなった」という代わりに（その言い方は統計学では理論的に好まれません），たんに「主成分分析をおこなった」といえば済みます。SASもこの設定のときは主因子法と呼ばず，主成分分析と呼んでいます。

さて，以上のプログラムを実行（サブミット）すると，下のような出力（一部）が得られます。

Initial Factor Method : Principal Components （主成分分析）

Prior Communality Estimates : ONE （共通性1）

Eigenvalues of the Correlation Matrix : Total=7 Average=1

（因子番号）	（固有値）	（差）	（比率）	（累積比率）
↓	Eigenvalue	Difference	Proportion	Cumulative
1	2.97018143	1.21963275	0.4243	0.4243
2	1.75054869	0.65631370	0.2501	0.6744
3	1.09423498	0.35242851	0.1563	0.8307
4	0.74180648	0.52856633	0.1060	0.9367
5	0.21324014	0.03524635	0.0305	0.9671
6	0.17799380	0.12599931	0.0254	0.9926
7	0.05199448		0.0074	1.0000

（これ以下の出力は1回めの因子分析では無視してよい）

重要な部分は「因子番号」が付いた7行です。この部分を見ながら，因子の

3.3 因子の抽出数の決定

ここで，因子を何個抽出したらよいかを決定します。この決定のため，上の出力中のいろいろな情報を参考にします。下のことを覚えてください。

* 最初は項目数と同じ数の因子が抽出される。（7項目あるので7因子）
* 各因子は通し番号で識別される。（内容がわからないのでとりあえず）
* 支配力の強い因子から1，2，3，……と付けられている。
* Eigenvalue（固有値）はその因子の支配力を表す。
* Difference（差）はその因子と直後の因子との固有値の差を表す。
* Proportion（比率）はその因子の単独の説明率を表す。（%で読む）
* Cumulative（累積）はその因子までの累積説明率を表す。（最後1）

これらを見ながら因子の抽出数を決めます。

もっとも注目する情報は，固有値（Eigenvalue）です。固有値はその因子の支配力を表します。因子番号1が最大の支配力をもっています（2.97）。以下，少しずつ支配力が落ちてゆきます。項目の共通性（因子に支配される程度）を1と設定したので，因子番号1の固有値2.97は項目3個くらいを支配できる力があることを意味しています。反対に，因子番号7の固有値0.05はその因子がほとんど1個の項目も支配できないということを意味しています。これは「因子」というに値しないでしょう。

このことは説明率（Proportion）をみると，もっとよくわかります。因子番号1は説明率0.424であり，全項目のデータ変動の42.4%を説明していますが，因子番号7は説明率0.007であり，全体のデータ変動の0.7%しか説明していません。

そこで，現象（項目）を支配する因子としてふさわしい強さをもつものだけを抽出します。つまり，固有値の大きいほうから（因子番号1番から）何番までを取るかという決定になります。この決定は下のような経験的基準によります。

① Difference（固有値の差）が大きいところまでを取る

② Cumulative（累積説明率）が0.50を越えたところまでを取る

　出力を見ると、もっとも大きいDifferenceは因子1と因子2の間にあります（1.2196）。しかし因子1までとすると、まだCumulativeは0.50を越えていません（累積説明率が低いと項目全体は独自に動く傾向が強く、何らかの因子に支配されているという仮定が不合理になる）。そこで次に大きいDifferenceを探すと、因子2と因子3の間にあります（0.6563）。因子2までを取ると、今度はCumulativeは0.674となり0.50を越えますので、ここで決定します（因子番号2までを取る）。

　なお、上の経験的基準は絶対ではありません。研究内容によっては固有値などの情報は参考程度にとどめ、理論的に因子数を決定する場合があります。

　以上、因子の抽出数を決め、1回めの因子分析を終了します。

研究例Ⅷのデータ処理（4）：2回めの因子分析

【バリマクス回転後に因子パターンを得る】

　次は、2回めの因子分析です。
　2回めの因子分析は、あらためて因子を抽出し（今度は2個に限定する）、因子軸の回転といわれる計算をおこないます。これによって各因子と各項目との支配関係を明らかにします。
　設定から始めます。

4　2回めの因子分析

4.1　設定
2回めの因子分析は以下の4点を決めます。

① 共通性の初期値（PRIORS＝）
これは1回めの因子分析と同じです。ONEとします。

② 因子の抽出法（METHOD＝）
これも1回めの方法と同じ主因子法です（PRIN）。

③ 因子の抽出数（N＝）
1回めの因子分析の結果を検討し，2個と決定しています。プログラムのなかでは"N＝2"と書くことになります。

④ 因子軸の回転法（ROTATE＝）
因子軸の回転は因子の内容をわかりやすくするためにおこないます。因子軸の回転法も数多くあります。大別すると，表39のように直交回転と斜交回転に分かれます。

表39　因子軸の回転法

直交回転	バリマクス コーティマクス エカマクス etc.
斜交回転	ハリスカイザー プロマクス プロクラステス etc.

直交回転では因子どうしは互いに独立（相関ゼロ）となります。各因子は項目のデータ変動の異なる部分を支配します。

これに対して，斜交回転では因子どうしは相関します（因子間相関が出る）。つまり，複数の因子が項目のデータ変動の同じ部分を一緒に支配することがあります。

どの回転法を選ぶかは任意であり，絶対的基準がありません。どれでもよいし，何回やってもよいと考えてください。この研究例では，直交回転のひとつであるバリマクス回転を選ぶことにしました。それがもっともポピュラーな回転法です。

以上より設定は主成分分析（共通性の初期値＝1，因子抽出法＝主因子法），因子抽出数＝2，因子軸の回転法＝バリマクス回転，と決まりました。

4.2　因子分析プログラムの作成と実行

SASの画面で，「表示」→「プログラムエディタ」を選び，次のようなプログラムを書きます。下線部がユーザーの任意です。

```
PROC FACTOR N=2  ROTATE=VARIMAX  DATA=AITA1 ;
  VAR X1-X7 ;
  RUN ;
```

ここでは，PRIORS=ONE，METHOD=PRIN を省略しています（デフォルトの設定なので省略できる）。N=2 が因子の抽出数，ROTATE=VARIMAX が因子軸の回転法の指定です。

このプログラムを実行（サブミット）します。

コンピュータ出力は前より長くなります。最初の部分は前と重複します。重要な情報は後ろのほうです。英語の見出し "Rotated Factor Pattern"（回転後の因子パターン）を探してください。それ以下を見ます。

下の出力はその部分です。

（2回めの因子分析ではこれより上は無視してよい。）

Rotated Factor Pattern（回転後の因子パターン）

	FACTOR1	FACTOR2
X1	−0.87095	0.38085
X2	−0.22451	0.89085
X3	0.02943	0.20512
X4	−0.00339	0.93420
X5	−0.47881	0.61071
X6	0.83860	0.34518
X7	0.78931	−0.09884

Variance explained by each factor

FACTOR1	FACTOR2	
2.365368	2.355362	（←因子の説明分散）

（各項目の最終共通性）Final Communality Estimates: Total=4.720730

X1	X2	X3	X4	X5	X6	X7
0.903609	0.844013	0.042941	0.872750	0.602226	0.822404	0.632786

ここで，上の出力から論文中に載せる表をつくってみましょう。次のような表として書き表します。

表 40　バリマクス回転後の因子負荷量

	因子Ⅰ	因子Ⅱ	共通性
項目1	−0.871	0.381	0.904
項目2	−0.225	0.891	0.844
項目3	0.029	0.205	0.043
項目4	−0.003	0.934	0.873
項目5	−0.479	0.611	0.602
項目6	0.839	0.345	0.822
項目7	0.789	−0.099	0.633
説明分散	2.365	2.355	4.721

　表のタイトルは「バリマクス回転後の因子負荷量」となっていますが、「回転後の因子パターン」としてもけっこうです。因子番号はローマ数字にします。表中の数値は小数点以下3ケタくらいまでをとります。

　用語と数値の見方を説明しておきます。

* 因子パターン：因子と項目の支配関係
* 因子負荷量　：各因子と各項目の支配度・被支配度

　因子負荷量の値を二乗すると％になる。たとえば因子Ⅰは項目1のデータ変動の $(-0.871)^2 = 0.759 (75.9\%)$ を支配し、因子Ⅱは項目1のデータ変動の $0.381^2 = 0.145 (14.5\%)$ を支配する。すると、項目1は圧倒的に因子Ⅰに支配されていることがわかる。これは因子の内容を推理するとき重要な手がかりになる。値の±については後述。

* 項目の共通性　：各項目の被支配度（全因子による）

　たとえば項目1の共通性は0.904、これは因子Ⅰと因子Ⅱの支配度を合計した値 $(-0.871)^2 + 0.381^2 = 0.759 + 0.145 = 0.904 (90.4\%)$ に一致する。すなわち、項目1のデータ変動の90.4％は因子に支配されて動く部分であり、残り9.6％が因子に支配されず独自に動く。独自に動く部分は共通性に対して「独自性」（uniqueness）という。独自性の大きい項目は因子抽出に向かないので（たとえば項目3）、除外して再度、因子分析することがある。

* 因子の説明分散：各因子の支配度（全項目に対する）

　因子Ⅰの支配下の7項目の因子負荷量を二乗し、合計すると、2.365となる。これを「説明分散」または「固有値」「寄与」などと呼ぶ。説明分散は因子の支配力を表す。因子Ⅰの説明分散2.365は2.4個分の項目

を支配できる強さを表す（項目の共通性を1としたので）。

　分散の値でなく比率を示す場合もある。その場合「寄与率」などと呼ぶ。寄与率は7項目全体のデータ変動7（各項目の共通性を1としたので）に対する各因子の説明分散の割合をとる（因子Ⅰの寄与率は 2.365/7 = 0.338，すなわち 33.8%）。

因子分析のコンピュータ計算は，この「回転後の因子負荷量」の表をつくったところで終了します。しかし本当の因子分析はここからなのです。

研究例Ⅷのデータ処理（5）：因子の解釈と命名

【因子負荷量のマーキング基準を決めて因子を解釈する】

「回転後の因子負荷量」の表を見ながら，各因子の内容を解釈し（因子の解釈），それらしい名前を付けます（因子の命名）。

その手順は次のとおりです。

5　因子の解釈と命名
5.1　因子負荷量 [　　] 以上の値をマークする（カッコ内は適宜）

　[　　] 内はマーキングの基準値が入ります。これは絶対値です。つまり±は無視します。

　マーキングの基準値は全体の因子負荷量の出方を見て，できるだけ大きな値に決めます。ここでは |0.70| と決めることにします。表40の因子負荷量は全体としてかなり高めに出ていますが，通常の研究でこれほど高めに出ることはまれです。ふつう標本抽出誤差や測定誤差を補償するために |0.40| 程度の基準をとることが多いようです。経験的には |0.35| が最低限度です。あまり基準を下げすぎると因子の支配を反映しなくなります。

　実際に，表中の |0.70| 以上の因子負荷量を蛍光ペンなどでマークします。

5.2 各項目のマークを数えてその項目の使い方を決める

項目ごとにマーク（の付いた因子負荷量）の数をかぞえます。マークの数によって，その項目を因子の解釈にどのように使うかを決めます。

* マーク1つだけの項目：その因子の解釈に最優先で使う
* マーク2つ以上の項目：使わないか因子の解釈の確かめに使う
* マークをもたない項目：使わない

「マーク2つ以上の項目」があまりに多いときは，マーキング基準が低すぎます。基準を上げて，もう一度マークし直してください。

この例では下の表41のように決まりました。

表41 因子の解釈における各項目の使い方

	因子Ⅰ	因子Ⅱ	マーキングの結果と使い方
項目1	−0.871	0.381	マーク1個。因子Ⅰの解釈に使う。
項目2	−0.225	0.891	マーク1個。因子Ⅱの解釈に使う。
項目3	0.029	0.205	マークなし。使わない。
項目4	−0.003	0.934	マーク1個。因子Ⅱの解釈に使う。
項目5	−0.479	0.611	マークなし。両因子に一定負荷？　使わない。
項目6	0.839	0.345	マーク1個。因子Ⅰの解釈に使う。
項目7	0.789	−0.099	マーク1個。因子Ⅰの解釈に使う。

(注) アンダーラインを付けた因子負荷量は |0.70| でマークしたもの。

上の項目3のように，両因子にほとんど負荷を示さない項目は使いません。また項目5のように2個の因子にそこそこの負荷を示すような項目も使いません（因子解釈の確かめに使うことがあるが原則として使わない）。

結局，因子Ⅰの解釈には項目1・6・7を使い，因子Ⅱの解釈には項目2・4を使うことに決まりました。

5.3 「マーク1つ」の項目の共通特性を推理する

まず，因子Ⅰを解釈してみます。因子Ⅰの解釈に使う項目は項目1・6・7です（末尾の数値は因子負荷量）。

1．そう気を落とさずにパーッと，どこかに遊びに行こうよ。　　−0.871
6．いまの気持ちをそのコに言ってみたら。話し合ってみるべきよ。　0.839
7．そのコも何かあったのかもね。回りの人に事情を聞いてみたら。　0.789

解釈の経過は次のとおりです。

① プラスの負荷量の項目を見る　→6・7を見る
② それらの項目内容に共通する特徴を考える
　　→6も7も悲しんでいる人の問題を自らのものとして受け止め,「ああしたら,こうしたら」と積極的に解決を示唆している。
③ 共通する内容を一般化して因子の内容とする
　　→「悲しんでいる人の問題を自分の問題としている」
④ マイナス負荷量の項目を確かめに使う　→項目1を見る
⑤ マイナス負荷量の項目が上の共通内容の反対になることを確かめる
　　→項目1の内容は問題をぜんぜん受け止めていない。まったく問題を共有せず,反対に問題をわきに投げやっていると感じられる。
⑥ 共通内容を的確に表す名前を因子に付ける
　　→因子Ⅰは『問題共有性』因子と命名する。

かくして,愛他的メッセージに対する愛他心認知は『問題共有性』によって起こるということになります。逆に,愛他心認知が起こらないときは『問題共有性』がマイナス方向に強い,すなわち"問題放棄性"によっていると考えられます。

同様に,因子Ⅱを解釈してみます。因子Ⅱの解釈に使う項目は項目2と項目4です（末尾の数値は因子負荷量）。

2．信じていたのに悲しいね。つらいね。がっかりしたでしょう。　　0.891
4．そのコ,ひどいなぁ。許せないよね。もう友だちじゃないよ。　　0.934

ここではマイナスの負荷量を示す項目はありません。項目2と項目4の共通内容を考えるだけです。

① 項目に共通する内容を考える
　　→2も4も悲しんでいる人と一緒になって悲しんだり怒ったりしている。
② 共通する内容を一般化して因子の内容とする

　　　　→「悲しんでいる人の感情を共有している」
③ 共通内容を的確に表す名前を因子に付ける
　　　　→因子Ⅱは『感情共有性』因子と命名する。

　こうしてまた愛他心認知は『感情共有性』によって起こるといえます。愛他心認知を引き起こす因子として，先の『問題共有性』と，この『感情共有性』はまったく独立の原因と考えることができます（因子軸の回転に直交回転を選択したため）。
　以上，因子Ⅰは『問題共有性』，因子Ⅱは『感情共有性』と解釈・命名しました。
　この因子解釈のプロセスにコンピュータは付き合ってくれません。研究者の日ごろのカンとセンスと洞察力が試されます。因子分析がコンピュータ処理の得意な人だけでなく現象を熟知した人もいないと成立しない，といった意味がわかりましたでしょうか。因子分析が終わってから本当の因子分析が始まるのです。
　一応，その「本当の因子分析」もここで終わりです。
　もしも解釈・命名された因子の内容に不満があれば（どうもそんな因子は実在しそうもないというカンがはたらけば），因子分析の設定（共通性の初期値，因子の抽出法，因子の抽出数，因子軸の回転法）を変更し，3回めの因子分析，4回めの因子分析とやり直します。
　ここでは以上の結果に満足し，「結果」の記述へと進みます。

結　果

　各項目の回答について「まったくそう思う」を6点，「そう思う」を5点，「どちらかというとそう思う」を4点，「どちらかというとそう思わない」を3点，「そう思わない」を2点，「ぜんぜんそう思わない」を1点として得点化した。得点が大きいほど，その愛他的メッセージ項目に対して愛他心を強く認知していることを示す。これを愛他心認知得点と呼ぶことにした。
　各項目の愛他心認知得点の平均・標準偏差および最小値・最大値は表42のとおりであった。

表42　各項目に対する愛他心認知得点の平均・標準偏差と得点範囲[1]

	愛他的メッセージ項目[2]						
	1. 場面の転換	2. 単純な記述	3. 達観	4. 友人の非難	5. 類例の披瀝	6. 接触の勧め	7. 情報の収集
Mean	2.6	2.9	2.6	3.7	3.5	3.6	3.9
S.D.	1.2	1.4	1.1	1.1	1.4	1.3	1.3
Min-Max[3]	1-5	1-5	1-4	2-6	1-6	1-5	2-6

[1] N=10
[2] 愛他的メッセージの具体的文面は表37を参照せよ。
[3] 最小値と最大値を示す。

解　説

　ここまでデータ処理としては，得点化やデータ分布のチェックをおこなっていますが，不良項目や異状が認められなかったので，それらしい記述は一切ありません。全7項目を因子分析に持ち込む方針であることがわかります。

　共通性の初期値を1とし，主成分分析法により因子を抽出した。その結果，2因子解を適当と判断した。このとき2因子による累積説明率は67.44％であった。バリマクス回転後の各項目の因子負荷量を表43に示す。

表43　バリマクス回転後の因子負荷量

	因子Ⅰ	因子Ⅱ	共通性
項目1	−0.871	0.381	0.904
項目2	−0.225	0.891	0.844
項目3	0.029	0.205	0.043
項目4	−0.003	0.934	0.873
項目5	−0.479	0.611	0.602
項目6	0.839	0.345	0.822
項目7	0.789	−0.099	0.633
説明分散	2.365	2.355	4.721

解　説

　因子分析の設定は「共通性の初期値1，主因子法」でしたが，この設定は特に「主成分分析」と呼ぶことを前述しました。そのように本文中にも書いてあります。

　因子の抽出数を2個に決めたことを「2因子解を適当と判断した」と記述し

ます。2因子の累積説明率67.44%は「適当と判断した」ひとつの根拠です。けっこう大きい（2因子で全7項目の約70%を説明している）ので，因子らしい印象があります。なお，67.44%は表43下段の説明分散からも計算できます（4.721/7＝0.6744）

　表43において因子負荷量の絶対値0.70以上を示した項目の内容を参考に各因子を解釈した。
　まず，因子Ⅰに対して，項目6「いまの気持ちをそのコに言ってみたら。話し合ってみるべきよ」（接触の勧め）と項目7「そのコも何かあったのかもね。回りの人に事情を聞いてみたら」（情報の収集）がプラスの負荷を示していた。両項目とも，悲しんでいる当事者の問題を一緒になって考えてくれているようなメッセージであった。これと対照的に，項目1「そう気を落とさずにパーッと，どこかへ遊びに行こうよ」（場面の転換）は因子Ⅰにマイナスの負荷を示していたが，項目1は当事者の問題をまったく考えていないという内容である。このことから，因子Ⅰは，当事者の問題を共有しているかどうかに関連する因子であると解釈し，『問題共有性』因子と命名した。
　次に，因子Ⅱに対して，項目2「信じていたのに悲しいね。つらいね。がっかりしたでしょう」（単純な記述）および項目4「そのコ，ひどいなぁ。許せないよね。もう友だちじゃないよ」（友人の非難）がプラスの負荷を示していた。これらのメッセージは，当事者と同じような感情になって一緒に悲しんだり怒ったりしているような内容である。そこで，因子Ⅱは当事者の感情を共有しているかどうかに関連すると解釈し，『感情共有性』因子と命名した。
　なお，項目5「わたしもそんなことあったからわかる。本当に落ち込むよね」（類例の披瀝）も因子Ⅰと因子Ⅱにそれぞれ，−0.479, 0.611という多少の負荷を示していた。項目5のメッセージを検討すると，悲しんでいる人の問題を脇に置いて自分のことを前面に出している分だけ問題の共有性を減じているが（因子Ⅰに−0.479），ある程度の同情を表出していると考えられる（因子Ⅱに0.611）。このことからも，上の因子解釈の妥当さが確かめられるであろう。
　このように，悲しみ場面における愛他的メッセージに対して，その受け手の愛他心認知は『問題共有性』と『感情共有性』によって規定されるといえよう。

解　説

　ここは因子の解釈と命名の部分です。本文中では項目5にも言及し，解釈された因子の"もっともらしさ"（plausibility）を高めています。

さらに因子の"もっともらしさ"を高めるために，因子分析の終了後に「因子得点の分析」という処理をよく追加しますので，続けて処理してみます。

研究例Ⅷのデータ処理（6）：因子得点の分析

【因子得点を指標として分散分析をおこなうケース】

　因子分析のオプションとして因子得点を計算することができます。

　因子得点（factor score）は"対象者の因子負荷量"であり，対象者が因子に支配されている程度を表します。つまり，各対象者が『問題共有性』の強い人かどうか，あるいは『感情共有性』の強い人かどうかを数量として知ることができます。

　ここでは因子得点を算出してから，対象者を2群に分けて因子得点を分散分析してみます。手順は以下のようになります。

① 因子得点を算出する

　「表示」→「プログラムエディタ」を選び，下のようなプログラムを書きます。下線部はユーザーが決める部分です。大文字・小文字は区別しません。どちらで書いても構いません。


```
proc factor n=2  rotate=varimax  score  data=aita 1   out=aita 2 ;
    var  x 1-x 7 ;

proc print ;
run ;
```


　因子分析の設定 n=2　rotate=varimax はまったく同一です。これに score と，out=○○を書き加えています。こうすると，因子分析を実行した後，因子得点を計算し，○○（ここでは aita 2）へ出力してくれます。

　最後の proc print は因子得点の計算とは関係ありませんが，因子得点を出力

した aita 2 の中を見るためのものです。これを実行（サブミット）すると，下のような結果を表示します。

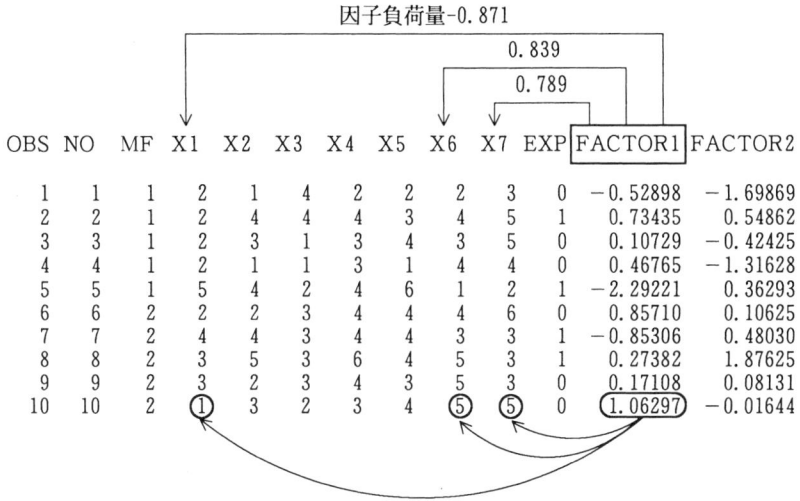

```
                    因子負荷量-0.871
                                    0.839
                                 0.789

OBS  NO  MF  X1  X2  X3  X4  X5  X6  X7  EXP  FACTOR1   FACTOR2
 1    1   1   2   1   4   2   2   2   3    0   -0.52898  -1.69869
 2    2   1   2   4   4   3   3   4   5    1    0.73435   0.54862
 3    3   1   2   3   1   3   4   3   5    0    0.10729  -0.42425
 4    4   1   2   1   1   3   1   4   4    0    0.46765  -1.31628
 5    5   1   5   4   2   4   6   1   2    1   -2.29221   0.36293
 6    6   2   2   2   3   4   4   4   6    0    0.85710   0.10625
 7    7   2   4   4   3   4   3   3   1    1   -0.85306   0.48030
 8    8   2   3   5   3   6   4   5   3    1    0.27382   1.87625
 9    9   2   3   2   4   3   5   3   3    0    0.17108   0.08131
10   10   2   ①   3   2   3   4   ⑤   ⑤    0    1.06297  -0.01644
```

対象者10番は FACTOR1 に強く支配されて，
項目1に最小得点（1）を回答し，
項目6・項目7に高得点（5）を回答した。

　右端の FACTOR 1，FACTOR 2 が因子得点であり，対象者ごとに発生していることがわかります。たとえば対象者10番は因子Ⅰの得点が1.063であり，愛他心認知の際に『問題共有性』を強く意識する人であることがわかります。したがって，たとえば『問題共有性』の低い項目1「パーッと遊びに……」などに対してはほとんど愛他心を感じないと回答しています（得点1）。これと対照的に，項目6「話し合ってみるべき……」や項目7「事情を聞いてみたら」に対しては強い愛他心を感じると回答しています（共に5点）。

　このように，因子得点は各対象者がその因子に支配されている程度を表します。因子負荷量が項目に関する数値でしたが，因子得点は対象者に関する数値なのです。それらの関係は次のページのような図式に表されます。

　なお，因子得点は平均0，標準偏差1に標準化された値となっていますので，論文中では正確に「標準因子得点」と呼ぶようにしてください。

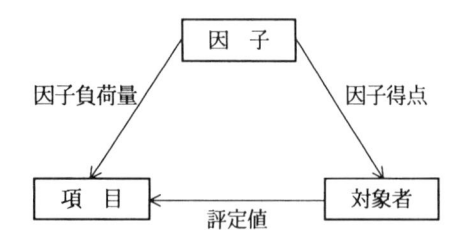

```
         因 子
      /        \
 因子負荷量    因子得点
  /              \
 項 目 ←―――――――― 対象者
          評定値
```

② 対象者の群をつくる

さて，因子得点を分析するには対象者において，群を設置しなければなりません。この研究例では，対象者に悲しみ体験の有無を聞いていましたので（上の出力中のEXP），これを群分けの標識とします。つまり，EXPの値が"1"の対象者を「悲しみ体験あり群」，"0"の対象者を「悲しみ体験なし群」とします。悲しみの体験がある者とない者とでは，愛他心認知因子の強さが異なるでしょうか。

因子I・因子IIについて各因子得点の平均を計算し，群間で比較してみましょう。分散分析を用います。

③ 各群の因子得点の平均を計算し，分散分析をおこなう

分散分析は各因子ごとにおこないます。ここでは2因子ですから2回分散分析します。かりに7因子あれば7回分散分析します。

分散分析のタイプは "As"（被験者間タイプ）です。

STARの分散分析プログラムを使う場合は，前の出力中のFACTOR 1, FACTOR 2の得点から新たにデータファイルをつくって処理してください。

ここでは現在SASのなかにいますから，SASの分散分析プログラムを使ってみることにします。（もしも2要因以上の計画ならSTARのほうをすすめます。交互作用が有意のとき自動的に単純主効果検定をおこないますので。）

下のようなプログラムを書きます。

```
PROC SORT DATA=AITA2;      ←並べ替えのプロシジャー
    BY EXP;                ←3桁下でBY EXPを使うので必ずやる
PROC MEANS DATA=AITA2;     ←平均・標準偏差の計算
    VAR FACTOR 1-FACTOR 2; ←データの指定。因子得点名は固定
    BY EXP;                ←体験あり・なし別に計算する
```

```
PROC  ANOVA  DATA=AITA2 ;        ←分散分析のプロシジャー
    CLASS  EXP ;                 ←要因の指定
    MODEL  FACTOR 1-FACTOR 2 = EXP ;  ←＝の左がデータ，右が要因
RUN ;
```

"DATA＝AITA 2" とデータセットを指定することにより，因子得点の計算から引き続き処理を続行することができます。上では，一挙に平均・標準偏差の計算から分散分析までの処理を書き上げました。

最後の "FACTOR 1-FACTOR 2＝EXP" は，＝の左にデータ（従属変数），右に要因（独立変数）を書きます。SAS ではこの部分が分散分析のタイプの指定となります。

これを実行（サブミット）すると以下のような出力が得られます。それぞれ論文へ掲載する表をつくっておきましたので数値を対照してみてください。

```
------------------------------ EXP=0（←体験なし群）------------------------------
N Obs  Variable        N      Minimum     Maximum        Mean        Std Dev
  6    FACTOR1         6    -0.5289800   1.0629700    0.3561850     0.5731698
       FACTOR2         6    -1.6986900   0.1062500   -0.5446832     0.7792586
------------------------------ EXP=1（←体験あり群）------------------------------
N Obs  Variable        N      Minimum     Maximum        Mean        Std Dev
  4    FACTOR1         4    -2.2922100   0.7343500   -0.5342770     1.3483800
       FACTOR2         4     0.3629300   1.8762500    0.8170250     0.7103015
```

⇩
⇩

表44 悲しみ体験あり群・なし群の人数および各因子得点の平均と標準偏差

	問題共有性		感情共有性	
	体験あり	体験なし	体験あり	体験なし
N	4	6	4	6
Mean	-0.534	0.356	0.817	-0.545
S.D.	1.348	0.573	0.710	0.779

Dependent Variable: FACTOR1 （従属変数：因子Ⅰ）

Source	DF	Sum of Squares	Mean Square	F Value	Pr > F
Model	1	1.90300563	1.90300563	2.15	0.1812
Error	8	7.09700124	0.88712515		
Corrected Total	9	9.00000687			

⇩

表45　『問題共有性』の因子得点の分散分析

Source	df	SS	MS	F
体　験	1	1.903	1.903	2.15
誤　差	8	7.097	0.887	
全　体	9	9.000		

※ p＝0.1812であり F＝2.15は有意とはいえない。

Dependent Variable: FACTOR2 （従属変数：因子Ⅱ）

Source	DF	Sum of Squares	Mean Square	F Value	Pr > F
Model	1	4.45019900	4.45019900	7.82	0.0233
Error	8	4.54980471	0.56872559		
Corrected Total	9	9.00000371			

⇩

表46　『感情共有性』の因子得点の分散分析

Source	df	SS	MS	F
体　験	1	4.450	4.450	7.82 *
誤　差	8	4.550	0.569	
全　体	9	9.000		* p<.05

　SAS 出力は df, SS の見出しが逆順のようですが，論文の記載を考えると（たとえば $F_{(1,8)}=7.82$ となる），自由度の付記が必要ですので，情報価値は df のほうが高く，合理的な出力です。

　結果として，『問題共有性』では群間に有意差はありません。

　一方，『感情共有性』において悲しみ体験あり群の平均が体験なし群の平均よりも有意に大きいことがわかりました。悲しみ体験がある対象者は，そのと

きの苦しさ・つらさを切実に知っているので，人が感情共有してくれることを特に強く意識するのでしょうか。そう考えると，この結果はなんとなく納得いくような気がします。

*

以上，因子得点を分析しました。
論文に戻り，「結果」の記述を見てみましょう。

結　果

……（因子の解釈・命名の記述省略）……

ここで解釈された各因子の標準因子得点を算出し，さらに分析をすすめることにした。質問紙の悲しみ場面と類似した体験をしたことがあるかどうかをたずねる項目に対して，体験ありと回答した4人（体験あり群）と，体験なしと回答した6人（体験なし群）の間で『問題共有性』および『感情共有性』の因子得点を比較してみた。

表44は体験あり群と体験なし群における各因子得点の平均と標準偏差を示したものである。

表44　悲しみ体験あり群・なし群の人数および各因子得点の平均と標準偏差

	問題共有性		感情共有性	
	体験あり	体験なし	体験あり	体験なし
N	4	6	4	6
Mean	−0.534	0.356	0.817	−0.545
S.D.	1.348	0.573	0.710	0.779

分散分析の結果，『問題共有性』の因子得点について群間に有意差は見られなかったが（$F_{(1,8)}=2.15$, $p>.10$），『感情共有性』の因子得点については体験あり群の平均が体験なし群の平均よりも有意に大きかった（$F_{(1,8)}=7.82$, $p<.05$）。すなわち，悲しみ体験がある者はそれがない者よりも感情共有性を強く認知するといえる。ここでの悲しみは友人に裏切られたときの感情であるので，その苦痛は大きいと思われる。したがって，類似した悲しみ体験がある者は，他者との感情共有によって，いくらかでも自らの苦痛を和らげようとするのであろう。

> **解　説**

　因子得点の分析によって,『感情共有性』についてひとつの知見を得ました。知見のなかみはそれなりに理解できるものでしたので,この知見は『感情共有性』因子の"もっともらしさ"を増しています。つまり,その因子が本当に心のなかに実在しそうな感じがするのです。

　このように因子得点の分析は「因子の確証」のためにおこなわれます。

　因子分析によって抽出されただけでは,その因子は"見込み"にすぎません。したがって今後さらに証拠固めする必要があるのです。このため「その因子ならば確かに起こりそうだ」という知見を蓄積してゆきます。これを因子分析の処理と同じ時点でやれるところに因子得点の効用があります。

　上の分析では,『感情共有性』因子が本当にあるのなら,悲しみ体験をもつ対象者のほうにいっそう強くありそうだ,という"いかにもそれらしい"確証を提出してみせたわけです。

　なお方法論上の注意は次のことです。因子分析の事後に,こうした因子得点の分析を予定しているときは,対象者を群分けする「標識」をあらかじめとっておかなければなりません。この研究例では,愛他的メッセージ項目のほかに,悲しみ体験の有無をたずねる項目を質問紙の最後の部分に入れていました。そのようにするか,または同一対象者から別途にいろいろな標識を手に入れるようにします。

　この例では対象者の性別もわかっていましたから,男女間で因子得点を分析することもできました（それらしい確証にならないのでやりませんでした）。また,男女（2）×悲しみ体験の有無（2）の2要因分散分析（ABsタイプ）を試みることもできました（少人数なのでやりませんでした）。

＊

　以上,因子分析の一連の作業を見てきました。質問紙の作成から始めて,調査の実施,コンピュータによる因子の抽出,人間による因子の解釈,そして因子得点の分散分析まで,一応の全体作業を見てもらうのがこの研究例Ⅷのねらいです。

　最後に,もう一度くり返し注意しておきますが,こうした見つかった因子は"見込みのある仮説"というくらいのものにすぎません。質問項目を増減した

り，因子の抽出法を変えたり，人間の解釈者が違ったりすると，異なる因子が出てくるかもしれないことは容易に想像がつくでしょう。この点，因子分析はあくまで探索的であり，結果の過信は禁物です。

　この研究例はこれで終わります。「結果」の次の「考察」はありません。それでも資料論文としての価値はあるものです。

※この研究例は中川（1995）に基づき架空データを用いて解説用に構成したものである。
　中川美枝子　1995　愛他的メッセージに対する被共感者の認知と理解　上越教育大学学校教育学部（学校教育専修）平成4年度卒業論文

統計基礎 Q & A (51-59)

Q&A 51【因子分析は因子をどのように見つけるのか】

Q. 因子分析はどのようにして因子を見つけるのですか。できれば、計算式でなくイメージとして教えてください。

A. 因子分析は「相関」(correlation) の考え方に基づいて因子を見つけます。

相関のある変数どうしはいっしょに動きます。すなわち、一方の値が大きくなれば規則的に他方の値も大きくなる（または小さくなる）という関係にあります。ここで、どうしてそれらの変数が相関するのかと考えると、同じ「因子」に支配されているから、と考えることができます。

こうして変数間の相関関係に基づいて因子を探しにゆきます。

たとえば、この研究例における7項目の「相関マトリクス」(2変数ずつの相関係数を表にしたもの) を見てみましょう。

これは因子が潜んでいるせい？

	X1	X2	X3	X4	X5	X6	X7
X1	1.000	0.456	0.035	0.429	0.559†	-0.533	-0.765**
X2		1.000	0.121	0.742*	0.689*	0.036	-0.195
X3			1.000	0.176	-0.076	0.031	-0.112
X4				1.000	0.426	0.373	-0.187
X5					1.000	-0.304	-0.159
X6						1.000	0.422
X7							1.000

この辺に因子がいそう…

（注）表中の数字は相関係数。†p<.10 *p<.05 **p<.01

因子Ⅰは、項目1・項目6・項目7に大きな負荷量をあたえていました。上のマトリクスでそれらの項目に注目すると、お互いに高い相関係数を示しています。確かにその辺に因子がありそうな感じです。

また、因子Ⅱは項目2・項目4に大きな負荷量をあたえていましたが、その項目2と項目4の強い相関の下に、ひとつの共通因子が"潜んでいる"感じがします。

Q&A 52【相関について何を知っておけばよいか】

Q. 相関の概念について基礎的な知識を教えてください。

A. 相関は2変数の規則的関係を表します。一方の変数が大きくなれば他方の変数も大きくなる（小さくなれば小さくなる）ときを「正の相関」があるといいます。また，一方の変数が大きくなれば他方の変数が小さくなる（小さくなれば大きくなる）ときを「負の相関」があるといいます。

相関係数はrで表します。その性質は以下のとおりです。

・rは$-1 \sim 0 \sim 1$の値をとる。
・rがマイナスならば負の相関，プラスならば正の相関を表す。
・$r=1$，$r=-1$のとき2変数の相関図を描くと全データは一直線に乗る。

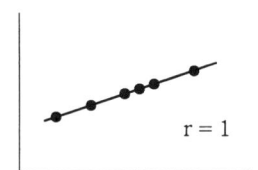

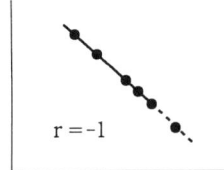

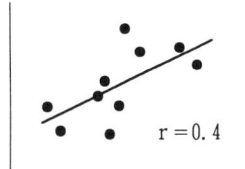

（$r=1$，$r=-1$，$r=0.4$ の散布図）

・rの有意性検定は$r=0$でないことを検定する。
・rの有意性は，"相関が強い"ということを意味するわけではない。
・相関の強さは下の表により経験的に判定する。

負の相関	相関の強さの判定	正の相関
-1		$+1$
	強い相関がある	
$-.7$		$+.7$
	中程度の相関がある	
$-.4$		$+.4$
	弱い相関がある	
$-.2$		$+.2$
	ほとんど相関がない	
0		0

・rを二乗すると「説明率」になり，％として読むことができる。

たとえば相関係数が0.70であれば，説明率は$0.70^2=0.49$であり，一方の変数が他

方の変数の49％の動きを説明することがわかります（どちら側の変数からいっても同じ）。

なお，相関は2変数の間の関係ですが，「重相関」(Multiple Correlation) は3変数以上の間の関係を表します。ある1変数が2変数以上との間に生じる相関は重相関係数Rとして計算されます。重相関係数Rは±の方向性がありませんが，二乗するとやはり「説明率」として読むことができます。このR^2の値を因子分析では項目の共通性の初期値"SMC"(Squared Multiple Correlation：重相関の二乗値) として良く用います（次の研究例Ⅸ）。

Q&A 53【主成分分析の因子は「成分」と呼ぶべきでは】

Q. 各項目の共通性を1とした「主因子法」を特別に「主成分分析」と呼ぶということでしたが，そのとき抽出された因子は正しくは「成分」と呼ぶべきではありませんか。

A. どちらでもかまいません。

厳密にいえば，各項目の共通性を1としたときは潜在因子モデルを仮定せず，たんに項目のデータ変動を要約しているだけになります。したがって「因子」(factor) よりも「（構成）成分」(component) という呼び方が好まれます。しかし，これはたんに統計的計算上の区別であり，現実的近似としては複数の項目のデータ変動を"説明するもの"であることに変わりはありません。

実際の論文では，主成分分析は「因子軸の回転」を含みませんので因子軸の回転をおこなう予定がないならば「主成分」「主成分得点」などといったほうがよいでしょう。

因子軸の回転をおこなう予定があるならば，因子分析という一連の分析手順のなかの因子抽出段階の一方法にすぎませんので，主成分分析を用いても最初から「因子」で通すべきでしょう。

Q&A 54【因子軸を回転するとは，どうすることか】

Q. 因子軸の回転とは，どういうことをするのですか。

A. 実際に見てもらいましょう。下の図表は研究例Ⅷの因子分析における回転前と，直交回転（バリマクス回転）後，斜交回転（ハリスカイザー回転）後のそれぞれの因子パターンです。

因子Ⅰ・因子Ⅱをそれぞれヨコ軸・タテ軸にとり，因子負荷量の値を座標とみなせば右の図のように「因子空間」を描くことができます。回転前と比べて，回転後は因子軸が項目（①～⑦）に接近していることがわかるでしょう。

そのように因子軸はなるべく項目が多く集まっていそうなところへ回転してゆきま

[回転前の因子パターン]

	因子Ⅰ	因子Ⅱ	共通性
項目1	0.887	-0.343	0.904
項目2	0.787	0.474	0.844
項目3	0.124	0.166	0.043
項目4	0.660	0.661	0.873
項目5	0.770	0.096	0.602
項目6	-0.352	0.836	0.822
項目7	-0.630	0.486	0.633
説明分散	2.970	1.751	4.721

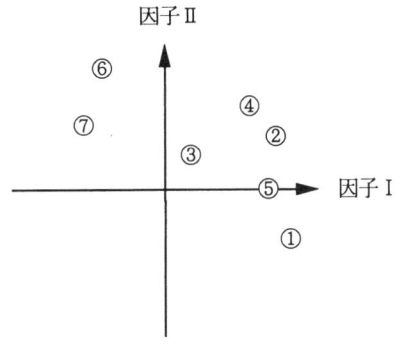

〔回転前の因子空間〕

[直交回転後の因子パターン]

	因子Ⅰ	因子Ⅱ	共通性
項目1	-0.871	0.381	0.904
項目2	-0.225	0.891	0.844
項目3	0.029	0.205	0.043
項目4	-0.003	0.934	0.873
項目5	-0.479	0.611	0.602
項目6	0.839	0.345	0.822
項目7	0.789	-0.099	0.633
説明分散	2.365	2.355	4.721

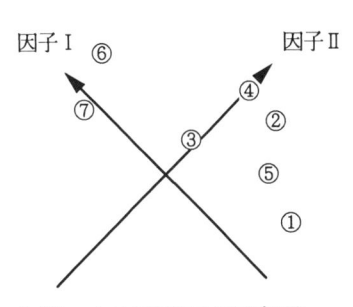

〔バリマクス回転後の因子空間〕

[斜交回転後の因子パターン]

	因子Ⅰ	因子Ⅱ	共通性
項目1	-0.889	0.552	0.904
項目2	-0.270	0.918	0.844
項目3	0.019	0.195	0.043
項目4	-0.051	0.915	0.873
項目5	-0.509	0.696	0.602
項目6	0.820	0.165	0.822
項目7	0.793	-0.259	0.633
説明分散	2.427	2.602	4.721

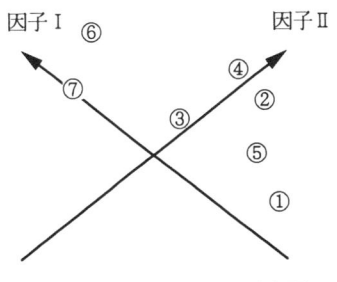

〔ハリスカイザー回転後の因子空間〕

[斜交回転後の因子間相関]

	因子Ⅰ	因子Ⅱ
因子Ⅰ	1.000	-0.255
因子Ⅱ		1.000

す。これによって各因子は特定の項目を独占的に支配しようとします。因子パターン表を見ると，回転前と比べて直交回転後は，各項目の因子負荷量がどちらか一方の因子に大きく偏っています。

　直交回転は因子軸の交差角度を直角に保ったまま回転しますが，斜交回転は自由に交差角度を変えますのでそれぞれの因子軸はさらに項目のほうへ近寄ってゆきます。これによって因子負荷量を増すことができます。表の「説明分散」を比べてみてください。最終的に，直交回転よりも斜交回転のほうが各因子の説明分散は大きくなっています。

　ただし項目の共通性（因子による被支配度）の合計はつねに 4.72 で変わりませんので，斜交回転では因子Ⅰと因子Ⅱが項目の同じ部分を重複して支配していることがわかります。この重複の程度が「因子間相関」(Inter-factor Correlation) として -0.255 と計算されているのです。

Q&A　55【直交回転と斜交回転の使い分け】

　Q．直交回転と斜交回転は，どのように使い分けたらいいのですか

　A．使い分けは任意です。
　両者の特徴を説明しておきますと，直交回転と比べて，斜交回転では各因子の支配力（説明分散）が大きくなっていますので，全体の因子構造はいっそう明確です。これを「より単純構造になる」と表現します。
　実践的な違いとしては，因子の解釈のときに，直交回転ではいわゆる「因子負荷量へのマーク2つの項目」を使いませんでしたが，斜交解の因子についてはそれも解釈の参考にします（因子間相関の大きさも考慮して解釈する）。
　項目の情報を十分に汲み尽くしたいというときは斜交回転のほうがよいでしょう。しかし，因子の解釈のしやすさという点では直交回転のほうがわかりやすいでしょう。
　個人的には，あらかじめ斜交解（類似した因子）が予想されるときに斜交回転を用います。いきなり最初から斜交回転を用いることはあまりありません。研究者によっては「人間の因子はからみあっている」という信念の下に，斜交回転を強くすすめる人もいます。しかし「からみあった因子」はたんに分析の不十分さを意味しているだけであり，もう一段奥にある独立の因子が見えていないようにも感じられます。
　ともあれ，直交回転と斜交回転の使い分けに定見はなく，どちらを使っても，結果的に「最後の因子」を探り当てた人が正しいのです。

Q&A　56【因子分析のコンピュータ・プログラム】

　Q．因子分析のコンピュータ・プログラムは何を利用すればよいですか。

A. この本ではパーソナル・コンピュータ用の"SASシステム"を用いています（そのなかのFACTORプロシジャー）。入手方法はp.3を参照してください。

Q&A 57【因子分析を実行する技術がない場合】

Q. 因子分析のコンピュータ・プログラムを手に入れても，それを動かすには専門的なマニュアルを読まなければいけないのでしょうね。また，コンピュータ操作にも通じていなければならないのでしょう。それを考えると，とても因子分析はやれないような気がするのですが。

A. マニュアルは読むしかありません。
しかし実際はあまり読んでいる人はいません。たとえばSASを使っている人が，皆が皆，因子分析プロシジャーを縦横無尽・自由自在に使いこなせるかというと，そんな奇特な人は一握りしかいません。
ほとんどの人はどうやっているのかというと，いくつかのサンプル・プログラムを動かしているだけなのです（データセット名や変数名などを適当に書き換えて）。そのようなサンプル・プログラムを提供する解説書も多くありますし，この本でも因子分析を用いているところでは"サンプル・プログラム"を掲載しています。マニュアルとの格闘を避け，そうしたやり方で十分です。

Q&A 58【コンピュータ操作が苦手な場合】

Q. 因子分析をしてみたいのですが，コンピュータ操作が苦手です。どうしたらいいですか。

A. 得意な人に依頼すればよいでしょう。あなた自身は，問題と現象のエキスパートに徹することです。
実際に因子分析を用いた研究は2人・3人の共同研究が多いということを本書の冒頭に述べました（p.1）。覚えておくとよいことは，「因子分析は因子分析だけでは済まない」ということです。因子分析による研究は次の3ステップのどれを欠いても成立しません。

1. 質問紙の作成と調査の実施（肉体労働）
2. コンピュータによるデータ処理（コンピュータ作業）
3. 因子の推理（頭脳労働）

このうち2番目のステップが苦手であるというのなら，1番目か3番目のエキスパー

トになることです。筆者自身も，どちらかというと2番めのステップは，誰か他人に依頼したいクチです。

Q&A 59【質問紙調査および因子分析の実行マニュアルがほしい】

Q. この研究例Ⅷでおこなったような質問紙調査と因子分析を，簡単なマニュアルにしてくれませんか。そうすれば自分もやってみることができると思うのですが。

A. 次のページ以降に作っておきました。調査・分析をするときにコピーして使ってください。

質問紙調査マニュアル
〈コピーして使ってください〉

A. 質問紙の作成

1　項目の開発
1.1　内容の収集
　　□対象者にたずねる　　　　□エキスパートにたずねる
　　□研究者自身が考え出す　　□文献・心理検査の項目を参照する

1.2　内容の選別
　　□内容の妥当性（とらえたい現象に妥当しない内容を除外する）
　　□内容の重複をチェックする
　　□対象者への適切性を考慮する
　　□倫理的・人道的問題を考慮する

1.3　表現・表記のチェック
　　□構文，単語，日常的含意などをチェックする
　　□漢字のふりがな，外来語の表記などをチェックする

1.4　逆転項目・ダミー項目の使用
　　□逆転項目を使用する
　　□ダミー項目を使用する

2　評定尺度の作成
2.1　単極尺度にするか両極尺度にするか
　　□単極尺度　　□両極尺度

2.2　ポイント数をいくつにするか
　　□2　□4　□6　□3　□5　□7　□パーセント

2.3　ポイント表現を文にするか数字にするか
　　□文にする　　□数字にする

3 質問紙の編集

3.1 表紙
  □フェースシート項目　（学年・性別・番号・年齢などをたずねる）
  □教示文　　　　　　（一般的教示と特定的教示）
  □練習項目　　　　　（または回答見本）

3.2 項目の掲載
  □無作為に並べる
  □一定順序で並べる　　□グルーピングする　　□分岐・飛び越しあり

3.3 関連質問　　　　　□ある　　□ない

3.4 事後の指示・予告　□ある　　□ない

3.5 謝辞　　　　　　　□ある　　□ない（口頭にてお礼を述べる）

B. 調査の実施

4 対象者の確保と調査の計画

4.1 対象者を十分に確保したか
  □項目数より少ない　（ダメ）
  □項目数より多い　　（不十分）
  □項目数の2倍　　　（一応十分）
  □項目数の5倍　　　（プロ基準）

4.2 実施期間
  □1回でやる
  □2回に分ける（対象者を特定できるようにする）

4.3 回答は対象者ペースか調査者ペースか
  □対象者ペース　　　□調査者ペース

5 調査の実施

5.0 道具・設備の点検　□

5.1 あいさつ　□

5.2 調査目的の説明　□　　※インフォームド・コンセントの確保

5.3 対象者のプライバシー保護に関する説明　□
　　・成績や評価とは一切関係ない
　　・個人を特定できない（データはすべて数字になる）
　　・回答用紙は廃棄する（シュレッダーにかける）
　　　※これらの注意は「教示文」の前段に書き込んで読み上げてもよい。

5.4 質問紙の配布　□

5.5 教示文の読み上げ　□

5.6 回答方法に関する注意　□
　　・自分の考えで回答する（他人の回答を見ない）
　　・あまり深く考える必要はない
　　・前のページに戻らない
　　　※これらの注意は「教示文」のなかに書き込んで読み上げてもよい。

5.7 回答の練習または回答見本の説明　□

5.8 回答開始　□

5.9 回答終了　□

5.10 事後の指示・予告　□

5.11 謝辞　□

因子分析実行マニュアル
〈コピーして使ってください〉

1 データファイルの作成

1.1 回答のチェック
□記入もれ　　　　　（→欠損値とするか対象者ごと除外する）
□あいまいな回答　（→欠損値とするか対象者ごと除外する）
□作為的回答　　　　（→対象者ごと除外する）

1.2 回答の得点化
□1点きざみでポジティヴな方向へ得点を増やす
□欠損値はあるか　　　（→"欠"の字を書き込んでおく）
□逆転項目はあるか　　（→逆順に得点を書き込んでおく）
□ダミー項目はあるか（→項目全体にバツを付けておく）

1.3 データの入力
□半角数字と半角スペースだけを用いる
□対象者の学年・性別なども数字化する
□書き出し・書き終わりをSASの形式にする

```
DATA ○○ ;                    ←任意のデータセット名。
  INPUT ○○ ○○ ○○-○○ ;      ←任意の変数名。連番表記可。
  CARDS ;
  ○ ○ ○ ○ …                ←データの並び。「1人1行」
  ○ ○ ○ ○ …
  ;                           ←データの終了。
RUN ;
```

1.4 データファイルの保存
□ファイル名を覚えておく　[　　　　　　　　　　　　　　　]
□バックアップをとる

2　基本統計量の計算と不良項目のチェック

2.1　SAS の起動　□

2.2　データの読み込み
　　　□「表示」→「プログラムエディタ」
　　　□画面にデータをペースト（貼り付け）する
　　　□「実行」→「サブミット」→ SAS データセットを作る
※ファイルを指定する方法は p. 231 参照。

2.3　基本統計量（平均・標準偏差）の計算
　　　□プログラムを書く（「表示」→「プログラムエディタ」をクリック）

```
PROC MEANS ;           ←平均を計算するプロシジャー
  VAR ○○ ○○ ○○-○○ ;   ←変数の指定。連番表記可。
  RUN ;
```

　　　□プログラムを実行する
　　　　「実行」→「サブミット」をクリック

2.4　不良項目のチェック
　　　□データ分布の幅のチェック
　　　　・最小値・最大値の幅が狭くないか
　　　　・標準偏差が他と比べて小さすぎないか・大きすぎないか
　　　□データ分布の形のチェック
　　　　・平均±標準偏差の値が尺度の上限値・下限値を越えていないか
　　　□チェックされた不良項目を除外する

3　1 回めの因子分析

3.0　標準得点化：各変数の得点範囲が異なるケース　□（p. 324 参照）
　　　※得点範囲が異なっても，因子分析の計算上で標準得点化されるのでこのステップは不要。すぐに次の 3.1 へ進んでよい。下式は参考。

　　　　標準得点$_i$＝（データ$_i$－平均）/SD

　　　　標準得点：　平均 0，標準偏差 1
　　　　　　i　：　データ番号 1, 2, 3, ……, n
　　　　平均：その変数の平均
　　　　 SD ：その変数の標準偏差

3.1 設定:共通性の初期値と因子抽出法

・共通性の初期値

PRIORS = □ONE □SMC □MAX その他 [   ]

・因子抽出法

METHOD = □PRIN □PRINIT □ML その他 [   ]

設定事項	指定のしかた	選択肢(どれか1つを選ぶ)
1.共通性の初期値	PRIORS=	ONE, SMC, MAX, ASMC, ……
2.因子の抽出法	METHOD=	PRIN, PRINIT, ML, ……

3.2 因子分析の実行

□プログラムを書く(「表示」→「プログラムエディタ」をクリック)

```
PROC FACTOR PRIORS=○○  METHOD=○○  DATA=○○ ;
    VAR ○○ ○○-○○ ;
    RUN ;
```
←変数の指定。不良項目を除外する。

□プログラムを実行する

「実行」→「サブミット」をクリック

3.3 因子抽出数の決定

□固有値の大きな落差(Difference)を見つける

□累積(Cumulative)説明率が 0.50 以上ある

□全体項目数/因子抽出数=5 以上ある

※N= [   ]

3.4 再実行の選択

□再実行せず →4

□再実行する →3.1

・共通性の初期値(PRIORS)を変えてみる。

・因子抽出法(METHOD)を変えてみる。

4 2回めの因子分析

4.1 設定:因子抽出数と因子軸の回転法の追加
・共通性の初期値　PRIORS ＝ [　　　　　　　]　←1回めと同じ
・因子の抽出法　　METHOD ＝ [　　　　　　　]　←1回めと同じ
・因子の抽出数　　N ＝ [　　　　　　　]　←3.3で決定した
・因子軸の回転法
　　　　ROTATE ＝　□VARIMAX　□他の直交回転法　□斜交回転法

設定事項	指定のしかた	選択肢(どれか1つを選ぶ)
1．共通性の初期値	PRIORS=	ONE, SMC, MAX, ASMC, ……
2．因子の抽出法	METHOD=	PRIN, PRINIT, ML, ……
3．因子の抽出数	N=	(ユーザーが決めた抽出数)
4．因子軸の回転法	ROTATE=	VARIMAX, HK, ……

4.2 因子分析の実行
□プログラムを書く(「表示」→「プログラムエディタ」をクリック)

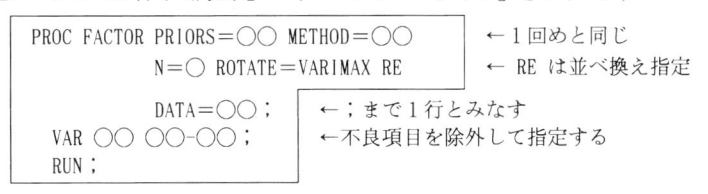

```
PROC FACTOR PRIORS=○○ METHOD=○○        ←1回めと同じ
            N=○ ROTATE=VARIMAX RE       ← RE は並べ換え指定
            DATA=○○;                    ←；まで1行とみなす
     VAR ○○ ○○-○○;                    ←不良項目を除外して指定する
     RUN;
```

□プログラムを実行する
　「実行」→「サブミット」をクリック

4.3 共通性(Final Communality Estimates)のチェック
□共通性の値が小さすぎないか(0.16未満)をチェックする
※小さすぎる共通性の項目を除外するか
　□除外して再実行する　→4.2
　□除外せずこのままゆく　→Rotated Factor Pattern を採用する

5 因子の解釈と命名

5.1 因子負荷量［　　　　　　　　　　］以上の値をマークする（カッコ内は適宜）

5.2 各項目のマークを数えてその項目の使い方を決める
　　□マークが1因子だけにある項目→その因子の推理に最優先で使う
　　□マークが2因子以上にある項目→使わないか確かめに使う
　　□マークがぜんぜんない項目　　→使わない

5.3 「マーク1つの項目」を用いて共通性を推理する
　　□プラスの因子負荷量の項目内容を取り上げて共通特性を考える
　　□マイナスの因子負荷量の項目は反対内容を考え，確かめに使う
　　□因子に的確な名前を付ける
　　※斜交回転の場合は因子間相関を考慮に入れる　□

5.4 再分析のオプション
　　□因子軸の回転法を変えてみる　→4.1
　　□共通性の初期値または因子抽出法を変えてみる　→3.1

6 因子得点の利用

□対象者に条件が設定されているか　　（学年・性別・学力水準など）
□対象者から別種のデータが得られるか（学力偏差値・興味得点など）
□因子得点を用いて分散分析をおこなう　→研究例Ⅷ参照
□因子得点を用いて回帰分析をおこなう　→研究例Ⅹ参照
□因子得点と別種のデータとの相関を計算する

□因子得点の計算

```
PROC FACTOR PRIORS=○○  METHOD=○○         ←ここまで前と同じ
         N=○  ROTATE=VARIMAX RE DATA=○○
         SCORE OUT=▲▲ ;                    ←因子得点を算出する
  VAR ○○-○○ ;                             ←前と同じ項目を指定する
RUN ;

PROC PRINT DATA=▲▲ ;                       ←▲▲の中の因子得点をみたいとき
  VAR FACTOR1-FACTOR○ ;                    ←○のところに N= で指定した因子数を書く
RUN ;
```

研究例Ⅸ：初期値 SMC の反復主因子法

『理科的事物に対して特異な行動を示す児童の因子分析的研究』

はじめに

　ここでは本格的な因子分析の使用例を見ることにします。

　研究例Ⅸは典型的な探索型研究です。探索型研究の方法として自然観察や事例研究などがありますが，統計的方法を用いる場合は一般に因子分析を用います。因子分析それ自体は"探索"という用途に限った方法ではありませんが，理論も仮説もないゼロからスタートする研究において因子分析はもっとも威力を発揮する方法です。

　以下の研究例は，やはり理論も仮説もない未知の現象を扱います。この現象が一部の児童に起こることは学校現場の教師にはかねてから知られていました。しかし，その現象が起こる理由はよくわからなかったのです。そして，よくわからないうちにその現象は消えてゆき，やがて誰も気にしなくなるというものでした。

　ここではその現象をつかまえて，因子分析によって発生原因を実証的に探索しようとします。その現象とはいったいどんなものなのか。まずそこから読み始めてみましょう。

『理科的事物に対して特異な行動を示す児童の因子分析的研究』

問　題

　学校教育の理科的分野の授業で，いわゆる「変わった子」あるいは「おかしな子」の存在が以前より知られている。たとえば野外観察で夢中になり教師や友人と離れて一人になる子ども，ハチに刺されるこわさを知りながらも捕獲しようとハチの巣に向かってゆく子ども，機械を見ると制止の間もなくすぐに分解し始める子ど

もなど，理科的事物に対して通常の範囲と通常の程度ではない特異な行動を示す児童の例は，現場教師の実体験として枚挙にいとまがない。

　これらの児童は教師の学習指導とクラスの集団活動の文脈から往々にして逸脱しがちなのであるが，それにもかかわらず，現場教師にはしばしばその特異行動が理科的分野における「センスのよさ」を表していると感じられるのである。

　そこで，本研究は理科的事物に対して特異行動を示す児童（特異児童）を抽出し，彼らの特異行動の傾向を調査し，そうした特異行動を規定する潜在因子を因子分析によって探索することにした。

解　説

　「問題」の構成は，問題現象そのものの記述となっています。

　問題現象は，理科の授業などで見られる変わった子・おかしな子の特異な行動です。どうしてそれらの子がそんな特異な行動をするのか，その原因を明らかにしようということです。

　この特異行動という現象はきわめて個人的色彩が強く，教育活動上，歓迎できるシロモノではありません。それを研究しようとする意義は次のように述べられています。「にもかかわらず現場教師にはしばしばその特異行動が理科的分野における"センスのよさ"を表していると感じられるのである」ということです。個人的なつまらない現象ならば特に問題とすることもないでしょうが，何か捨て難いものがあるという直感が研究に向かわせたのです。

　特異行動を既存の概念で説明するとしたら，一応，心理学では「好奇心」（curiosity）という概念があり，これがもっとも適当でしょう。しかし，変わった子・おかしな子の特異行動の原因とするには少し弱い感じです。実際，好奇心がいくら強くても，それだけではそう簡単に仲間とはぐれたり機械に突進したりはしないでしょう。やはり何かもっと別の要因が効いているというカンが働きます。

　このように適当な理論も仮説も概念もないときは，人や文献に相談してはいけません。問題現象を見ている人物がもっとも"権威"なのです。その人が事実から掘り起こしてゆくのが一番確実です。因子分析はそれを援助する方法です。

> ## 方　法
>
> **対象者**　小学3年生から6年生までの39クラス1235人を対象とし，特異児童78人（男子58人，女子20人）を抽出した。特異児童の抽出は各クラスの担任教員に依頼した。いわゆる「変わった子」・「おかしな子」を学習成績に関係なく，まず最初に4人あげてもらい，さらにその4人の中から特に傾向の強い児童2人に絞ってもらった。学年別の人数は3年生18人，4年生18人，5年生20人，6年生22人である。

解　説

まず対象者を選出しています。変わった子・おかしな子をたくさん集めようというわけです。1クラスから2人の抽出ですが，1クラスにそんな子が必ず1人・2人はいるというカンでしょう。学校現場における「未知の現象」とは，結局，見過ごされている少数者の現象です。

> **質問紙**　理科的事物に対する特異行動の傾向をたずねる質問項目57個よりなる。質問項目は実際に特異行動を示した児童のエピソードに基づいて構成した。このため予備調査として，上述の対象クラス以外の小学校教員（理科の授業経験を有する）と理科担当中学校教員，合計45人に対する個別の聞き取り調査を試みた。この予備調査における質問と教示は次のようなものである。「今までの教職経験のなかで理科の授業等で"変わった子"・"おかしな子"であるが"どこかセンスがよい"とか"何かいいものをもっている"と感じる児童（生徒）に出会いませんでしたか。もし覚えがあれば，そう感じるきっかけとなったその児童（生徒）の特徴的なエピソードを話してください。」
>
> 結果として調査対象となった45人全員から合計70人の児童・生徒の特異行動のエピソードを収集することができ，これを小学校児童にとっての内容の適切さから57個に絞り込んだ。質問項目に対する回答は5段階評定とした（表47参照）。

表47　質問紙の教示と評定尺度の形式

［特異行動への傾向をたずねる教示と項目］
　自然におこること（自然現象），生き物，科学的なこと，理科の学習に関することで，次のようなことをしたり，感じたりした友達がいます。あなたはどうですか。あてはまるところの★のマークに○印をつけてください。

1．教室の外に観察に行くとき，観察にむちゅうになり，先生や友達とはなれて一人になってしまった。
　（自分がこの友達だったら）

かならずそう なると思う	たぶんそう なると思う	どちらとも いえない	たぶんそう ならないと思う	ぜったいそう ならないと思う
★	★	★	★	★

2．薬品室で，薬品をみると，じっさいにまぜ合わせてみたくなる。
　（自分がこの友達だったら）

かならずそう なると思う	たぶんそう なると思う	どちらとも いえない	たぶんそう ならないと思う	ぜったいそう ならないと思う
★	★	★	★	★

解　説

ここは質問紙の作成について記述しています。

質問紙の作成は，前の研究Ⅷで一通り解説しました。ここはその実践編として読んでみてください。質問紙調査マニュアル（p. 263）を1部コピーして手に持ち，以下，1ステップずつ確認してゆくことにします。

まず，「A. 質問紙の作成」は下のように諸事項を決定してゆきます。

1　項目の開発

1.1　内容の収集

項目開発の基本方針は，問題現象を"余すところなく"とらえることです。ここでは実際にあらわれた特異行動の事例をなるべく多く収集することにします。その方法として，「エキスパートにたずねる」（児童の特異行動を過去に見知ったことのある教師にインタビューする）を選びました。インタビューはインフォーマルであり，個別に昼下がりのブレイクや，夕食後のくつろいだチャットとしておこなわれたと聞いています。この結果，70個の特異行動のエピソードを収集しました。

1.2 内容の選別

内容の妥当性，内容の重複，全体の項目数，対象者への適切性などを考慮し，70個のエピソードを57個に絞りました。やや多い感じです（対象者の回答の負担が大きい）。しかし今まで分析したことのない現象なので決定的事例を落ちこぼすことをおそれたものです。「余すところなくとらえる」ほうが対象者の負担よりも優先です。

1.3 表現・表記のチェック

対象者は小学3年生から6年生を予定していますので，もっとも低い学年の3年生に合わせた表現・表記にしました。

1.4 逆転項目・ダミー項目の使用

いずれも使用しません。

以上，特異行動項目57個を作成しました。対象者にこれを提示し，自分ならそういう行動をとるかどうかをたずねます。そうすれば，児童の中にそういう行動をとる原因を探索することができます。この回答を得るための評定尺度を続けて作成します。

2 評定尺度の作成

2.1 単極尺度にするか両極尺度にするか

単極尺度とします。つまり「否定─肯定」を両端とします。両極尺度の採用は特殊ケースと考えてください。

2.2 ポイント数をいくつにするか

5ポイントとします。

中心化傾向が予想されるなら偶数ポイント（4ポイントくらい）を選びますが，児童は個々の特異行動をとるかどうかについて案外はっきり答えるのではないかと思われますので，奇数・偶数にはこだわらず，なるべくポイント数を多くしました。

2.3 ポイント表現を文にするか数字にするか

各ポイントの表現は文にします。

（自分がこの友達だったら）「かならず……したと思う」から「ぜったい……しなかったと思う」まで，異なる程度表現を使います。提示する特異行動項目の語尾に合わせて「そうしたと思う」または「そうなったと思う」など適宜表現を変更します。

ポイント表現を文にするほうが"標準"，数字にするのは"特殊"と考えてください。

以上，評定尺度もできあがりました。表 47 の例を見ると，尺度のポイントに"★"を使っていますが，これは児童の回答を少しでも動機づけようとしたものです（57 項目もありますから）。

主な材料がそろいましたので質問紙を編集します。

3 質問紙の編集

3.1 表紙

「フェースシート項目」（表紙の項目）として，学年，組，男女，番号，名前を書かせることにしました。原則として名前はたずねませんが，この研究ではあとで学級全体から 2 人の特異児童を選び出しますので（その児童の質問紙だけ抜き出さなければならない），念のため氏名も書かせることにしました。

その後，「教示文」と「練習項目」を下のように載せます。

理科の学習や日常の生活のなかで，あなたが感じていることをこたえてください。成績とはまったくかんけいがないので，深く考えることはありませんが，正直にこたえてください。

＊

自然におこること（自然現象），生き物，科学的なこと，理解の学習に関することで，次のようなことをしたり，感じたりした友達がいます。あなたはどうですか。
あてはまるところの★のマークに○印をつけてください。
※注意：さいごまでつけ忘れないようにしてください。

研究例Ⅸ：初期値 SMC の反復主因子法 ―― *277*

```
 (例)
・水たまりの中に，小さな虫がいるのを見つけ，くわしく調べたくなった。
  （自分がこの友達だったら）
  かならず      たぶん                      たぶん        ぜったい
  そうなった    そうなった    どちらとも    そうならなか  そうならなか
  と思う        と思う        いえない      ったと思う    ったと思う
  ★‥‥‥‥‥‥★‥‥‥‥‥‥★‥‥‥‥‥‥★‥‥‥‥‥‥★
```

　「教示文」は一般的教示（＊より上）と，特定的教示（＊より下）からなっています。その下に「練習項目」があります。

　練習項目は先に収集した 70 項目のエピソードを選別するときに，特異行動とはいえない（内容の妥当性がない）として除外した事例から引いてきたものです。いわば "廃物利用" です。

3.2　項目の掲載

　ページを改めて，特異行動項目と評定尺度を掲載します。掲載順序はここでは「無作為」とします。「グルーピング」「分岐・飛び越し」はありません。

3.3　関連質問

　因子を確定した後，因子得点による分析を予定しているときは，何らかの標識や他のデータを採集するようにします。

　ここではありません。

3.4　事後の指示・予告

　ありません。

3.5　謝辞

　文面はありません。口頭でおこないます。

　以上，質問紙を作成しました。項目数は特異行動項目 57 個となります。たいへん多いので低学年に実施するときには注意が必要です。

> **手続き** 調査はクラス単位の集団でクラス担任教員に委託して実施した。3年生では質問紙の各項目の文面を調査者が読み上げて児童に回答させた。他の学年では原則として回答は児童のペースであったが，見開きページ毎に全員のペースを合わせた場合もある（クラス担任教員に一任した）。

解説

調査は集団実施の形をとっています。質問紙の項目数が多いので，3年生では担任教員が1項目ずつ読み上げてクラス全体のペースを合わせて回答させています。また，他の学年でもペース調整を実施した場合があるようです。これらは質問項目が多いときの工夫です。

「質問紙調査マニュアル」の「B．調査の実施」にそって手順を確認してみましょう。少し戻ります。

4　対象者の確保と調査の計画

4.1　対象者を十分に確保したか

対象者は最低，項目数の2倍はほしいところです。ここでは特異児童78人を選抜していますが，特異行動の項目は57個ですから少ない感じです。

しかし特異児童のサンプリングはきわめて効率が悪く（1学級2人を抽出するたびに学級単位の集団調査を実施する），とりあえず項目数を越えることを目標にしました。研究は1回で終わるものではないので，だんだんと多くの労力と経費をかけられるようにアピールしてゆけばよいのです。

4.2　実施期間

全体の項目数がひじょうに多いときは，2日に分けて実施することもありますが，ここでは1日で実施しています。これは依頼先の学校と学級の事情によっています。

4.3　回答のペース

3年生は「調査者ペース」としました。4年生以上は「回答者ペース」としました。

5 調査の実施

5.1 あいさつ

実施者は依頼した学級の担任教員ですので,児童へのあらたまったあいさつはありません。

5.2 調査目的の説明

基本的に,意識調査であることをいい,協力を求めます。一般に,小学生児童に対しては「日ごろ思っていること,感じていることを教えてください」というような言い方で通じると思います。

対象者と内容によっては,調査目的についてもっと詳細な説明をする必要があります。特に,個人の性格または対人関係についての調査は児童段階でも十分に説明し,理解を喚起しなければなりません。児童の周辺においてもインフォームド・コンセントを得ることを考えた方がよい場合もあります。

5.3 対象者のプライバシーに関する説明

ここでは「成績とは関係がない」ことを口頭と質問紙の文面で明言しました。あと付け加えるとしたら,名前を書かせることに配慮して「他の人に知られることはぜったいありません」という保証を約束すべきでしょう。

5.4 質問紙の配布

これは上と前後することもあります。

以下,手順のみを示します。

5.5 教示文の読み上げ
5.6 回答方法に関する注意
5.7 回答の練習または回答見本の説明
5.8 回答開始
5.9 回答終了
5.10 事後の指示・予告
5.11 謝辞

以上，ここで分析資料が手に入ります。ここからデータ処理に移ります。

研究例Ⅸのデータ処理（１）：データファイルの作成と基本統計量の計算

【平均と標準偏差をチェックし，不良項目を除外するケース】

ここからは「因子分析実行マニュアル」（p.266）を手に持って，進みましょう。

1 データファイルの作成
例によってデータファイルの作成から始めます。

1.1 回答のチェック
質問紙の回答をチェックし，記入もれ，あいまいな回答，作為的回答などを除外します。この研究例では78人のうち1人の回答に複数の記入もれが見つかりましたので，この1人を除外し，77人を分析対象としました。

1.2 回答の得点化
5ポイント尺度でしたので，1～5と得点化します。提示された特異行動について「ぜんぜんそうならないと思う」を1点，「かならずそうなると思う」を5点とします。

欠損値はありません（記入もれの対象者は除外した）。あれば，"欠"の字をその項目に書き入れ，データ入力のとき．（ピリオド）を入力します。

もしも逆転項目があれば逆順の得点を書き込んでおきます。

もしもダミー項目があれば大きな"×"を付けておきます。

1.3 データの入力
手持ちのコンピュータのエディタまたはワープロ（テキスト文書）を用いて，「1人1行」でデータを書きます。

この研究例では，学年・性別・特異行動項目評定値をデータとします。性別

は男子1,女子2としました。下のように書きます。

```
DATA TOKUI;                  ←SAS 上のデータセットの名前。任意。
  INPUT NO NEN MF X1-X57;    ←変数名の指定。連番表記可。
  CARDS;
    1 3 1  ←番号（NO）・学年（NEN）・性別（MF）
    4 3 5 2 2 2 3 4 3 3 2   3 3 2 4 5 3 2 4 4 3     ←項目1－項目20
    3 2 2 2 3 3 3 4 3 2 1   3 3 2 2 3 4 5 2 3 2     ←項目21－項目40
    4 4 3 2 5 3 4 3 2 2 2   3 3 4 3 4 4 2  ←項目41－項目57
    2 3 1  ←2人めの対象者の番号,学年,性別
    3 3 4 4 3 2 2 2 2 5 3   3 3 4 2 4 4 4 2 5 4     ←項目1－項目20
    3 3 2 3 4 4 4 3 3 2 2   4 3 3 3 4 2 3 4 4 4     ←項目21－項目40
    4 3 2 2 3 3 5 3 3 2 3   3 4 3 3 3 2 5  ←項目41－項目57
    ……
  ;  ←データの終わりを示す。
  RUN;
```

上のデータ部分は「1人4行」で書いています。これでもかまいません（改行を取れば「1人1行」になるから）。スペース（半角）を自由にとって見やすいように書いてください。

1.4　データファイルの保存

ファイル名は"TOKUI.DAT"とし，保存しました。

2　基本統計量の計算と不良項目のチェック

2.1　**SAS の起動**（p.231 を参照してください）

2.2　**データの読み込み**

上で入力した DATA TOKUI; から RUN;までの全行を範囲指定し，コピーしておきます。

そして下の手順で，SAS 画面へ貼り付けます。

・「表示」→「プログラムエディタ」

・「編集」→「貼り付け」　⇨画面にデータがあらわれる。

・「実行」→「サブミット」をクリック　⇨SAS データセットができる

2.3 基本統計量（平均・標準偏差）の計算

「表示」→「プログラムエディタ」をクリックし，以下を書きます。

```
PROC MEANS DATA=TOKUI;
  VAR X1-X57;         ←変数の指定。特異行動項目1-57番。
RUN;
```

これを実行（サブミット）します。すると下の出力が表示されます。

N Obs	Variable	N	Minimum	Maximum	Mean	Std Dev
77	X1	77	1.0000000	5.0000000	2.6363636	1.1228382
	X2	77	1.0000000	5.0000000	3.7922078	1.2808063
	X3	77	1.0000000	5.0000000	3.4545455	1.1870514
	X4	77	1.0000000	5.0000000	4.0000000	1.0513150
	X5	77	1.0000000	5.0000000	3.2727273	1.2940793
	X6	77	1.0000000	5.0000000	2.5584416	1.2192913
	⋅	⋅	⋅	⋅	⋅	⋅
	⋅	⋅	⋅	⋅	⋅	⋅
	X53	77	1.0000000	5.0000000	3.8311688	1.3119150
	X54	77	1.0000000	5.0000000	2.9740260	1.5387454
	X55	77	1.0000000	5.0000000	2.9480519	1.3755009
	X56	77	1.0000000	5.0000000	3.4155844	1.1162749
	X57	77	1.0000000	5.0000000	3.3636364	1.3946240

2.4 不良項目のチェック

上の出力は膨大です。しかし（蛍光マーカーなどを持ちながら）1項目ずつ以下の点をチェックします。

① データ分布の幅のチェック

データ分布の幅をチェックするには，まず，最小値・最大値（Minimum, Maximum）の値を見ます。評定尺度のポイント範囲1―5に対応していればOKです。

次に，標準偏差（Std Dev）の値が一律にそろっているかを見ます。一応の目安として1ポイント以上でそろっていることを確認します。標準偏差が小さ

すぎるとデータ分布の幅は狭く，特定のポイントに固まっていることになります（尺度の弁別性・信頼性が低い）。上の出力を見ると，標準偏差は1.3，1.4ポイント前後でそろっています。多少，小さい値も見られますが，これくらいは問題ないと思います。

② データ分布の形のチェック

平均±標準偏差（Mean±Std Dev）の値を見ます。

もしも平均＋標準偏差の値が，評定尺度の上限値5よりも大きかったら天井効果と判定します。もしも平均－標準偏差の値が下限値1よりも小さかったらフロア効果と判定します。両方のケースとも，その項目を「不良項目」として除外します（因子分析に持ち込まない）。

上の出力を見ると，たとえば項目2は天井効果と判定されます。項目2の平均±標準偏差（3.79±1.28）の値を求めると2.51と5.07です。しかし5.07は尺度の上限値を超えていますので，そこにデータの分布はありません。5点以上をとるはずのデータ（理論上）はすべて実際には5点のポイントに乗ってしまうので，データ分布はJ字形にゆがんでいると考えられます。

このように天井効果・フロア効果をチェックし，その項目を除外します。その結果，ここでは次の10項目を除外することになりました。：項目2・項目4・項目13・項目23・項目26・項目33・項目38・項目39・項目48・項目53。

もったいない話ですが，因子分析の信頼性を確保するためです。

もしかすると，除外された項目のなかに重要な因子を割り出す情報があったかもしれません。しかし結局，データ分布がゆがんでいれば，その項目の本来の情報を正しく取り出すことができないことになります。ただし，あえて除外せずに因子分析に持ち込んでみる（結果がよくなかったらそのとき除外する）という決定も可能であり，研究者の任意です。

以上「不良項目のチェック」により，特異行動項目は57個から47個に減りました。10個も捨てるのはつらい感じですが，この程度の減り方はよくあることです。そう気にとめることではありません。

結局47項目を因子分析します。復習のため，ここまでを論文の「結果」として読んでみましょう。

結　果

　記入漏れにより1人の回答を廃棄したので，対象者の最終人数は77人となった。
　特異行動項目への回答について「かならずそうすると思う」を5点，「ぜったいそうしないと思う」を1点とし，中間段階を1点きざみで得点化した。
　表48は各項目の平均と標準偏差を示したものである。平均±標準偏差の値が得点範囲（1—5）を越えた項目2・項目4・項目13・項目23・項目26・項目33・項目38・項目39・項目48・項目53の10個の質問項目を，天井効果またはフロア効果が生じたものと判断し，因子分析に持ち込まなかった。

表48　各質問項目の評定得点の平均と標準偏差（N=77）

項目	Mean	SD	項目	Mean	SD	項目	Mean	SD
1	2.64	(1.12)[1]	21	3.70	(1.23)	41	3.47	(1.40)
2	3.79	(1.28)[2]	22	3.57	(1.09)	42	3.73	(1.12)
3	3.45	(1.19)	23	2.13	(1.36)[3]	43	2.86	(1.48)
4	4.00	(1.04)[2]	24	2.91	(1.13)	44	2.60	(1.25)
5	3.27	(1.29)	25	3.47	(1.24)	45	2.61	(1.42)
6	2.56	(1.22)	26	2.08	(1.20)[3]	46	3.58	(1.27)
7	3.66	(1.04)	27	2.81	(1.36)	47	3.06	(1.42)
8	3.55	(1.43)	28	3.30	(1.47)	48	2.05	(1.42)[3]
9	2.78	(1.38)	29	2.38	(1.20)	49	2.81	(1.12)
10	3.57	(1.29)	30	3.00	(1.48)	50	3.66	(1.16)
11	2.84	(1.40)	31	2.45	(1.46)	51	3.65	(1.24)
12	2.82	(1.32)	32	3.40	(1.31)	52	2.44	(1.19)
13	4.16	(1.05)[2]	33	1.84	(1.25)[3]	53	3.83	(1.31)[2]
14	3.19	(1.37)	34	3.77	(1.25)	54	2.97	(1.54)
15	2.32	(1.09)	35	3.70	(1.24)	55	2.95	(1.38)
16	2.99	(1.31)	36	2.53	(1.52)	56	3.42	(1.12)
17	3.64	(1.08)	37	3.01	(1.20)	57	3.36	(1.39)
18	3.30	(1.56)	38	3.88	(1.17)[2]			
19	3.06	(1.42)	39	4.23	(0.94)[2]			
20	3.74	(1.28)	40	3.55	(1.42)			

[1] カッコ内は標準偏差。
[2] 天井効果と判定された。
[3] フロア効果と判定された。

解　説

　天井効果・フロア効果と判定された項目内容は以下のとおりです。

［天井効果と判定された項目］

項目2．実験室で薬品を見ると，実際に混ぜ合わせてしまいたくなる。

項目4．虫を探すときは，葉っぱのうらがわや，かげで見えにくいところを中心に探す。

項目13．教室で育てていた生き物が卵を産んだり，成虫になって飛んだりしたとき，うれしくなって誰かに報告したくなる。

ほか，項目38・項目39・項目53。計6項目。

［フロア効果と判定された項目］

項目23．家の屋根裏に鳥が巣を作ったとき，忍び込んで，ひなをとってきて育てた。

項目26．修学旅行のおみやげに，おこづかいをはたいてカメを買った。

項目33．公園で遊んでいたら，骨だけになった鳥の死骸があった。興味がわいてきたので拾って学校に持っていった。

ほか，項目48。計4項目。

これらの項目を今後の研究で使うときは，天井効果なら評定尺度のポイントを"5"側に寄せ（たとえば「必ずそうする」「わりとそうする」「たぶんそうする」「どちらともいえない」「そうしない」），フロア効果なら評定尺度のポイントを"1"側に寄せる必要があるでしょう。

では，因子分析に入ります。

研究例IXのデータ処理（2）：因子分析の計算

【共通性の低い項目を除外し，因子分析を再度実行するケース】

「因子分析実行マニュアル」を見ながら続けます。

因子分析は最低2回は実行します。1回めの因子分析は因子の抽出数を決めるためにおこないます。2回めの因子分析は項目の因子負荷量を求めるためにおこないます。

3　1回めの因子分析

3.1　設定：共通性の初期値と因子抽出法

1回めの因子分析では，① 項目の共通性の初期値と，② 因子の抽出法を決めてやります。

① 項目の共通性の初期値

共通性の初期値は SMC と決めることにします。

SMC は "Squared Multiple Correlation"（重相関係数の二乗値）という意味です。ONE と決めると（研究例Ⅷの場合）全項目に1をあたえることになりますが，SMC は各項目に 0.4，0.6 などの異なる中間的値をあたえます。かりに項目1の SMC が 0.81 ならば，項目1と他の 46 項目との重相関は 0.90（$0.90^2 = 0.81$）です（1変数と1変数ならたんに「相関」，1変数と多変数の相関は「重相関」といいます）。相関を二乗すると比率（%）になりますので，SMC 0.81 は項目1のデータ変動の 81% が他の 46 項目と関連することを意味しています。他の変数といっしょに動く項目であればあるほど，その項目は何か共通の因子に支配されている可能性が大きくなります。そこで，このSMC 0.81 を項目1の共通性（因子に支配されている程度）とみなすのです。

以上のことを理解することができたからといって因子分析の成否には何の関係もありません。また，どんなときに SMC を選べばよいかという的確な判断ができるようになるわけでもありません。とにかく1回めは SMC でやってみよう，というくらいのものです。

② 因子の抽出法

因子の抽出法は主因子法（PRIN）とします。主因子法はポピュラーな方法です。

3.2　因子分析の実行

SAS の画面で，「表示」→「プログラムエディタ」をクリックします。

上の設定にしたがって下のようなプログラムを書きます。なお，"VAR"（変数指定）のところは，不良項目 10 個を除外して指定します。

```
PROC FACTOR PRIORS=SMC METHOD=PRIN DATA=TOKUI;
  VAR X1 X3 X5-X12 X14-X22 X24 X25 X27-X32
      X34-X37 X40-X47 X49-X52 X54-X57;
RUN;
```

適当に段付けして見やすいように書きます。

これを実行（SUBMIT）すると，下の出力（一部）となります。

```
Initial Factor Method: Principal Factors （主因子法）
     Prior Communality Estimates: SMC （共通性 SMC）
       X1       X3       X5       X6       X7       X8       X9
 0.735034 0.787768 0.762461 0.786252 0.748177 0.741041 0.791379

      X10      X11      X12      X14      X15      X16      X17
 0.826185 0.660611 0.747454 0.781907 0.685695 0.661541 0.657665

      X18      X19      X20      X21      X22      X24      X25
 0.810737 0.644640 0.640973 0.813818 0.759077 0.626669 0.679899

      X27      X28      X29      X30      X31      X32      X34
 0.732910 0.740584 0.773393 0.734888 0.662912 0.826906 0.698304

      X35      X36      X37      X40      X41      X42      X43
 0.667797 0.757928 0.750634 0.772752 0.717346 0.832798 0.815015

      X44      X45      X46      X47      X49      X50      X51
 0.630104 0.760605 0.740362 0.907347 0.697338 0.725482 0.667222

      X52      X54      X55      X56      X57
 0.698876 0.651234 0.754399 0.698496 0.612567
```

各項目にSMCをあたえている

```
        Eigenvalues of the Reduced Correlation Matrix:
             Total=34.377185   Average=0.73142947
```

（因子番号）	（固有値）	（差）	（比率）	（累積比率）
↓	Eigenvalue	Difference	Proportion	Cumulative
1	7.809962	3.238269	0.2272	0.2272
2	4.571693	1.892504	0.1330	0.3602
3	2.679189	0.489836	0.0779	0.4381
4	2.189353	0.330520	0.0637	0.5018
5	1.858834	0.313382	0.0541	0.5559
6	1.545451	0.058522	0.0450	0.6008
7	1.486929	0.056860	0.0433	0.6441

8	1.430069	0.121721	0.0416	0.6857

(以下略)

3.3 因子抽出数の決定

ここで因子の抽出数を決め，2回目の因子分析に進みます。
もう一度，前ページの出力の読み方を復習してみましょう。

* 項目数と同じ47個の因子が抽出される。
* 各因子は支配力の強い順に番号を付けられて並んでいる。
* Eigenvalue（固有値）は因子の支配力を表す。
* Difference（差）は直後の因子との固有値の差を表す。
* Proportion（比率）は全体のデータ変動に対する説明率を表す。
* Cumulative（累積比率）はその因子までの説明率の合計を表す。

因子抽出数の決め方は，だいたい下の基準によります。

1．固有値の落差が大きいところをさがす（Differenceを見る）
2．累積説明率が0.50以上あることを確かめる（Cumulativeを見る）
3．因子1個あたりの項目数が5個以上となるようにする

これにしたがって抽出数を決めてみましょう（因子番号はローマ数字で表します）。前ページの出力を見ると，最大のDifferenceはもちろん因子Ⅰと因子Ⅱの間にあります。(3.2383)。しかしまだCumulativeは0.50に達しません。後続の因子を見てゆくと，因子ⅣでCumulativeは0.50を越えます（0.5018）。この近辺が"切りごろ"です。そこで因子Ⅳとその直後の因子ⅤのDifferenceを見ますと，これは同程度です（0.3305, 0.3134）。しかし，その次の因子ⅥからDifferenceは極端に小さくなり（0.0585, 0.0569, ……），大きな落差はあらわれなくなります。したがって因子Ⅴまでとします。つまり因子抽出数は5個と決めました。

全体の項目数47を5で割ってやると，Ⅰ因子あたり9.4項目となり，十分と思われます（1因子が2・3項目程度しか支配できないのではあまり"因子らしい"とはいえない）。

3.4 再実行の選択

一応,因子抽出数を 5 と決めましたが,因子抽出数がうまく決まらなかったときは,設定を変えて「1 回めの因子分析」を再実行します。

因子抽出数が 2 案あって決めがたいときは,どちらもやってみるとよいでしょう(因子の解釈がうまくゆくほうをとる)。

4　2 回めの因子分析

4.1　設定：因子抽出数と因子軸の回転法の追加

共通性の初期値は 1 回めと同じ SMC とします。

因子抽出法は,1 回めが主因子法(PRIN)でしたが,2 回めは反復主因子法(PRINIT)としてみます。ただの「主因子法」は 1 回の実行ですが,「反復主因子法」は項目の共通性を何回かくり返し推定します。推定し直すほうが"プロ好み"だとはいえますが,それだけです。

2 回めの因子分析では,新たに「因子抽出数」と「因子軸の回転法」を追加設定します。

因子分析の全設定を表 49 にまとめておきます。

表 49　因子分析の設定事項

設定事項	指定のしかた	選択肢(どれか一つを選ぶ)
1. 共通性の初期値	PRIORS=	ONE, SMC, MAX, ASMC, ……
2. 因子の抽出法	METHOD=	PRIN, PRINIT, ML, ……
3. 因子の抽出数	N=	(ユーザーが決めた抽出数)
4. 因子軸の回転法	ROTATE=	VARIMAX, HK, ……

2 回めの因子分析ではこの 4 つがすべて設定されます。

ここでは PRIORS=SMC,METHOD=PRINIT,N=5 と決めましたので,あと「4. 因子軸の回転法」を決めればよいことになります。そこでバリマクス回転(VARIMAX)を選ぶことにします。回転法はひじょうに種類が多いので迷いますが,実践的にはバリマクス回転を"標準"とし,特別の考慮があるときに他を選ぶようにすればよいでしょう。

4.2　因子分析の実行

「表示」→「プログラムエディタ」をクリックし,以下を書きます。

```
PROC FACTOR PRIORS=SMC METHOD=PRINIT
    N=5 ROTATE=VARIMAX RE DATA=TOKUI;
  VAR X1 X3 X5-X12 X14-X22 X24 X25 X27-X32
      X34-X37 X40-X47 X49-X52 X54-X57;
RUN;
```

(上のプログラムを実行すると以下の出力となる：一部)

Rotation Method: Varimax (バリマクス回転)
　　　Rotated Factor Pattern (回転後の因子パターン)

	FACTOR1	FACTOR2	FACTOR3	FACTOR4	FACTOR5
X22	0.76938	0.00391	−0.02917	−0.05440	−0.00843
X49	0.59608	0.00134	−0.04565	0.11032	0.11557
X32	0.56892	−0.07646	0.38493	0.12939	−0.20113
X7	0.51364	−0.20343	0.18443	0.26074	0.34045
X29	0.49729	0.02677	0.08210	0.28096	−0.00439
X3	0.47413	−0.05034	0.18038	0.09170	0.41650
･	･	･	･	･	･
･	･	･	･	･	･
X16	−0.04111	−0.12020	0.03850	0.02000	0.49506
X36	0.18524	0.09737	0.16271	0.11530	0.49021
X41	0.16898	0.08848	0.29754	0.30959	0.41890
X15	0.36213	−0.01651	0.24033	−0.02658	0.39284
X52	−0.01930	−0.01086	−0.06361	−0.09525	0.25065

47項目並べ替えられている

Variance explained by each factor (各因子の説明分散)
FACTOR1　FACTOR2　FACTOR3　FACTOR4　FACTOR5
4.696793 4.057474 3.190678 2.838477 2.660206

（最終共通性）Final Communality Estimates：Total＝17.443628

	X1	X3	X5	X6	X7	X8	X9
	0.239771	0.441747	0.559833	0.482784	0.523125	0.468209	0.546872
	X10	X11	X12	X14	X15	X16	X17
	0.503712	0.273176	0.398360	0.505386	0.344196	0.263105	0.266462
	X18	X19	X20	X21	X22	X24	X25
	0.555452	0.058290	0.397669	0.390968	0.595838	0.189411	0.286725
各項目の最終共通性	X27	X28	X29	X30	X31	X32	X34
	0.491599	0.311835	0.333705	0.435172	0.335474	0.534885	0.264065
	X35	X36	X37	X40	X41	X42	X43
	0.160784	0.323865	0.222806	0.279042	0.396237	0.463021	0.533061
	X44	X45	X46	X47	X49	X50	X51
	0.218379	0.348280	0.508156	0.585462	0.382923	0.285727	0.307974
	X52	X54	X55	X56	X57		
	0.076435	0.242318	0.399823	0.440536	0.270972		

プログラムの1行めの"RE"は"REORDER"（並べ替え）というオプションです。項目を因子負荷量の大きい順に並べ替えます。

このプログラムを実行（サブミット）します（出力は前ページ）。

出力の最初は前と同じです。2回めの因子分析では"Rotated Factor Pattern"という見出しを探し，それ以下を見るようにします。

4.3 各項目の共通性のチェック

出力中の"Final Communality Estimates"（最終の共通性推定値）を見て，小さすぎる値をチェックします。すると，項目19と項目52の共通性が他と比べて極端に小さいようです（0.058, 0.076）

共通性は「因子に支配されている程度」を表しますので，これが小さい項目はどの因子にも支配されず，独自に動きます。したがって，それらを因子分析に持ち込んでも，結局，因子を探索する情報は得られません。したがって共通性の小さい項目はここで除外します。そして，もう一度，同じ設定の因子分析を実行します。

特にそんな項目がなかったら，前ページの出力中の"Rotated Factor Pattern"をそのまま結果として採用します。

ここでは項目19と項目52を除外し，因子分析を再実行します。これによっ

て前ページの膨大な因子パターン表は一回も見られることなく捨てられますが，そういうものです。

なお，共通性をチェックする基準は相対的なものであり，全体の値をながめながら決めます。共通性は因子負荷量の二乗値ですので，後々0.40程度の因子負荷量を期待するなら，最低でも共通性は0.16（＝0.40^2）はないといけません。そんなところを一応の目安にしてください。

(再) 4.2 因子分析の実行

ここは処理ステップが戻っています。

下のようなプログラムを書きます。"VAR"（変数指定）の記述だけが前と違います。X 19，X 52が除外されていることに注意してください。

```
PROC FACTOR PRIORS=SMC METHOD=PRINIT
            N=5 ROTATE=VARIMAX RE DATA=TOKUI;
    VAR X1 X3 X5-X12 X14-X18 X20-X22 X24 X25 X27-X32 X34-X37
        X40-X47 X49-X51 X54-X57;
RUN;
```

全体の項目数は47から45と減りました。これを実行（サブミット）します。

Initial Factor Method: Iterated Principal Factor Analysis（反復主因子法）

Prior Communality Estimates: SMC（共通性 SMC）

X1	X3	X5	X6	X7	X8	X9
0.730721	0.751263	0.752933	0.756278	0.738892	0.698965	0.770684
……	……	……	……	……	……	……

X45	X46	X47	X49	X50	X51	X54
0.732177	0.724758	0.877116	0.676108	0.679817	0.656234	0.574602

X55	X56	X57
0.751446	0.696191	0.608110

```
Preliminary Eigenvalues:     Total=31.9378502    Average=0.70973
                                    ⑧                   ⑧
                   1        2        3        4        5        6
Eigenvalue     7.784828  4.525334  2.642902  2.131761  1.775069  1.442529
Difference     3.259494  1.882431  0.511141  0.356692  0.332540  0.091444
Proportion     0.2437    0.1417    0.0828    0.0667    0.0556    0.0452
Cumulative     0.2437    0.3854    0.4682    0.5349    0.5905    0.6357
                                                          ⑨       ↑
                                                                   ★
```

（因子パターン表省略）

```
            Variance explained by each factor
         FACTOR1   FACTOR2   FACTOR3   FACTOR4   FACTOR5
         4.468817  4.074588  3.065034  3.037123  2.690760
    Final Communality Estimates: Total=17.336321    ⑩
```

（各項目の共通性省略）

各因子の固有値が若干違ってきます。もともと因子にあまり関係しない項目を除外したので Cumulative（累積説明率）が上がるほかは大勢に影響なく，因子抽出数はやはり5が適当です（★のところまで）。

因子抽出数を確認したら，あとは"Rotated Factor Pattern"の見出しを探し，それ以下だけに注目します（ここでは省略，後に全形を示します）。

(再) 4.3　各項目の共通性チェック

"Final Communality Estimates" を見ますと（これも省略），今度はあまり低い値は見当たりませんでした。項目35が0.1461ともっとも低かったのですが，0.38（=$\sqrt{0.1461}$）程度の因子負荷量が得られる可能性があり，このまま結果（回転後の因子パターン）を採用することにしました。

以上，因子分析はまだ続きますが，一応，計算だけはここで終わりました。この部分の「結果」の記述がどうなっているか見てみましょう。

結　果

　共通性の初期値を SMC とした反復主因子法を実行し，後続因子との固有値の差に基づいて 5 因子解を適当と判断した。その結果として著しく共通性の低かった項目 19 と項目 52 を除外して，再度 5 因子解を仮定した反復主因子法を実行した。
　最終的に分析した項目数は 45 個となった。SMC の合計値は 31.94，項目 1 個あたり平均は.710 であり，全体に対する 5 因子の累積寄与率は 59.1%，反復推定後の説明分散は 17.34 であった。
　バリマクス回転後，各項目の因子負荷量を得た。

解　説

　この結果の記述は最高難度に属します。専門家でもこれを書いた人しかスラスラと読めないでしょう。おじけづくことはありません。
　本文は下の 3 種類の記述が混じっています。これを見分ければ，読み取りが楽になります。

1．設定について
　① 共通性の初期値は？　→「SMC とした」
　② 因子の抽出法は？　　→「反復主因子法を実行した」
　③ 因子の抽出数は？　　→「5 因子解を適当と判断した」
　④ 因子軸の回転法は？　→「バリマクス回転」（一番最後に出てくる）

2．実行過程について
　⑤ 因子抽出数の決定は？　→「固有値の差に基づいて……判断した」
　⑥ 共通性のチェックは？　→「共通性の低かった項目……を除外した」
　※因子分析の計算は合計 3 回くり返したことになる。

3．結果について
　⑦ 分析した項目数は？　　→「最終的に……45 個」
　⑧ SMC の初期値は？　　　→「合計 31.94，項目 1 個あたり平均.710」
　⑨ 抽出した因子の強さは？　→「5 因子の累積寄与率は 59.1%」

⑩ 最終的な因子の強さは？　→「反復推定後の説明分散は 17.34」

　以上，全部で 10 個の情報が記述されています。数値の情報（⑧〜⑩）については，各マル数字を，p. 293 の出力中のマル数字と対応させてください。そこから引いてきています。
　①〜⑤ はどんなときも必ず書かなければならない事項です。
　⑥・⑦ は項目の除外があったときにのみ書きます。
　⑧ は項目の共通性に SMC を採用したときに書きます。ONE（1）を採用したときは書きません。MAX，ASMC のときは該当する値を書きます。
　⑨ は「回転後の因子負荷量」の表に書き添えるなら本文中には要りません。ただし反復主因子法や最尤法（ML）を用いたときは（最終的な値が違ってきますので），この記述は必ず本文中に書いておかなければなりません。
　⑩ も反復主因子法・最尤法など，共通性の反復推定をおこなう方法を選んだときは書かなければなりません。主成分分析・主因子法（PRIN）では抽出した因子の最初の説明分散と最終的な説明分散は一致しますので不要です。

＊

　いろいろな用語と数値が出てきて，たいへんでした。
　しかし，筆者が上の「結果」を読むときは，「あ，5 因子を抽出したのか」ということしか読みません。あとは流します。因子分析の設定・実行・結果はなんでもよいのです。それは因子の探索，現象の解明とはまた別次元の興味なのです。
　あえてもうひとつ読み取って，といわれれば，「この 5 因子の累積説明率は 59.1% か，まあまあかな」というくらいです。これは 5 因子で 45 項目のデータ変動の 59.1% を支配しているので "因子らしい" と確認したまでです。
　一応，本書では方法の勉強もしていますので十分に立ち止まりますが，すべての知識が同じ重要さを持つわけではありません。"どうでもよい知識" として学習すべき知識もなかにはあるのです。
　さて，ここまでで，回転後の因子負荷量（因子パターン表）を得ました。コンピュータ作業は終わり，ここからは人間の作業です。実際に因子を探索・発見しようと思います。

研究例Ⅸのデータ処理（3）：因子の解釈と命名

【因子負荷量 |0.40| 以上のマーキング基準によって解釈するケース】

これ以下は，目の前に「回転後の因子負荷量」（Rotated Factor Pattern）を置いた作業となります。

引き続き，"因子分析実行マニュアル"にしたがって進めてみます。

5 因子の解釈と命名
5.1 因子負荷量 [ ] 以上をマークする

[ ]には絶対値が入ります。ここでは |0.40| を入れることにします。

やり方として，最初は 0.40 でマークしてみて，あまりにマークが多すぎたら 0.50, 0.60, ……と上げてゆけばよいでしょう。マークが少なすぎたら下げますが，下げるほうは 0.35 が限度です。

コンピュータ出力の "Rotated Factor Pattern" において，因子負荷量 |0.40| 以上をマークします。

このマーキングをした "Rotated Factor Pattern" に「共通性」（Final Communality Estimates）と「説明分散」（Variance explained by each factor）を書き加えた表を作成しますと，論文に掲載する正式の表となります。やや膨大ですが，全形を次のページに載せてみます。

すさまじい量の数字を載せていますが，因子の解釈に使うのはマーク（表では枠または下線）が付いたものだけです。

因子ごとにマーク（の付いた因子負荷量）を数えると，因子Ⅰが最多の 11 個，因子Ⅴが最小の 6 個のマークをもちました。適当でしょう。

5.2 各項目のマークを数えてその項目の使い方を決める

今度は項目ごとにマークを数えます。そして，その項目の因子解釈における使い方を下のように決めます。

表50　バリマクス回転後の因子パターン

	因子 I	因子 II	因子 III	因子 IV	因子 V	共通性
項目 22	0.76290	−0.00672	0.03674	−0.00683	−0.05137	0.58610
項目 49	0.58532	−0.00302	0.15409	−0.04330	0.10948	0.38021
項目 32	0.56871	−0.06004	−0.07912	0.37628	0.11016	0.48702
項目 29	0.50161	0.04487	0.06366	0.07983	0.25255	0.32783
項目 7	0.48667	−0.20144	0.38409	0.16552	0.26493	0.52254
項目 40	0.47170	0.03421	−0.03333	0.24612	0.07309	0.29069
項目 42	0.46005	0.34486	0.22430	−0.14584	0.25662	0.46801
項目 28	0.44274	−0.19835	−0.08814	−0.22158	0.14056	0.31198
項目 25	0.43356	−0.02537	0.15379	−0.06757	0.24621	0.27745
項目 51	0.41815	0.09958	0.34045	−0.04917	−0.06113	0.30683
項目 24	0.39470	0.05221	0.06081	0.18881	−0.03342	0.19898
項目 37	0.38061	0.02927	0.26621	−0.01370	0.07885	0.22300
項目 5	−0.02180	0.74043	−0.11396	0.00642	−0.06261	0.51218
項目 47	−0.09244	0.73168	0.00753	0.15367	0.03240	0.56862
項目 9	−0.22302	0.65901	0.12863	−0.05801	0.19756	0.54297
項目 18	−0.06805	0.64959	−0.15134	0.01134	0.28127	0.52874
項目 10	−0.01495	0.61559	−0.07773	0.11455	−0.30014	0.48843
項目 56	0.09868	0.55547	−0.17378	0.25178	−0.00224	0.41188
項目 11	0.06492	0.46181	0.14202	0.18854	0.06757	0.27777
項目 57	0.06845	0.45765	0.22354	−0.09219	0.12363	0.28788
項目 1	0.19092	0.39882	0.15133	0.02924	0.16325	0.24592
項目 36	0.13722	0.11153	0.57439	0.12586	0.04771	0.37931
項目 50	0.10234	0.02515	0.53071	0.04259	0.06136	0.29834
項目 3	0.43421	−0.04949	0.47544	0.16418	0.06447	0.44814
項目 16	−0.08281	−0.13060	0.46430	0.01910	0.03060	0.24079
項目 14	0.22608	0.18726	0.46149	0.41327	0.16571	0.49741
項目 15	0.31297	−0.02750	0.45753	0.21258	−0.03778	0.35466
項目 41	0.13382	0.09094	0.44275	0.26979	0.30965	0.39087
項目 21	0.34305	−0.33138	0.37499	0.00183	0.21584	0.41470
項目 27	0.22257	−0.08261	0.01180	0.65088	0.08202	0.48688
項目 30	0.07337	0.05580	0.19815	0.56590	0.28731	0.45055
項目 6	0.31081	−0.09916	0.26390	0.56191	−0.14266	0.51218
項目 31	−0.10760	0.12550	0.24577	0.48569	0.10885	0.33548
項目 20	0.38464	0.21651	0.01484	0.46860	−0.06658	0.41906
項目 54	−0.14486	0.08444	0.07376	0.44028	0.07530	0.23307
項目 55	−0.05201	0.25381	0.30112	0.38714	0.29995	0.39765
項目 35	0.03333	0.14695	−0.01174	0.33093	0.11701	0.14605
項目 8	0.14208	0.28750	−0.06616	−0.02207	0.61930	0.49124
項目 46	0.36952	0.20553	0.01849	0.21901	0.50021	0.47731
項目 43	−0.23690	0.16609	0.42200	0.25729	0.46581	0.54497
項目 12	0.39880	0.03409	0.14994	0.15131	0.45524	0.41283
項目 17	0.23407	−0.02968	0.12910	0.03245	0.44394	0.27047
項目 44	−0.00248	−0.05874	0.05804	0.21876	0.42297	0.23359
項目 45	0.18441	0.14457	0.34780	0.11776	0.38595	0.33870
項目 34	0.11868	0.32364	0.05140	0.18732	0.32719	0.26361
説明分散	4.46881	4.07458	3.06503	3.03712	2.69076	17.33632

(注) 枠囲いされた数値および下線を引いた数値は 0.40 以上。

* マーク 1 つだけの項目 → その因子の解釈に最優先で使う。
* マーク 2 つ以上の項目 → 使わないか因子の解釈の確かめに使う。
* マークをもたない項目 → 使わない。

ここで「マーク 2 つ以上の項目」があまりに多いときは，やはりマーキングの基準値 |0.40| を上げて，マーキングをやり直さなければなりません（ただしこれはバリマクス回転のように直交回転法を選んだときであり，斜交回転ではそのまま解釈へ進む）。

因子パターン表を見ると，「マーク 2 つ以上」は項目 3・項目 14・項目 43 の 3 個です。マーキングをやり直すほどではありません。

5.3 「マーク 1 つの項目」を用いて共通特性を推理する

因子の解釈には，必ずエキスパートが当たります。すなわち問題現象をよく知っている人が当たります。複数人ならばなおよいでしょう。その人たちが「確かに実在しそうだ」という因子を考え出すこと，それが因子の妥当性を保証することになります。

ここでは因子の解釈は，実際の研究者にまかせてみましょう。論文に戻り，「結果」の続きを読んでみます。

結　果（続き）

因子の解釈には著者ら 2 人と現職の小中学校教員 4 人が参加した。基本方針として，表 50（p. 297 参照）の回転後の因子パターンにおいて絶対値 .40 以上の因子負荷量を示した項目の内容を中心として因子を解釈することにした。以下に 6 人の協議による因子の解釈経過を要約する。

因子 I に 0.40 以上の負荷量を示した項目を別表 51 にあげた。これらの項目の内容をみると，因子 I は一般的な探索傾向を表していると考えられる。ただし，因子 I は項目 49・項目 29・項目 28 を強く支配するなどの知見から，たとえばヒマワリの成長について予想を大きくふくらませるゆえに毎日見に行ったり，未来について夢をふくらませたり，カエルの解剖の途中結果からその後についての想像をたくましくするゆえに（先がこわくなり）やめようと言い出したりする傾向ではないかと思われた。したがって事物そのものの性質や状態にひかれて探索が起こるというよ

りは，それらの性質や状態をもとにして予測・想像をたくましくする結果として探索が起こると考え『予測・想像ベースの探索』と命名した。

表51　因子Ⅰの負荷の大きい項目とその内容

番号	負荷量	項目の内容
22	.76	実験の予想をするとき，考えがたくさん浮かび，いろいろ調べてみたくなる。
49	.59	2年生でヒマワリの花を育てたとき，どのくらい大きくなったか気になって，毎日見に行っていた。
32	.57	穴掘り工事の場所で地面とちがった種類の土が出ているのを見て地下の土がどうなっているのか調べたくなった。
29	.50	星を見るのが好きで，望遠鏡で星を観察しているとき，本気で，将来天文学者になりたいと思った。
7	.49	花びらや葉っぱの形だけでなく，葉っぱが茎につく付き方も植物の種類でちがい，不思議だなと思う。
40	.47	近くの汚いドブにおたまじゃくしがいた。どうしてこんな汚いところにいるのか不思議でしようがなかった。
42	.46	理科の話なら，どんな難しい話でも大好き。おもしろい話を聞いたときは，誰かに話したくなる。
28	.44	科学クラブでカエルの解剖をした。初めは楽しかったけど，内蔵が見えたとき解剖を止めようと言い出した。
25	.43	草むしりをしてきれいになった土をみたら，そこに植物の種をまき育ててみたくなった。
51	.42	4つ葉のクローバーを探そうと思ったら，見つけるまで頑張れると思う。

解　説

因子Ⅰを解釈したところです。解釈の手順は次のようになっています。

1．全項目に共通する"おおざっぱな内容"を考える。
2．各項目の特徴によって"おおざっぱな内容"を限定してゆく。
3．的確な因子名を付ける。

ここでは「全項目に共通する内容」として"探索"を考えました。しかし探索というだけでは項目49・項目29・項目28の内容と不整合です。そこで，探索といっても直接的な探索ではなく，予測や想像のワン・クッションをはさんだ探索であろうと解釈しています。

この辺の推理は，実際にどれだけ変わった子・おかしな子の気持ちを洞察できるかにかかっているでしょう。当の現象の体験者や熟知者などエキスパート

が，因子解釈に当たらなければならないゆえんです。ここでは小中学校の現職教員4人を含む6人が解釈に参加しています。

続けて，因子Ⅱ以下の解釈を読んでみます。エキスパートの解釈といっても，そんな因子が実在しそうかどうかを批判的に検討してみてください。

　次に，因子Ⅱは，表52の項目内容から実際行動に逸る傾向と考えられた。ただし，項目56（いつも友達とちがったことを考える）・項目11（急に思いつき途中で意見をいってしまう）より，事物についてのいろいろな思いつきにかられてその思いつきを試したくて行動に出る『試行に逸る実行』と命名され，たんに体を動かしたいとか事物に触ってみたいという衝動とは区別された。

　因子Ⅲは一般的に生物に対する興味・関心を表すと思われた。ただし項目36（ハチの採集でこわさを乗り越えてとれたときとてもうれしい）・項目50（春になりザリガニがとれるようになる時期がなんとなくわかる）・項目15（池のコイがかわいそうになり川にはなした）などに強い負荷をあたえることから，生き物をたんに興味・関心の対象としてみるだけでなく，生き物に自己投入したり感情移入したりする傾向を表すと考えて，『生き物との一体化』と命名した。

　因子Ⅳは項目27（ダンゴムシが体を丸めるのを見て関節の数をかぞえてみた）・項目6（ヘチマの種が落ちるのを見て赤ちゃんが生まれるのと同じだと思った）・項目31（ホースの中に魚が詰まったのであわてて口で吸い出した）など，事物の興味ある側面を特別に取り立てて集中した結果として，注意や思考がそのとりこになったり行動が不衛生を気にかけなくなったりする傾向であると考え『焦点化・集中化』と命名した。

　因子Ⅴは項目8（土をほりおこすとき虫が出てこないか気になる）・項目46（虫メガネを勉強したとき望遠鏡が作りたくなった）・項目17（メダカの水そうに発生した貝をメダカよりも飼いたくなった）などより，新しい問題や課題を求めたくなる傾向として『課題の創造』と命名した。

表52　因子Ⅱ・因子Ⅲ・因子Ⅳ・因子Ⅴの負荷の大きい項目とその内容

No.	負荷量	項目の内容
[因子Ⅱ：試行に逸る実行]		
5	.74	実験のとき，先生が話していても道具をいじっていたくてしようがない。
47	.73	実験をするとき，先生の説明を待っていられなくなって，どうしても早くやりたくなる。
9	.66	物を水に溶かしたり混ぜ合わせる実験のとき，ぐちゃぐちゃかき混ぜることがすきで，いつまでもやっている。
18	.65	自分のまわりにある時計やラジオなどの機械を見ると，分解したり，組み立てたりしていじってみたくなる。
10	.62	先生の実験を見に行くときは，友達よりもちょっとでも先に見に行こうとする。
56	.56	実験をするときは，友達とはちがった方法ですることをいつも考えている。
11	.46	実験や観察の話し合いのとき，他の人の発表を聞いていると，急に思いつき，途中で意見を言ってしまう。
57	.46	動物を見ると，かまれるなんて思わないで，つい手を出してなでようとしてしまう。
[因子Ⅲ：生き物との一体化]		
36	.57	昆虫採集の中では，ハチの採集が好きだ。こわさを乗り越えてとれたとき，とてもうれしくなる。
50	.53	春になり自然の様子を見ていると，ザリガニが動きだし，とれるようになる時期がなんとなくわかる。
16	.46	自分でつかまえたり，家で飼っていた生き物を，学校の教室で育てたいと思う。
15	.46	池で泳いでいるコイを見ていたら，かわいそうになり川に放してしまった。
41	.44	ザリガニ，金魚，カメ，昆虫など，許してくれるなら，たくさんの生き物を家で飼ってみたい。
[因子Ⅳ：焦点化・集中化]		
27	.65	ダンゴムシが自由に体を丸めるのを見て，関節（体のふし）の数をかぞえてみた。
30	.57	ミミズが好きなわけではないが，よく観察すると体の表面や口の様子などおもしろい部分があり興味がある。
6	.56	ヘチマの種がじゅくした実から落ちるのを見て赤ちゃんがお母さんのおなかから生まれるのと同じだなと思った。
31	.49	水そうの水を交換しているとき，ホースの中に魚が詰まり，なんとかしようと思い，あわてて口で吸い出した。
20	.47	先生が地震の話をしたとき，地震計の作り方を教えてくれた。自分でも作ってみようと思った。
54	.44	毛虫を見るとき，気持ち悪さよりもシャクトリムシのように体を浮かせながらあるくのがおもしろいと感じる。
[因子Ⅴ：課題の創造]		
8	.62	土をほりおこすとき，昆虫の幼虫が出てこないか，いつも気になる。
46	.50	虫メガネの勉強をしたとき，望遠鏡を作ってみたくなった。
12	.46	先生の実験を見たり，静かに観察しているとき，つばをのみこむほど緊張して見ることがある。
17	.44	水そうの水が汚れていると，寒い季節で水が冷たくても，中を洗って水を換えてあげたくなる。
44	.42	メダカの水そうにタニシのような貝がたくさん発生したのを見て，メダカよりもこの貝を育ててみたくなった。

> **解　説**

　一般的な解釈の手順として，"おおざっぱな共通内容"を取り出してから，それに限定的な特徴づけをおこなっていることに注意してください。

　以上，因子の解釈・命名をおこないましたので，ここで「結果」は終わりです。もしも因子の解釈が困難であるとか，解釈された因子の内容が現実にそぐわないという場合には，因子分析の設定を変えて，最初または途中からやり直します。

　この研究例では，だいたいよさそうな結果が出ましたが，実際には比較検討のために他の設定の因子分析も何回かやっています。論文中には3回やったと書いてあっても，実際にはそれだけで済んでいないと誰もが常識的に了解しています。もともと因子分析とはそういうものです。

　それは，ある一定の方法というよりは，因子を探し当てるまでの試行錯誤の一切をいうのです。

　さて，ここで見つかった特異行動の因子から何がいえるのか。それが「考察」のポイントになります。

考　察

　それぞれの因子の解釈された内容を一覧すると以下のようになった。

　　因子Ⅰ：予測・想像ベースの探索
　　因子Ⅱ：試行に逸る実行
　　因子Ⅲ：生き物との一体化
　　因子Ⅳ：焦点化・集中化
　　因子Ⅴ：課題の創造

　これらの因子は共通する特徴として，自己と事物との区別を乗り越える行動傾向を示しているのではないかと思われる。
　ふつう，われわれの活動は自己と事物との明確な区別を前提としている。この区別に基づいて事物を対象化する。これに対して，特異児童は事物を対象化するというより事物の中へ没入したり（因子Ⅲ『生き物との一体化』，因子Ⅳ『焦点化・集中化』），自己のなかへ事物を一杯に取り込んだりする（因子Ⅰ『予測・想像ベース

の探索』,因子Ⅱ『試行に逸る実行』)。こうした事物本位の行動傾向はまた,自己の目的を自覚したり達成感を得るというよりも,事物を徹底的に汲み尽くすというような『課題の創造』(因子Ⅴ)へ向かうと考えられよう。

変わった子・おかしな子に時として直感される「センスのよさ」とは,このように自己的要素にとらわれない事物本位・課題本位の行動傾向にあるといえるのではないだろうか。それが,ある場合には自分の危険や不衛生をかえりみない一途さや,ひたむきさを学習活動に加味するが,他の場合には周囲や文脈を気にしない極端と逸脱へ学習活動を導いてしまうのであろう。

この意味において,特異行動の因子は,一般にいわれている興味・関心とは次元が異なるように思われる。学校教育は学習主体としての自己を確立することをめざしており,興味・関心はそうした主体的な自己と結びつけられる。しかしながら,特異行動の因子は主体的自己と結びつけるにはあまりに自己的要素に乏しい。

発達図式を想定するなら,ふつう,このような特異行動因子は興味・関心の前段階の状態である。それが主体的・自律的な興味・関心の段階へと移行してゆく。しかし,この発達図式は採用できない。なぜなら,それでは従来の学校教育の形成圧にもかかわらず数少なく残り得た特異児童は,この発達図式の単なる"落ちこぼれ"にすぎないことになるからである。

特異児童が確かに存在し,彼らがふつうの興味・関心とは異質の因子をもつという事実は,この数少ない特異児童のなかに,主体的自己の形成に結びつけられる興味・関心とは別の「興味・関心」の発達可能性があることを示唆している。そして,この別の発達可能性として出来上がる興味・関心のほうがあるいは理科的分野の興味・関心としてずっとふさわしいのではないかと学校現場の教師には思われるのである。

この問題こそ,このわずかな特異児童たちを発掘しようとした現場的直感の根底にあったものであり,かつまた,この特異児童という特殊なサンプルの範囲に限定されず一般児童にも普遍化できるようなテーマを提示するゆえんである。

解　説

ここでも下のような「考察」の基本的構成が見られます。

1．結果の限定（5因子のリストの提出）
2．比較　　　（特異行動因子 vs. 従来の興味・関心）
3．観点の提出（主体的自己と結びつく興味,結びつかない興味）
4．示唆の導出（新しい興味・関心の発達可能性）

一般に，探索型研究の成果は"発見"です。

新しいテーマ，新しい可能性を発見したと主張することです。最終的に，この研究例でも，従来の興味・関心とは異なる興味・関心（自己の確立に結びつけようとしてもおそらく結びつかないであろう興味・関心）の発達可能性を発見したといっています。

しかし，主体的な自己に結びつかないような興味・感心など意味がないのではないかといいたくなりますが，むしろ主体的自己に結びつかないほうが「理科的分野の興味・関心としてずっとふさわしい」ということです。それがまた，変わった子・おかしな子に時として感じられる"センスのよさ"になるのでしょう。

それにしても，1235人の児童の中から77人を抽出してようやく見つかる因子とはいったい何なのでしょうか。それはたんなる"発達しそこない"なのか，それとも現行教育が無自覚につぶしてきた児童のもうひとつの発達可能性なのか。それを決めるのは，ここで見つかった特異行動因子についての今後の検証の積み重ねと，現場的直感を信じる探求心にかかっています。

※この研究例は立林・田中（1996）の一部を再構成したものである。
　立林尚也・田中　敏　1996　理科的事物に対して特異な行動を示す児童の因子分析的研究　教育心理学研究，44，34-43.

統計基礎 Q & A (60–63)

Q&A 60【因子分析には4つの用途がある】

Q. 因子分析にはいくつかの用途があるようですが教えてください。

A. 主に下の4つです。

1. 多変数の要約または減数化（summarization or reduction）
2. 探索（exploration）
   2.1. 因子の発見（仮説的構成概念がないとき）
   2.2. 因子的妥当性の確保（仮説的構成概念があるとき）
3. 確証（confirmation）

本書では次の研究例Xが「1. 多変数の要約」，前と今の研究例Ⅷ・研究例Ⅸが「2.1. 因子の発見」の例です

「2.2. 因子的妥当性の確保」は以前の因子分析の主用途でしたが，最近は恣意的すぎるという疑問があり，3番目の確証的因子分析へと移行しつつあります（因子軸の回転のときターゲット・パターンを仮定して当てはまりをみる）。

個人的には，確証的因子分析も，予測的妥当性に対照すれば妥当性の次元があまりに低いと思われます。因子分析のもっとも"因子分析らしい"用途は，やはり因子の発見であり，それ以外の用途は現実的近似を考慮しない単なる計算として感じられます。

Q&A 61【実験と調査の違い】

Q. 心理学研究には「実験」と「調査」があり，分散分析は実験で用い，多変量解析（因子分析や回帰分析）は調査で用いると聞いたことがあります。そうなのでしょうか。

A. それは便宜的区別ですが，表にしてみますと次のページのようになります。

一応，次のページの表では区別しましたが，分散分析を質問紙調査のデータ解析に用いたり，因子分析を実験効果の指標の探索に用いたりしてもまったく支障ありません。この表はあくまで"よくやる"区別にすぎません。

分散分析と多変量解析の便宜的区別

手　法	分散分析	因子分析・回帰分析
方法論	実験計画法	多変量解析
目　的	効果の分析	実態の分析
研究の呼び方	実　験	調　査
対象の呼び方	被験者	対象者
データ採取法	テスト，行動測定	質問紙，意識測定
データの種類	多くて2・3種類	20・30種類～100種類

(注)　「実験」は条件操作・場面介入あり。
　　　「調査」は操作・介入なしで基本的に"実態"を研究する。

　それにしても，分散分析は被験者から「多くて2・3種類」のデータをとるだけですが，因子分析・回帰分析は対象者から「20・30種類～100種類以上」のデータをとります。専門研究者の間でも，分散分析より因子分析などのほうがデータ解析は実質以上に"華やか"に感じられているようです。

Q&A　62【因子の解釈と命名について】

　Q．たとえば因子Ⅰは「試行に逸る実行」と解釈されましたが，因子にはマイナス側もあるはずですから，全員がプラス側に支配されるわけではないでしょう。そうすると，おかしな子・変わった子が全員，試行に逸ってしまうと考えることはできないと思いますが。

　A．個々の児童は因子Ⅰでなければ他の因子でプラス側に支配されるでしょう。
　因子は，標本となった児童本人を記述するものではなく，彼らが代表する典型的な「おかしな子・変わった子」を記述するものです。たとえば，全員の素データから3点くらいずつ減点して，この児童全員をあまり「おかしくない子・変わっていない子」にしてみてください。それでも同じ因子（おかしな子・変わった子の因子）が抽出されます。
　これに関連して，因子を単極的に命名するか（プラスの内容だけをもつ），双極的に命名するか（プラス・マイナス両方の内容をもつ）という問題があります。たとえば「気温の因子」というときは両極的に命名したことになり，「高温の因子」というときは単極的に命名したことになります。実質的意味は同じですが，通常あいまいさを避けて，現象の特徴や傾向を増大する方向へ単極的に命名します。
　研究例Ⅷも研究例Ⅸも因子の命名は単極的です。つまり，愛他心認知は「問題共有性」によって増大し，おかしな子・変わった子の行動は試行に逸りに逸った結果であると読めるようにします。これを愛他心認知が「問題の受け取め方」に支配され，おかしな子・変わった子が「試行を始める速度」に支配されるという命名では解釈不十分か，疑問があります。

Q&A 63【社会的望ましさは相関に影響しない】

Q. たとえば項目5「先生が話していても道具をいじっていたくてしようがない」などは、ふつうは叱られたり注意されたりする行動ですから、たとえ自分にあてはまっても児童は「あてはまらない」ほうに回答するのではないかと思います。何か対策を講じなくていいのですか。

A. 因子分析，回帰分析では問題ありません。

確かに，評定尺度への回答は社会的に望ましい方向に引きずられることが知られています。いわゆる社会的望ましさの影響です。しかし，社会的望ましさは平均を不当に動かしますが，データ分布に影響しませんので，相関ベースの分析方法（因子分析，回帰分析）には問題ありません。かりに分布に異状があったとしても，たとえば因子分析では不良項目としてチェックされますから，特に対策を必要としません。

社会的望ましさが問題になるのは，分散分析のように平均差を検定する場合です。その場合，評定項目の文面からなるべく「社会的望ましさ」がはたらくような要素を取り除く工夫をしなければなりません。

研究例X：ステップワイズ式の回帰分析

『生涯学習にふさわしい趣味の特性』

はじめに

　ここでは回帰分析を学びます。途中，因子分析も利用しますので復習にもなるでしょう。

　多変量解析法の2本柱は，この因子分析と回帰分析です。

　多変量（多くの変数）のなかに予測関係がないときは因子分析のコースをとり，「予測する変数」と「予測される変数」があるときは回帰分析のコースをとります。他の多変量解析の手法もこの2コースのいずれかに属します。

　このように，多くの種類のデータを取り扱うとき，それらの間に予測関係があるかないかを常にはっきりさせておく必要があります。そうした研究者側の方針決定がないと多変量データは処理できません。

　この研究例Xでは，手法それ自体もさることながら，多変量データに対する分析方針の立て方を学んでください。

『生涯学習にふさわしい趣味の特性』

問　題

　近年の不況期においても1990年代初頭のバブル時代に定着した週休2日制への移行が後戻りすることはない。余暇時間の増加に伴い，余暇をたんに仕事の息抜きとする考え方から生涯学習の機会とする考え方へと変わりつつある。すなわち，余暇の時間においても知識・技能を身につけたり体力の向上・維持をはかったり，または「生きがい」といった精神的満足を得ようとする人々が多くなってきた。この社会的状況において，人々が生涯学習の対象としたい余暇活動とはどのようなものであるかを調べることには意義があるであろう。そこで，本研究は，生涯学習の意欲を規定する余暇活動の特性を調べてみようとする。

ここで，余暇活動は組織的・利他的でない個人的活動としてのみ取り上げることにした。このため以下，余暇活動を「趣味」に限定する。趣味はボランティア活動や法人的活動を含まず，個人が自分のためにおこなう活動である。したがって，本研究の問題は，個人が生涯にわたって学習したいと思うような趣味の特性を明らかにすることである。

解　説

1990 年代から 21 世紀への時流に乗った研究です。この時点で確かに文部科学省の 8 つの内局のうち「生涯学習政策局」は筆頭局となっています。

問題は「生涯学習意欲を規定する余暇活動の特性を調べる」ことです。この 1 文からすぐに次の関係図式を描くことができます。

　　　生涯学習の意欲←［規定］――余暇活動の特性
　　　　　　　　　　　　※ここでは趣味の特性に限定

このように特定方向への関係が明らかです。

本文では「規定する」というコトバを使っていますが，ここは「決定する」「予測する」「説明する」といっても同じです。だいたいこれらのコトバが使われると，回帰分析のコースに入ります。

回帰分析を実行するには"下準備"がたいへん重要です。それは個々の変数（ここでは意欲，特性）を尺度化または数量化することです。このため，以下，予備調査を実行します。

予備調査

目　的
趣味の特性を抽出し，数量化する。

方　法
対象者　成人 9 人（21―42 歳）
材　料　70 種類の趣味。この選定は，①書店で入手した一般雑誌目録に載って

いた趣味の雑誌と，②成人60人を対象としたアンケート（あなたの趣味は何ですか）の結果に基づいている。

手続き　対象者9人に70種類の趣味リストをわたし，いずれかの趣味を特徴づける性質を思いつくままにあげてもらった。このとき例として，「複数でやる」「お金がかかる」「戸外でやる」などを事前に提示した。抽出作業はブレーン・ストーミング方式をとり，対象者が何でも自由に，できるだけ多く発言するように要求した。調査者は対象者の発言を評価なしで記録した。

結　果

約1時間の作業で53個の特性を抽出した。それぞれの特性について，どれくらいの細かさまで趣味を評定できるかを検討し，各特性を尺度化した。表53はその一例である。

表53　抽出・尺度化された趣味の特性（一部）

番号	特性	（尺度段階）
1．	お金がかかる	（ぜんぜんかからない　あまりかからない　どちらともいえない　わりとかかる　ひじょうにかかる）
2．	多人数でやる	（1人でやる　2人でやる　3人以上でやる）
3．	確立した流派がある	（ない　ある）
4．	基礎を必要とする	（ぜんぜん必要としない　あまり必要としない　あるていど必要とする　完全に必要とする）
5．	資格がとれる	（とれない　とれる）

この後，これらの特性尺度によって70種類の趣味を評定した。調査者を含む4人が2人ずつペアになり，一通り評定した後，同じ趣味についてペア間で評定得点が違う場合には協議により一致させた。その結果を表54に示す。

表54　各趣味の特性の評定値

趣味／特性	1（費用）	2（人数）	3（流派）	……	53（場所）
1．アニメ視聴	3	1	1	……	2
2．美術鑑賞	3	1	1	……	4
3．球技	4	3	1	……	4
4．武道	4	2	2	……	4
5．バイク	5	1	1	……	3
……					
70．野山の散策	2	1	1	……	4

解　説

この予備調査では，結果として，70種類の趣味についてその特性を数値と

して表すことができました。

表54を見ると、たとえば「アニメ視聴」は特性1（お金がかかる）が3点、特性2（多人数でやる）が1点、……ということになります。

この得点は調査者を含む4人の協議によって付けられました。主観的評定には、このように必ず複数の評定者を立てることが鉄則です。また、ここは評定者間の一致率を示してほしかったところです。それが評定の信頼性についての情報になります。

さて、70種類の趣味のそれぞれについて53変数の特性値を得ました。あと各趣味の生涯学習意欲得点を測定し、それをこの特性値で予測してみるということになります。

本調査

目　的

予備調査で用いた70種類の趣味についてその生涯学習意欲を測定する。そして、この生涯学習意欲を目的変数とし、予備調査で抽出した趣味特性得点を予測変数とする回帰分析を実行し、各趣味に対する個人の生涯学習意欲がどんな特性に依存しているかを明らかにする。

解　説

本調査の目的は2つです。

* 各趣味に対する生涯学習意欲を測定すること
* この生涯学習意欲を目的変数とした回帰分析を実行すること

これによって（個人的趣味に対する）生涯学習意欲がどんな特性によって上がったり下がったりするかを明らかにすることが最終目的となります。

ここで回帰分析に関する用語の整理をしておきましょう。次の図式の矢印の向きに注意してください。

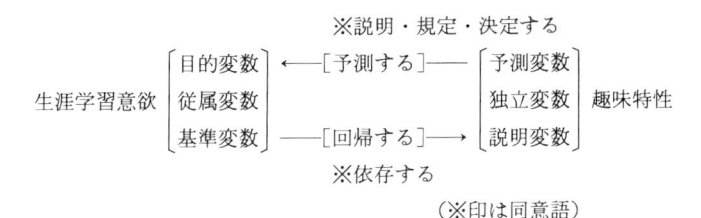

$$\text{生涯学習意欲} \begin{bmatrix} \text{目的変数} \\ \text{従属変数} \\ \text{基準変数} \end{bmatrix} \begin{matrix} \overset{\text{※説明・規定・決定する}}{\longleftarrow [\text{予測する}]} \\ \\ \underset{\text{※依存する}}{\longrightarrow [\text{回帰する}]} \end{matrix} \begin{bmatrix} \text{予測変数} \\ \text{独立変数} \\ \text{説明変数} \end{bmatrix} \text{趣味特性}$$

（※印は同意語）

上のように，予測と回帰は同じことを逆方向にいっているだけです。

「目的変数を予測変数が予測する・説明する・規定する」は，「目的変数が予測変数に回帰する・依存する」とまったく同じことです。図中の多くの用語はほとんど言い替えですので，慣れるまでは「目的変数」「予測変数」「予測する」「説明する」という4語だけを使うことにします。回帰分析は手法名としてのみ使うことにします。

では，目的変数の測定から始めましょう。すなわち，各趣味に対する生涯学習意欲の測定です。

方　法

対象者　学生でない有識者72人（19—56歳）

道　具　各趣味についてそれぞれの生涯学習意欲をたずねる5つの質問（表55参照）を載せた質問紙。なお70種類の趣味を，趣味番号1—23, 24—46, 47—70に分けて3バージョンの質問紙をつくった。

表55　各趣味に対する生涯学習意欲をたずねる質問項目

1．アニメ視聴はあなたの趣味として

　①ずっと続けられますか。

| イイエ | どちらかというとイイエ | どちらともいえない | どちらかというとハイ | ハイ |

　②興味を失わずにいられますか。

| イイエ | どちらかというとイイエ | どちらともいえない | どちらかというとハイ | ハイ |

③生活にたいくつしたとき潤いをあたえてくれますか。

イイエ　　どちらかというとイイエ　　どちらともいえない　　どちらかというとハイ　　ハイ
├──────┼──────────────┼──────────────┼──────────────┼──────┤

④明日への活力になりますか。

イイエ　　どちらかというとイイエ　　どちらともいえない　　どちらかというとハイ　　ハイ
├──────┼──────────────┼──────────────┼──────────────┼──────┤

⑤ストレスを発散させてくれますか。

イイエ　　どちらかというとイイエ　　どちらともいえない　　どちらかというとハイ　　ハイ
├──────┼──────────────┼──────────────┼──────────────┼──────┤

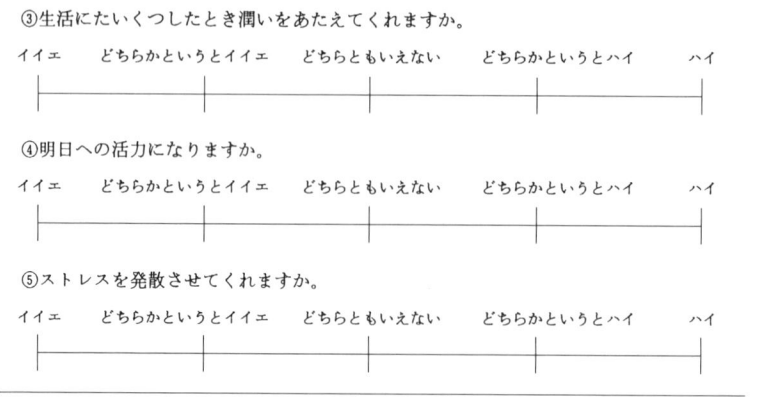

(注) 各趣味について以上の5つの質問がある。

手続き　調査は対象者の職場または自宅において小集団または個人別で実施した。1人の対象者に3バージョンの質問紙のうちひとつを提示し、各趣味について表55の5つの質問に回答させた。3人の対象者で70種類の趣味を1回り測定することになる。

解説

生涯学習意欲の測定は有識者を対象にしています。

測定はやや変則的です。1人の対象者は70種類の趣味のうち3分の1について評定します。これは趣味が70項目あり、生涯学習意欲の質問が5個あるので、1人にやらせると、70項目×5質問＝350回答も要求することになるからです。したがって、1人につき23〜24種類を回答させることにしました。これでも約120回答を要求しますので、たいへんな感じです。生涯学習意欲の質問を3個くらいに絞りたかったところです。

結局、1趣味あたり対象者72人中の24人が生涯学習意欲を評定したことになります。

さて、ここですべてのデータが得られました。ここからデータ処理に入りますが、その前に「結果」の最初の部分を読んでおきましょう。

結　果

各趣味に対する生涯学習意欲について対象者の評定得点を平均した値をもって，各趣味の生涯学習意欲得点とした（表56参照）。

表56　各趣味の生涯学習意欲得点の平均（N＝24）

趣　味	質問1	質問2	質問3	質問4	質問5
1．アニメ視聴	2.71	2.71	3.21	2.79	2.63
2．美術鑑賞	3.38	3.58	3.67	3.13	3.17
3．球技	2.92	3.25	3.46	3.20	3.05
……	…	…	…	…	…
70．野山の散策	3.00	3.04	3.17	3.08	3.04

（注）生涯学習意欲についての各質問は下記のとおり。
　質問1．ずっと続けられますか。
　質問2．興味を失わずにいられますか。
　質問3．生活にたいくつしたとき潤いをあたえてくれますか。
　質問4．明日への活力になりますか。
　質問5．ストレスを発散させてくれますか。
各質問の得点範囲は1－5．得点が大きいほど各質問に肯定的であることを示す。

解　説

各趣味の生涯学習意欲得点は，対象者24人の評定値の平均として算出しています。対象者の年齢・性別・職種および今までの趣味歴などを考慮していませんので"粗い値"であるといえます。またそれらを考慮するなら対象者の人数は1ケタ少ないでしょう。

ここでは目をつぶって，一応，最初の予定どおり，この生涯学習意欲得点をどんな趣味特性によって予測できるかを分析してみます。

研究例Xのデータ処理（1）：因子分析を用いた目的変数の減数化

【5変数を1因子にまとめたケース】

回帰分析にゆく前に，目的変数および予測変数を十分に吟味します。回帰分

析がうまくいくかどうかは，この目的変数・予測変数の"整備"にかかっているといっても過言ではありません。

ここでは目的変数5個（生涯学習意欲得点），予測変数53個（趣味特性得点）があります。

まず，目的変数5個のほうから検討を始めます。

目的変数1個につき1回の回帰分析を実行しますので，このままですと，全部で5回の回帰分析を実行することになります。ここで，5種類の得点を1つの得点にまとめられないかどうかを検討します（回帰分析の回数が減る）。この検討には因子分析を使います。因子分析にはそんな使い方もあるのです。この用途を"多変数の減数化"といいます。

そこで「因子分析実行マニュアル」(p.266)にしたがって処理を進めてみましょう。

1 データファイルの作成

ここでは，目的変数・予測変数すべてのデータをおさめた1つのデータファイルを作っておくことにします。そのように多変量解析のデータファイルは小分けにしないで"オール・イン・ワン"にすることです。

以下，「1.1 回答のチェック」「1.2 回答の得点化」は済んでいますので，「1.3 データの入力」から始めます。

1.3 データの入力

手持ちのエディタまたはワープロ（テキスト文書）を用いてください。

「1趣味1行」の原則を守り，入力します。ここでは1趣味につき生涯学習意欲得点5個（Q1—Q5），趣味特性得点53個（X1—X53）の変数があります。カッコ内はSASのなかでの変数名とします。

下のように書いてゆきます。

```
DATA SHUMI；    ←SAS上のデータセットの名前。任意。
  INPUT BANGO Q1-Q5 X1-X53； ←変数名。BANGOは趣味番号。
  CARDS；
  1        ←趣味番号，1番。
  2.71  2.71  3.21  2.79  2.63  ←生涯学習意欲得点5個。
```

研究例X：ステップワイズ式の回帰分析 —— *317*

```
    3 1 1 3 1 1 1 1 1 1  3 1 2 2 1 3 2 2 4 5    ←趣味特性 1—20
    2 4 5 3 1 1 1 3 2 3  1 1 1 3 1 1 4 1 4 2    ←趣味特性 21—40
    3 3 5 2 3 4 3 4 2 1  2 1 2                  ←趣味特性 41—53
    2           ←趣味番号，2 番。
    3.38  3.58  3.67  3.13  3.17  ←生涯学習意欲得点 5 個。
    3 1 1 2 1 1 3 1 2 1  1 1 3 4 3 2 2 2 2 4    ←趣味特性 1—20
    3 1 2 2 2 1 4 4 5 4  3 1 3 5 4 1 3 3 2 3    ←趣味特性 21—40
    3 3 4 1 3 2 2 1 3 3  2 2 4                  ←趣味特性 41—53
    ……
    ；  データの終わりを示す。（セミコロンだけを打つ）
RUN；
```

上では見やすいように「1 趣味 5 行」で書いています。

1.4 データファイルの保存

ここではファイル名を "SHUMI.DAT" とし，保存しました。

2 基本統計量の計算と不良項目のチェック

2.1 SAS の起動 （p. 231 を参照してください）

2.2 データの読み込み

上で入力した DATA SHUMI； から RUN； までの全行を範囲指定し，コピーしておきます。

そして下の手順で，SAS 画面へ貼り付けます。

・「表示」→「プログラムエディタ」
・「編集」→「貼り付け」 ⇨画面にデータがあらわれる
・「実行」→「サブミット」をクリック ⇨SAS データセットができる

2.3 基本統計量（平均・標準偏差）の計算

ここから目的変数（Q 1—Q 5）を処理します。

まず，生涯学習意欲得点の平均と標準偏差を計算します。SAS の画面で，「表示」→「プログラムエディタ」をクリックし，次のプログラムを書きます。

```
PROC MEANS ;
  VAR Q1-Q5 ;
RUN ;
```

これを実行（サブミット）すると下の出力が表示されます。

N Obs	Variable	N	Minimum	Maximum	Mean	Std Dev
70	Q1	70	1.9200000	4.2900000	2.8385714	0.5813485
	Q2	70	1.8800000	4.2100000	2.8021429	0.5695177
	Q3	70	1.8800000	4.4200000	2.8762857	0.5756135
	Q4	70	1.7500000	4.2500000	2.6265714	0.5432081
	Q5	70	1.8300000	4.3300000	2.7780000	0.5875362

2.4 不良項目のチェック

データ分布の幅について，最小値・最大値，標準偏差（Std Dev）に異状は見られません。だいたいそろっています。

データ分布の形についても，平均±標準偏差の値は天井またはフロアに偏っているとは見えません（各趣味の生涯意欲得点はもともと平均値ですから，おさまりはよいはずです）。

以上，5変数すべてを因子分析に持ち込みます。

3　1回めの因子分析

3.1　設定：共通性の初期値と因子の抽出方法

"因子の探索"ではなく"多変数の要約"として因子分析をおこなうときは，共通性の初期値をONE（1）とし，因子の抽出法は主成分分析とします（潜在因子モデルを仮定しない設定となる）。

もちろん，これで適当な因子または主成分にまとまらなければ，いろいろと設定を変えてゆきます。

3.2　因子分析の実行

「表示」→「プログラムエディタ」をクリックし，以下を書きます。

```
PROC FACTOR DATA=SHUMI ;    ←主成分分析はデフォルト（指定不要）。
```

```
VAR Q1-Q5;
RUN;
```

これを実行（サブミット）します。出力は以下となります

Initial Factor Method: Principal Components（主成分分析）

Prior Communality Estimates: ONE（共通性1）

Eigenvalues of the Correlation Matrix: Total=5 Average=1

因子番号	Eigenvalue	Difference	Proportion	Cumulative
1	4.525639	4.202605	0.9051	0.9051
2	0.323034	0.247474	0.0646	0.9697
3	0.075560	0.023785	0.0151	0.9848
4	0.051775	0.027783	0.0104	0.9952
5	0.023992		0.0048	1.0000

Factor Pattern（因子パターン）

	FACTOR 1
Q1	0.92870
Q2	0.96418
Q3	0.97160
Q4	0.96469
Q5	0.92676

Variance explained by each factor

FACTOR 1
4.525639

Final Communality Estimates: Total=4.525639

Q1	Q2	Q3	Q4	Q5
0.862477	0.929649	0.944003	0.930630	0.858879

3.3 因子抽出数の決定

上の出力を見ると，固有値の差（Difference）は因子1の直後が最大です（4.2026）。かつ，累積説明率（Cumulative）もすでに0.50をはるかに上回り，この因子だけで0.9051と全データ変動のほとんどを説明し尽くしている感じです。（90.51％）。

その下の"Factor Pattern"を見ても，各変数（Q1-Q5）の因子負荷量は0.90以上と十分に因子Ⅰの支配下にあることがわかります。

したがって因子の抽出数は1と決定します。

因子抽出数が1のときは因子軸の回転はありません。「2回めの因子分析」を飛び越して「因子得点の計算」へゆきます。この因子得点が5変数をまとめた1つの生涯学習意欲得点となります（回帰分析は1回で済むことになる）。

4 因子得点の計算

「表示」→「プログラムエディタ」をクリックし，下のプログラムを書きます。因子数を N＝1 と指定しています。下線部がユーザーの任意選択です。

```
PROC FACTOR N=1 SCORE DATA=SHUMI OUT=SHUMI2 ;
    VAR Q1-Q5 ;                    ↑
                        因子得点 FACTOR1 がここに出力される
DATA SHUMI3 ;
    SET SHUMI2 ;
    RENAME FACTOR1=IYOKU ;  ←SHUMI2 の中の FACTOR1 を分かりやすく IYOKU(意欲)に変えた
                               SHUMI3 を作る
    RUN ;
```

後半の DATA SHUMI3 以下は，変数名を付け替えるプログラムです。

これを実行（サブミット）すると，SHUMI3 の中に因子得点が IYOKU という変数名で入ることになります。

最後のデータセット SHUMI3 のなかは下のようになっています。

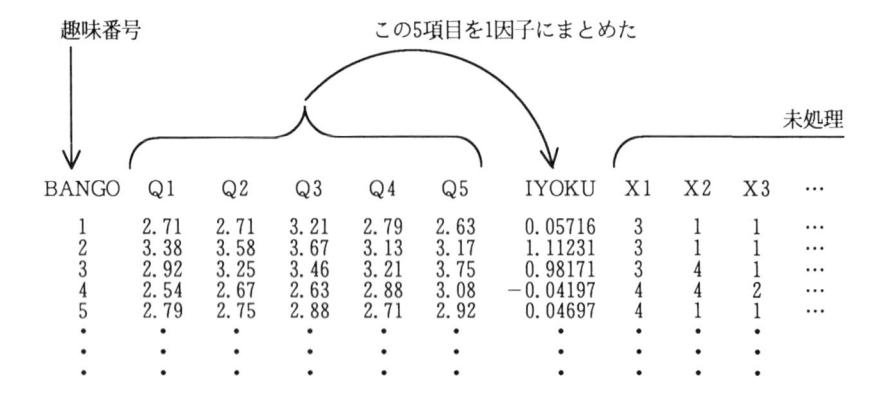

趣味番号　　　　この5項目を1因子にまとめた　　　　　　　　　　未処理

BANGO	Q1	Q2	Q3	Q4	Q5	IYOKU	X1	X2	X3	…
1	2.71	2.71	3.21	2.79	2.63	0.05716	3	1	1	…
2	3.38	3.58	3.67	3.13	3.17	1.11231	3	1	1	…
3	2.92	3.25	3.46	3.21	3.75	0.98171	3	4	1	…
4	2.54	2.67	2.63	2.88	3.08	−0.04197	4	4	2	…
5	2.79	2.75	2.88	2.71	2.92	0.04697	4	1	1	…
·	·	·	·	·	·	·	·	·	·	
·	·	·	·	·	·	·	·	·	·	

上のようにＱ１―Ｑ５をまとめた１個の変数 IYOKU（生涯学習意欲得点）が新たに存在しています。これは標準因子得点（平均 0, 標準偏差 1）ですので，細かな数値になっています。もちろん値が大きいほどその趣味に対する生涯学習意欲が高いということです。

以上，目的変数 5 個を 1 変数にまとめることができました。

ここまでの「結果」の記述を見てみましょう。

結　果（第 1 段落重複）

　各趣味について対象者による生涯学習意欲の評定値を平均し，この値を各趣味の生涯学習意欲得点とした（表 56 参照）。
　回帰分析に入る前に，ここで得られた生涯学習意欲得点 5 種類と，予備調査で得られた趣味特性 53 種類を因子分析によって要約することにした。
　まず，生涯学習意欲得点 5 種類について，主成分分析（共通性の初期値 1）の結果，1 因子構造とみなされた（寄与率 90.5％）。そこで，この標準因子得点をもって生涯学習意欲得点とした。

解　説

ここでの作業は次の 1 文に明らかです。「回帰分析に入る前に，……（多くの変数を）……因子分析によって要約することにした。」

そこで，まず生涯学習意欲得点 5 変数を 1 変数にまとめました。文中の「寄与率」は「説明率」「固有値比率」といってもかまいません（コンピュータ出力の Cumulative を％表示したもの）。90.5％という大きな値が 1 因子構造の根拠を示しています。

この結果は，結局，5 変数がひじょうに似通った変数であったということです。この 5 変数を別々に目的変数として（5 回の）回帰分析をしても，その結果はみな同じようなものになってしまいます。したがって 1 本化して分析しようということになります。そのほうが得点の精度が上がっていますし，やり方もスマートです。

次に，今度は予測変数 53 個のほうを"要約"します。

研究例Xのデータ処理（２）：因子分析を用いた予測変数の減数化

【ポイント数の異なる尺度を標準得点化し，因子分析するケース】

　趣味特性53変数についても5個か7個くらいの因子にまとまらないかどうか検討します。つまり因子分析してみます。

　この処理は，目的変数については後の回帰分析の回数を減らす意味合いがありましたが，予測変数についてはもっとシビアな問題に関係しています。

　すなわち，似たような変数を回帰分析に持ち込むと，回帰分析は不当な結果を出してしまいます（多重共線性問題といわれる）たとえば趣味特性のなかに「自然に触れる」と「遠くへゆく」があります。これはひじょうに似ています。すると，「自然に触れる」と「遠くへゆく」という特性が，生涯学習意欲の同じ部分を重複して二度も説明してしまうということが起こります（回帰の統計量が影響される）。回帰分析に持ち込む変数は，下のように相互に説明する部分が違っていることが大前提なのです。

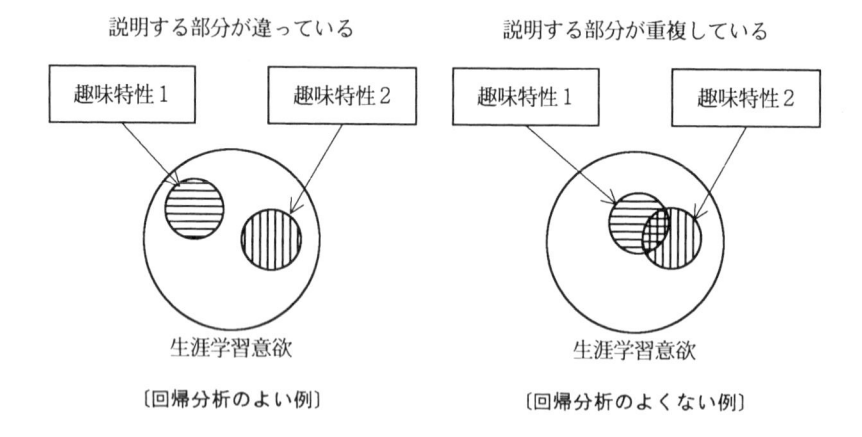

〔回帰分析のよい例〕　　　　〔回帰分析のよくない例〕
説明する部分が違っている　　説明する部分が重複している

　多重共線性問題は変数が多くなれば多くなるほど心配されます。

　そこで，多くの予測変数があるとき，似たような変数どうしは1つにまとめ，異なる変数どうしはまったく独立に分離するという対処をとります。これ

に因子分析を用いるのです。つまり，53種類の趣味特性の得点を6・7個の因子得点に圧縮するというような処理になります。

再び，「因子分析マニュアル」(p.266) にしたがって処理してみましょう。

趣味特性のデータはすでに SAS に読み込まれ，現在 SHUMI 3 というデータセットのなかに存在していますから，「2.3 基本統計量の計算」から始めます。

2 基本統計量の計算と不良項目のチェック

2.3 基本統計量（平均・標準偏差）の計算

SAS の画面で下のプログラムを書き，実行します。

```
PROC MEANS DATA=SHUMI 3 ;
  VAR X1-X53 ;
RUN ;
```

これを実行（サブミット）すると，下の出力になります。

N Obs	Variable	N	Minimum	Maximum	Mean	Std Dev
70	X1	70	1.0000000	5.0000000	3.3571429	1.0772444
	X2	70	1.0000000	4.0000000	1.6571429	0.9150230
	X3	70	1.0000000	3.0000000	1.1285714	0.4142893
	X4	70	1.0000000	4.0000000	2.5857143	0.9998965
	X5	70	1.0000000	3.0000000	1.3428571	0.6111456
	...	...				
	X52	70	1.0000000	5.0000000	2.3571429	1.1799744
	X53	70	1.0000000	4.0000000	3.1571429	0.9110547

2.4 不良項目のチェック

以下の2点をチェックします。

① データ分布の幅のチェック

出力中の最小値・最大値・標準偏差を見ますが，各変数の得点範囲が2から

7までとさまざまですので注意してください。たとえば「確立した流派がある」は"ある・ない"の1—2点,「ルールが複雑である」は"ひじょうに単純～ひじょうに複雑"の1—7点です。

　最小値・最大値は,各変数の下限値・上限値に対応していればよいでしょう。標準偏差は,1ポイント以上あることが望ましいのですが,最小1—2点範囲の変数ではむりですので,次の分布形のチェックのなかで見たほうがよいでしょう。

② データ分布の形のチェック

　平均±標準偏差の値が,変数の上限値・下限値をはみださないかを見ます。この研究例では,かなり多くの変数がこのチェックにひっかかります。

　こういう場合の対処として,得点範囲に余裕があるときは得点範囲を縮小してみます。たとえば,1—5点範囲の項目で,"平均−標準偏差"の値が下限値1未満になってしまったら,1—5点範囲を1—4点範囲の変数につくりかえます（4点・5点のデータを"4点"としてまとめる）。

　これは変数1個1個についての細かい手作業となります。

　この研究例では,実際に53個中の24個についてそのような"変数の改造"（得点範囲の縮小）をおこないました。そして,再び平均と標準偏差を計算し,それでもチェックにひっかかった8変数を除外することにしました。この処理過程は省略します。

　以上,8変数を不良項目として除外しましたので,53−8＝45変数を因子分析することになりました。

3　1回めの因子分析

3.0　標準得点化：各変数の得点範囲が異なるケース

　この研究例はこのケースに当てはまりますが,因子分析の計算上で標準得点化されるので処理の必要はありません。すぐに,3.1に進んでください。

　参考までに説明しますと,変換式は次のとおりです。

$$\text{標準得点}_i = \frac{\text{データ}_i - \text{平均}}{\text{SD}}$$

　　　　i：趣味番号 1，2，3，……70
　　平均：その変数の平均
　　　SD：その変数の標準偏差

1変数につき70個のデータを標準得点に変換します。この計算を45変数について（平均と標準偏差を入れ換えて）くり返します。

SASのなかで処理するとしたら，以下を書き，実行してください。

```
PROC STANDARD M=0    S=1     DATA=SHUMI 3   OUT=SHUMI 99 ;
   VAR X 1-X 53 ;
   RUN ;
```

これを実行すると，SHUMI 3　のなかのX 1―X 53の全データを標準得点に変換します（平均0，標準偏差1）。そして，SHUMI 99　のなかへ書き出します。

ちなみに，プログラムの1行めの　M＝0　S＝1　を　M＝50　S＝10　とすると，いわゆる学力偏差値（平均50，標準偏差10）となります。

3.1　設定：共通性の初期値と因子抽出法

目的変数の分析のときと同じ設定でやってみます。つまり主成分分析法です（各変数の共通性の初期値1）。

3.2　因子分析の実行

「表示」→「プログラムエディタ」をクリックし，下のプログラムを書きます。

```
PROC FACTOR DATA=SHUMI 3 ;   ←主成分分析は設定なしでよい。
   VAR X 1-X 2   X 4   X 7-X 11   X 13-X 21   X 23-X 31
       X 33-X 40   X 43-X 53 ;   ←変数8個を除外している。
   RUN ;
```

これを実行（サブミット）し，以下の出力を得ます。

Initial Factor Method：Principal Components

Prior Communality Estimates：ONE

Eigenvalues of the Correlation Matrix：Total＝45　Average＝1

	Eigenvalue	Difference	Proportion	Cumulative
1	9.637466	3.593804	0.2142	0.2142
2	6.043663	2.195046	0.1343	0.3485
3	3.848617	0.435812	0.0855	0.4340
4	3.412805	0.681303	0.0758	0.5098
5	2.731502	0.504624	0.0607	0.5705
6	2.226878	0.398636	0.0495	0.6200
7	1.828242	0.333468	0.0406	0.6606
8	1.494774	0.118548	0.0332	0.6939
9	1.376226	0.239042	0.0306	0.7244
10	1.137184	0.079306	0.0253	0.7497

（以下略）

3.3　因子抽出数の決定

下の目安を参考に，何因子までとるかを自力で決めてみてください。

* 固有値の落差（Difference）が大きいところをさがす
* 累積説明率（Cumulative）が0.50以上あることを確かめる
* 因子1個あたりの項目数が最低5個以上となるようにする

4因子解，5因子解，または7因子解，9因子解もあるところです。

筆者なら7因子解をとります。4・5因子ではまだ十分にまとめきれていない感じです（累積説明率0.5098, 0.5705）。また，9因子では1因子あたり項目数5個となり（予測変数は全45個），あとで因子の解釈に少し不安を残します。

もちろんこれが絶対の正解ということはありません。すべてを試してもかまいませんし（因子の解釈がもっともスムーズにゆくものを選ぶ），設定を変えて「1回めの因子分析」を再実行してもよいでしょう（もっと明確な落差を見いだそうとする）。

ここでは一応，因子抽出数7と決めます。

4　2回めの因子分析

4.1　設定：因子抽出数と因子軸の回転法の追加

1回めの主成分分析の設定はそのままとします。

因子抽出数は7です。

因子軸の回転法はバリマクス回転とします。こうした因子分析（多変数の減数化）では必ず直交回転とします。直交回転のもっともポピュラーな方法がバリマクス回転です。

それでうまくいかなくても，他の直交回転（エカマクス法，コーティマクス法など）を選びます。原則として斜交回転（プロマクス法，ハリスカイザー法など）は選びません。なぜなら斜交回転にすると因子間相関が生じるからです。似たような変数をまとめたその因子と因子がまた似たようなものになってしまっては何をやっているのかわかりません。この点，直交回転では因子と因子は完全に独立であり，相関ゼロです。直交回転はそのような"まとめ方"をするのです。回帰分析に持ち込む変数のまとめをしているときは，直交回転（バリマクス法）にすると覚えておいてよいでしょう。

4.2　因子分析の実行

「表示」→「プログラムエディタ」をクリックし，下のようなプログラムを書きます。

```
PROC FACTOR N=7  ROTATE=VARIMAX   ←因子抽出数と回転法を設定
              RE DATA=SHUMI3;     ←REは項目の並べ替えオプション
    VAR X1-X2  X4  X7-X11  X13-X21
        X23-X31  X33-X40  X43-X53;  ←変数8個を除外
RUN;
```

これを実行（サブミット）し，以下の"Rotated Factor Pattern"を得ます。

Rotation Method: Varimax

Rotated Factor Pattern

	FACTOR1	FACTOR2	FACTOR3	FACTOR4	FACTOR5	FACTOR6	FACTOR7
X15	0.82831	−0.07742	−0.05972	−0.00628	−0.14500	0.17432	−0.04364
X38	0.82429	0.05187	0.03625	0.17081	0.14697	−0.19763	0.08692
X24	0.78007	0.02430	0.38068	−0.15541	−0.10399	0.12448	−0.02357
X23	0.74557	−0.06269	0.47437	−0.17537	0.07582	0.15171	0.04970

(以下 41 項目省略)

Variance explained by each factor

FACTOR1	FACTOR2	FACTOR3	FACTOR4	FACTOR5	FACTOR6	FACTOR7
7.654855	5.468184	4.044462	3.611761	3.269830	3.084021	2.596061

Final Communality Estimates: Total=29.729174

X1	X2	X4	X7	X8	X9	X10
0.575148	0.624131	0.607642	0.446613	0.770655	0.509629	0.835808

X11	X13	X14	X15	X16	X17	X18
0.568028	0.758685	0.692881	0.749012	0.656039	0.599609	0.497881

X19	X20	X21	X23	X24	X25	X26
0.623420	0.681638	0.773846	0.846824	0.805028	0.568710	0.811773

X27	X28	X29	X30	X31	X33	X34
0.586714	0.786846	0.830728	0.691977	0.588534	0.807165	0.814568

X35	X36	X37	X38	X39	X40	X43
0.727128	0.712259	0.566242	0.780844	0.677888	0.387973	0.603488

X44	X45	X46	X47	X48	X49	X50
0.723817	0.614251	0.406973	0.684310	0.722462	0.590151	0.773495

X51	X52	X53
0.674328	0.475180	0.498854

4.3　各項目の共通性のチェック

"Final Communality Estimates"（最終共通性推定値）を見て，共通性の低すぎる項目を除外し，因子分析をやり直すかどうかを判断します。

上の出力ではX 46がもっとも低い値を示していますが（0.4070），それでも因子負荷量0.638（＝$\sqrt{0.407}$）を期待できますので，このまま確定することにします。

5　因子の解釈と命名

ここからはコンピュータではなく人間の作業となります。

5.1 因子負荷量 [ ] 以上をマークする

因子負荷量のマーキング基準を決めます。全体の値はやや高めに出ていますので，ここでは|0.50|（絶対値）としてみます。この基準に満たないものを切り捨てた因子パターン表を下に一部掲載します。

Rotation Method: Varimax

Rotated Factor Pattern

	FACTOR1	FACTOR2	FACTOR3	FACTOR4	FACTOR5	FACTOR6	FACTOR7
X15	0.82831	・	・	・	・	・	・
X38	0.82429	・	・	・	・	・	・
X24	0.78007	・	・	・	・	・	・
X23	0.74557	・	・	・	・	・	・
X48	0.73070	・	・	・	・	・	・
X8	0.72429	・	・	・	・	・	・
X14	0.65072	・	・	・	・	・	・
X10	0.64043	・	・	・	・	・	・
X13	0.60063	・	・	・	・	・	0.58252
X9	0.58280	・	・	・	・	・	・
X37	−0.62219	・	・	・	・	・	・
X39	−0.70206	・	・	・	・	・	・
X29	・	0.86526	・	・	・	・	・
X34	・	0.81020	・	・	・	・	・
X33	・	0.78221	・	・	・	・	・
X28	・	0.77573	・	・	・	・	・
X30	・	0.68897	・	・	・	・	・
X21	・	0.66975	・	・	・	・	・
X43	・	0.57282	・	・	・	・	・
X26	0.54557	・	0.69044	・	・	・	・
X18	・	・	0.66324	・	・	・	・
X45	・	・	0.60603	・	・	・	・
X17	・	・	−0.60799	・	・	・	・
X35	・	・	・	0.78853	・	・	・
X16	・	・	・	0.77383	・	・	・
X47	・	・	・	0.75484	・	・	・
X46	・	・	・	0.56594	・	・	・
X36	・	・	・	・	0.79711	・	・
X50	・	・	・	・	0.57168	・	・
X7	・	・	・	・	−0.59738	・	・
X31	・	・	・	・	・	0.75385	・
X20	・	・	・	・	・	0.60686	・
X11	・	・	・	・	・	0.60136	・
X51	・	・	・	・	・	0.54448	・
X44	・	・	・	・	・	・	0.63505
X19	・	・	・	・	・	・	−0.58683
X52	・	・	・	・	・	・	−0.61909

各因子におけるマーク（ここでは表示された因子負荷量）を数えてみますと，後ろのほうの因子が少ない感じですが，何とか因子解釈できるでしょう。

5.2 各項目のマークを数えてその項目の使い方を決める

今度は各項目（趣味特性）ごとにマークを数えてみます。
マーク1つの項目は因子解釈に最優先で使います。
マーク2つ以上の項目（X26，X13など）は使い方を保留します。
マーク0個の項目は使いません。

5.3 「マーク1つの項目」について共通特性を推理する

ここからは因子の解釈です。解釈者は，多趣味な人または雑学のエキスパートみたいな人がよいと思います。ここは研究者本人にまかせて，論文の「結果」を読んでみましょう。

結　果

……（目的変数5個の1因子化を終了した）……

次に，趣味特性53項目について，その評定値の平均±標準偏差が尺度の上限値または下限値を越えた項目3・5・6・12・22・32・41・42を除外した後，主成分分析（共通性の初期値1）によって因子抽出を試みた。その結果，7因子解を採用し，バリマクス回転後，因子負荷量を得た。なお，7因子による寄与率は66.1%であった。

因子パターンを検討し，各因子を表57のように解釈した。

表57　各因子の主要な特性と解釈後の命名

因子Ⅰ　『労力投下性』
　　　　特性15：自然に触れる　　　　（ .828）　　［正負の代表］（因子得点）
　　　　特性38：遠くへゆく　　　　　（ .824）　　・本格的登山　 2.29
　　　　特性24：足腰をつかう　　　　（ .780）　　・テレビ視聴－1.61
　　　　特性37：暇つぶしになる　　　（－.622）
　　　　特性39：自宅でできる　　　　（－.702）

因子 II	『社会性』		
	特性29：社会的に認知されている	（ .865）	［正負の代表］
	特性34：高尚な雰囲気がある	（ .810）	・茶道　　　2.27
	特性33：教養になる	（ .782）	・バイク－1.59
	特性28：援助を必要とする	（ .776）	
因子 III	『スポーツ性』		
	特性26：動作が大きい	（ .690）	［正負の代表］
	特性18：外国から入ってきた	（ .663）	・サッカー　2.22
	特性45：大きな音を伴う	（ .606）	・短歌　　－2.33
因子 IV	『機械性』		
	特性35：道具が複雑である	（ .789）	［正負の代表］
	特性16：科学的である	（ .774）	・パソコン　2.54
	特性47：機械を使う	（ .755）	・ジョギング－2.21
因子 V	『室内性』		
	特性36：ルールが複雑である	（ .797）	［正負の代表］
	特性50：スリルがある	（ .572）	・将棋　　　2.76
	特性7：屋外でやる	（－.597）	・買い物－1.86
因子 VI	『達成性』		
	特性31：達成感がある	（ .754）	［正負の代表］
	特性20：創造的である	（ .607）	・園芸　　　1.95
	特性11：自分から動く	（ .601）	・観劇－2.51
因子 VII	『臨機性』		
	特性44：多くの色を使う	（ .635）	［正負の代表］
	特性19：継続性がある	（－.587）	・カラオケ　1.74
	特性52：相手が決まっている	（－.619）	・ペット飼育－2.97

(注) 正負の代表は上段の趣味が正の代表，下段の趣味が負の代表．

解　説

本文の構成は次のようになっています。

1．不良項目の除去
2．因子分析の設定と実行
3．因子の解釈
4．因子寄与率の記載

3番めの「因子の解釈」について，その過程は書かれず，結果だけを表57として一括提示しています。本書では解説のため本文を最小にしていますのでそうしましたが，実際の研究論文では，各因子をひとつひとつ順番に取り上げ，文章によって因子の解釈過程を説得的に叙述するようにしましょう。

ここでは，表の右側にその因子が強く支配する代表的趣味をあげておきましたので，理解は比較的容易であると思います。

たとえば最後の因子Ⅶ『臨機性』についてみると，この因子が強く**正に支配する**カラオケは，確かに「多くの色を使う」（カラオケルームやモニター？）「継続性がない」（因子負荷量がマイナス），「相手が決まっていない」（因子負荷量がマイナス）という性質があり，きっかけと人の集まりに応じて行ったり行かなかったりします。これに対して，『臨機性』が強く**負に支配する**ペット飼育は，「多くの色を使わない」（飼育環境をあまり変えずに一定に保つため？），「継続性がある」，「相手が決まっている」という性質であり，機会に応じてやったりやらなかったりしてはペットが死んでしまうでしょう。

他の因子もそのように検討してみてください。

ここでは以上の解釈に満足し，因子分析を終了します。結局，趣味特性45個を7個の因子にまとめました。

この後，それぞれの因子得点を計算します（表57の代表的趣味についてはすでに因子得点が掲載されています）。

研究例Ｘのデータ処理（３）：因子得点の計算

SASの画面で，「表示」→「プログラムエディタ」をクリックし，プログラムを書きます。ROTATE＝VARIMAXは下のようにR＝Vと短縮可能です。

```
PROC FACTOR N=7 R=V RE SCORE   ←因子得点の計算コマンド
     DATA=SHUMI 3 OUT=SHUMI 7 ;   ←得点をSHUMI 7へ出力させる
VAR X1-X2 X4 X7-X11 X13-X21
    X23-X31 X33-X40 X43-X53 ;   ←変数8個を除外した表記
RUN ;
```

下線部がユーザーの任意選択です。SHUMI 3からSHUMI 7へ，データセットの名前を4飛びの奇数で付けていますが，筆者のクセです。

これを実行すると，データセットSHUMI 7に趣味特性7因子の標準因子得

点が出力されます。最終的に SHUMI 7 のなかみは下のようになっています。

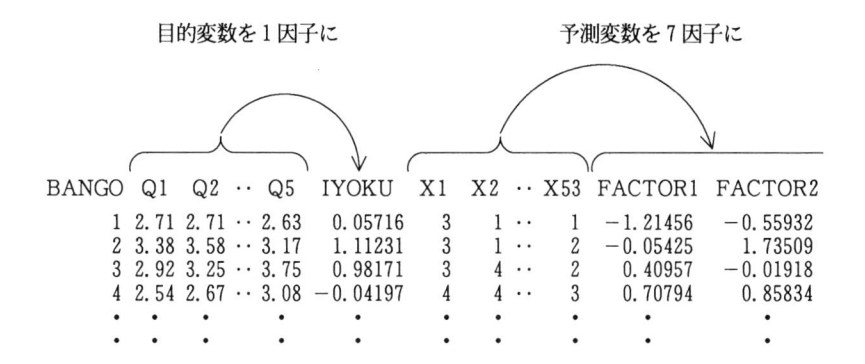

```
        目的変数を1因子に              予測変数を7因子に

BANGO   Q1   Q2  ‥  Q5    IYOKU    X1  X2  ‥  X53   FACTOR1    FACTOR2
  1    2.71 2.71 ‥ 2.63   0.05716   3   1  ‥   1   -1.21456   -0.55932
  2    3.38 3.58 ‥ 3.17   1.11231   3   1  ‥   2   -0.05425    1.73509
  3    2.92 3.25 ‥ 3.75   0.98171   3   4  ‥   2    0.40957   -0.01918
  4    2.54 2.67 ‥ 3.08  -0.04197   4   4  ‥   3    0.70794    0.85834
  ・    ・   ・     ・      ・       ・   ・      ・      ・         ・
  ・    ・   ・     ・      ・       ・   ・      ・      ・         ・
```

因子得点の変数名（FACTOR 1, FACTOR 2, ……）は SAS のほうで自動的に付けてくれますので，そのまま趣味特性の因子名として利用することにします。

こうして，当初の目的変数5個・予測変数45個が，目的変数1個・予測変数7個に要約されました。

これで，ようやく回帰分析をおこなうことができます。

目的変数は IYOKU，予測変数は FACTOR 1，FACTOR 2，FACTOR 3，……FACTOR 7 です。

研究例Xのデータ処理（4）：ステップワイズ回帰分析

【フォワード・セレクション方式をとったケース】

ステップワイズ回帰分析は，目的変数に対して多くの予測変数があるときに，そのなかから有力な予測変数を選出する方法です。

その選出の方式には以下の3つがあります。

1. フォワード・セレクション（Forward Selection）　：順次選出
2. バックワード・セレクション（Backward Selection）：順次排除

3. MAXR：モデル説明率最大化

ここでは，もっともよく使われる"フォワード・セレクション"方式を採用することに決めました。

「表示」→「プログラムエディタ」をクリックし，以下を書きます。

```
PROC STEPWISE DATA=SHUMI 7 ;
    MODEL IYOKU=FACTOR 1-FOCTOR 7 / FORWARD ;
RUN ;
```

下線部がユーザーの任意または選択です。

これを実行（サブミット）すると，出力は次のページのようになります。

出力はずいぶん長くなります。有力な予測変数を，1ステップに1個ずつ選出しているからです。これが"ステップワイズ"（1段1段）の意味です。

次のページの出力から読み取るべき重要な情報は以下の①～③です（出力中にもマル数字で場所を示してある）。

① Partial R**2, Model R**2

この見出しは最下段の"Summary of Forward Selection…"（SAS日本語版では「変数増加法の要約」）のなかにあります。

"R**2"は R^2 のことです。R^2 は目的変数に対する予測変数の重相関（R）を二乗した値です（決定係数といわれます）。R^2 の値は％として見ることができますので，目的変数に対する予測変数の説明率を表しています。このとき Partial R^2 が1個の予測変数の説明率，Model R^2 が選出された全予測変数の合計説明率を表しています。

たとえば第1ステップで選出された因子Ⅴ『室内性』は $R^2=0.199$ であり，生涯学習意欲得点の19.9％の変動を説明していることがわかります。かなり大きな説明力です。

これに対して，最終の第7ステップで選出された因子Ⅱ『社会性』は $R^2=0.017$ であり，生涯学習意欲得点のわずか1.7％の動きを規定しているだけです。つまり，趣味の社会性が高かろうが，低かろうが，その趣味に対する生涯学習意欲の得点はほとんど左右されないということです。

(順次選出方式) (目的変数 IYOKU)

Forward Selection Procedure for Dependent Variable IYOKU

Step 1　Variable FACTOR5 Entered　R-square=0.19871017　C(p)=19.84189868

	DF	Sum of Squares	Mean Square	F	Prob>F
Regression	1	13.71100143	13.71100143	16.86	0.0001
Error	68	55.28899857	0.81307351		
Total	69	69.00000000			

Variable	Parameter Estimate	Standard Error	Type II Sum of Squares	F	Prob>F
INTERCEP	−0.00000000	0.10777447	0.00000000	0.00	1.0000
FACTOR5	−0.44576918	0.10855263	13.71100143	16.86	0.0001

Bounds on condition number:　　1,　　　1

(STEP 2 から STEP 6 まで省略)

Step 7　Variable FACTOR2 Entered　R-square=0.42126199　C(p)=8.00000000

	DF	Sum of Squares	Mean Square	F	Prob>F
Regression	7	29.06707722	4.15243960	6.45	0.0001
Error	62	39.93292278	0.64407940		
Total	69	69.00000000			

Variable	Parameter ② Estimate	Stndard Error	Type II Sum of Squares	F	Prob>F
INTERCEP	0.00000000	0.09592254	0.00000000	0.00	1.000
FACTOR1	0.22442607	0.09661513	3.47532706	5.40	0.0235
FACTOR2	−0.13075596	0.09661513	1.17970138	1.83	0.1809
FACTOR3	0.15060846	0.09661513	1.56512059	2.43	0.1241
FACTOR4	−0.14588866	0.09661513	1.46856162	2.28	0.1361
FACTOR5	−0.44576918	0.09661513	13.71100143	21.29	0.0001
FACTOR6	−0.26715318	0.09661513	4.92458672	7.65	0.0075
FACTOR7	0.19937505	0.09661513	2.74277842	4.26	0.0432

Bounds on condition number:　　1,　　　49

No other variable met the 0.5000 significance level for entry into the model.

(まとめ)

Summary of Forward Selection Procedure for Dependent Variable IYOKU

Step	Variable Entered	Number In	Partial ① R**2	Model R**2	C(p)	③ F	Prob>F
1	FACTOR5	1	0.1987	0.1987	19.8419	16.8632	0.0001
2	FACTOR6	2	0.0714	0.2701	14.1960	6.5512	0.0127
3	FACTOR1	3	0.0504	0.3204	10.8002	4.8918	0.0305
4	FACTOR7	4	0.0398	0.3602	8.5417	4.0384	0.0486
5	FACTOR3	5	0.0227	0.3829	8.1117	2.3524	0.1300
6	FACTOR4	6	0.0213	0.4042	7.8316	2.2504	0.1386
7	FACTOR2	7	0.0171	0.4213	8.0000	1.8316	0.1809

市町村の行政当局が住民向けに"生涯学習セミナー"を開設しようとするとき，参加者の意欲をそそるようなメニューとして『社会性』の高い趣味を取り上げても別に効果がないということになります。しかし，『室内性』の高い趣味にするか低い趣味にするかは，参加者の生涯学習意欲に大きな影響をあたえるということです。

最終的に Model R^2 は 0.4213 となり，趣味特性 7 因子をすべて考慮すると，生涯学生意欲の 42.1% の変動を決定できるということがわかります。残り 57.9% の生涯学習意欲は，趣味特性では決定できないか，またはここで取り上げた 7 因子以外の趣味特性で決定できるものです。

② Parameter Estimate

この見出しは最終・第 7 ステップのなかを見てください。

"Parameter Estimate"（係数推定値）は「標準偏回帰係数」のことです。標準偏回帰係数の「標準」は平均 0・標準偏差 1 に標準化されていることを意味します。また，「偏」は他の変数による"見かけの相関"を取り除いていることを意味します。以下，たんに「回帰係数」ということにします。

さて，回帰係数は次の 2 つの情報をもっています。

1．予測変数の重み （あまり重要でない）
2．予測の方向　　 （ひじょうに重要！）

1 番めの「重み」は回帰係数の大きさ（絶対値）のことです。これは①の説明率（R^2）と比例しますので余分な情報です。

重要な情報は 2 番めの「予測の方向」です。これは回帰係数のプラス・マイナスを見ます。プラスなら予測の方向は正，マイナスなら予測の方向は負です。たとえば因子V『室内性』は回帰係数 −0.446 ですので（値は不要），予測の方向は負です。つまり，趣味の『室内性』が高ければ高いほど，その趣味に対する生涯学習意欲は低くなるという逆相関を表します。

したがって，上の①で『室内性』が生涯学習意欲を 19.9% も規定するからといって，"生涯学習セミナー"のメニューに『室内性』の高い趣味をそろえると失敗します。そこで，『室内性』と正反対の屋外性の強い趣味をそろえると，参加者の生涯学習意欲を促進することができるでしょう。

③ F, Prob＞F

"F", "Prob＞F" は最下段の "Summary of Forward Selection……" のなかの F, Prob＞F を見てください（以下に再掲）。これは有意性検定の情報です。

Summary of Forward Selection Procedure for Dependent Variable IYOKU

Step	Variable Entered	Number In	Partial R**2	Model R**2	C(p)	F	Prob＞F
1	FACTOR5	1	0.1987	0.1987	19.8419	16.8632	0.0001
2	FACTOR6	2	0.0714	0.2701	14.1960	6.5512	0.0127
3	FACTOR1	3	0.0504	0.3204	10.8002	4.8918	0.0305
4	FACTOR7	4	0.0398	0.3602	8.5417	4.0384	0.0486
5	FACTOR3	5	0.0227	0.3829	8.1117	2.3524	0.1300
6	FACTOR4	6	0.0213	0.4042	7.8316	2.2504	0.1386
7	FACTOR2	7	0.0171	0.4213	8.0000	1.8316	0.1809

F は「F 比」です。予測変数の説明率（R^2）が偶然の説明率の何倍あるかを表しています。たとえば因子Ⅴの説明率 0.1987 はそのときの（第 1 ステップの）偶然の説明率より 16.9 倍も大きいということです。（F＝16.8632）。

Prob＞F は，その F 比が偶然に生じるとしたときの確率（probability）を表しています。この確率（偶然生起確率）が小さいほど，その F 比は偶然に生じたものではないということになり，「有意である」と判定します。もちろん回帰分析は有意な R^2 を示した変数を選出しています。

ただし，回帰分析の有意水準を何％にするかはここで決めます。SAS はデフォルト（指定なし）で有意水準を 50％ に設定しています。「5％ のまちがいじゃないか」と思われるでしょうが，まちがいではありません。これは標本抽出誤差や測定誤差を補償するため，および "曲線回帰" のケースを拾うため，です。仮説検証型研究では「疑わしきは採らず」であり，有意水準を厳しくしますが，探索型研究では「疑わしきも採ってみる」であり，有意水準をケース・バイ・ケースで "甘く" してゆきます。

SAS は有意水準 50％ で有意な予測変数を選出しますので，その F 比の偶然生起確率（Prob＞F）の値を見ながら，研究者のほうで「有意である」・「有意でない」の水準を引き直すようにしてください。上の出力を見ると，有意水準 20％ とすれば全 7 因子を選出することができますし，有意水準 5％ とすれば第 4 ステップまでの 4 因子を選出することになります。

だいたい以上の①～③がコンピュータ出力から，論文へ転記される情報です。

これで回帰分析を終了しました。回帰分析自体より，その前段の目的変数・予測変数の"整備"が長かった印象があるでしょう。それがまったく正しい印象です。

では「結果」の記述を読んでみます。

結　果

……（目的変数・予測変数を因子分析によって要約した）……

生涯学習意欲得点（標準因子得点）を目的変数とし，趣味特性7因子（標準因子得点）を予測変数としたフォワード・セレクション方式のステップワイズ回帰分析をおこなった。その結果，有意水準5％で，表58の4因子を選出した。これによると，個人的趣味についての生涯学習意欲を喚起するには，低い室内性（屋外の趣味），低い達成性（達成を要求しないこと），ある程度の労力投下性（やりごたえがあること），および臨機性（継続を要求しないこと）を考慮するべきことが示唆される。

表58　生涯学習意欲得点を目的変数とした回帰分析の結果

Step	予測変数	R^2	累積	回帰係数	F
1	因子V「室内性」	.199	.199	−0.45	16.86**
2	因子Ⅵ「達成性」	.071	.270	−0.27	6.55**
3	因子Ⅰ「労力投下性」	.050	.320	0.22	4.89*
4	因子Ⅶ「臨機性」	.040	.360	0.20	4.04*

* $p<.05$　** $p<.01$

(註) 以下の因子は選択されなかった（カッコ内 R^2）。
　因子Ⅲ「スポーツ性」(.023)
　因子Ⅳ「機械性」(.021)
　因子Ⅱ「社会性」(.017)

解　説

回帰分析についての記述は「ステップワイズ回帰分析」であることを明記するほかに，以下のことを書くようにします。

* 目的変数は何か　　　　　　　　（生涯学習意欲得点）
* 予測変数は何か　　　　　　　　（趣味特性7因子）
* 予測変数の選出方式は何か　　　（フォワード・セレクション）
* 予測変数選出の有意水準は何%か　（5%）

結局，予測変数を選出する有意水準は5%としました。

表58に掲載している情報は，p.335の出力中①～③の情報に対応しています。確かめてください。

結論として，生涯学習意欲が4つの趣味特性から予測されることを述べています。これについては，下のような予測式を想定してください（数値は回帰係数）。

$$\text{生涯学習意欲得点} = -0.45 \times \text{室内性} - 0.27 \times \text{達成性}$$
$$+ 0.22 \times \text{労力投下性} + 0.20 \times \text{臨機性}$$

これで，まったく新たな趣味を持ち出しても，その室内性・達成性・労力投下性・臨機性を測り，上式に代入すれば，その趣味についての生涯学習意欲が何点になるかを具体的に予測できるのです。ただし実用可能な予測式を得るには標本数を増やすと同時に，趣味特性の尺度の吟味をもっと慎重におこなう必要があります。

ちなみに，この研究例における70種類の趣味のなかで，上式によって最大の生涯学習意欲得点をあげた趣味は"旅行"でした。

以上，この研究例はここで終わります。「考察」は省略します。

＊

最後に似たような注意をくり返します。

回帰分析で選出された予測変数は探索的に有力視されているにすぎないもの

であり、たとえば生涯学習意欲と『室内性』の間に因果関係が実在するかどうかはまた別の問題です。今後、詳細な検証を積み重ねてゆかなければなりません。このことは因子分析において発見された因子と同様、探索型研究と多変量解析全般の結果についていえることです。

　因子分析によって有力な要因を発見し、回帰分析によって有力な関係を発見し、分散分析によってその要因と関係を実験的に操作し、検証してゆく。このように各方法は探索型研究から仮説検証型研究への必然的な発展のなかで連係し合っているのです。けっして、それぞれ独立して完結しているものではありません。

※この研究例Xは坂本（1994）を再分析・再構成したものである。
　坂本喜香　1994　生涯学習と趣味の関連性　上越教育大学学校教育学部（学校教育専修）平成5年度卒業論文

統計基礎 Q & A（64–70）

Q&A 64【因子抽出数のスマートな決め方はないか】

Q. 趣味特性45項目を7因子に要約しましたが，そのとき4因子解・5因子解または9因子解もあるということでした。研究者が一番スムーズに解釈できそうな因子数が"正解"になるのでしょうが，もっとスマートに決める方法はありませんか。

A. あります。しかし方法は教えますが具体的な処理手順は示しませんので，得意な人に当たってみてください。
その方法は「最尤因子法」です。これを因子抽出法に指定し（METHOD＝ML），N＝4，N＝5，N＝7，N＝9の設定をひとつずつ実行します（計4回）。すると，そのたびごとに，「指定された因子抽出数で充足する」という統計的帰無仮説の検定や情報量基準などの当てはまりの指標をあたえてくれます。これらの数値を相互に比較して決定します。
ただし，特にスマートともいえませんし，信頼性・妥当性が向上するわけでもありません。

Q&A 65【回帰係数のイメージ】

Q. 回帰係数といわれるものが出てきましたが，どんなイメージをもてばいいのですか。

A. 一次関数の"傾き"です。つまり"Y＝aX＋b"という関数式のaが回帰係数に当たります。実際の回帰分析では予測変数はたくさんありますから一般式は下のようになります。

$$Y = a_1 X_1 + a_2 X_2 + a_3 X_3 + \cdots\cdots + a_n X_n + b$$

これを「回帰式」と呼びます。Yは目的変数，Xは予測変数，bは定数（y切片）です。Xが1ポイント変化すると，a（回帰係数）の大きさと向き（±）により，Yの上下動が決まります。回帰係数aの値が大きければ大きいほどXが1ポイント動いたときYにあたえる影響が重大になってきます（このためaを"重み"と表現したりします）。そんなイメージです。

Q&A 66【回帰係数の重み】

Q. 回帰係数は「重み」と「予測の方向」の情報をもつが，重みの情報は説明率（R^2）と重複するので余分だ，ということでした。どうして重複するのですか。

A. 回帰係数を二乗すると説明率（R^2）になり，これは別途出力されているからです。この説明率（R^2）のほうが％として読むことができますので，回帰係数より便利です。

下の等式は予測変数に標準得点（平均0，標準偏差1）を用いているときはつねに成立します。

　　　回帰係数＝相関係数　　ゆえに　　回帰係数^2＝相関係数^2＝説明率（R^2）

予測変数が標準化されていなくて素点のままのときは，なおさら回帰係数の大きさは理解しにくくなります。説明率（R^2）のほうが予測変数の力を％で明確に表します。

Q&A 67【バックワードと MAXR の回帰分析はどんな方式か】

Q. ステップワイズ回帰分析の選出方式に3つあり，研究例Xはそのうちフォワード・セレクションを使いましたが，後の"バックワード・セレクション"と"MAXR"とはどんなものですか。

A. まず，フォワード・セレクションを解説しますと，最初に回帰式を空にしておいて，全予測変数のなかからもっとも有意性の高い変数（説明率の大きい変数）を1ステップに1個ずつ回帰式へ入れてゆきます。つまり下のように回帰式はだんだんと，ふくらんでゆく進み方になります。

　　　第1ステップ：$Y = a_1 X_1 + b$　　　　　　←X_1 を選出した
　　　第2ステップ：$Y = a_1 X_1 + a_2 X_2 + b$　　　←X_2 を選出した
　　　第3ステップ：$Y = a_1 X_1 + a_2 X_2 + a_3 X_3 + b$　←X_3 を選出した
　　　……　……

これと反対に，バックワード・セレクション（順次排除）は，最初に全予測変数を回帰式に入れておいて，もっとも有意性の低い変数（説明率の小さい変数）を1ステップに1個ずつ回帰式から排除してゆきます。研究例Xでは結局，全7変数が選出されてしまいましたが，もしも選出されなかった変数があったら，バックワード・セレクション

を使って，そうした"弱い"変数の説明率を調べたりします。

MAXR（モデル説明率最大化）は，フォワード・セレクションと同じ方式ですが，予測変数を選出する基準が違います。フォワード・セレクションの場合は予測変数の説明率（Partial R^2）の有意性が基準となりますが，MAXR の場合はモデル説明率（Model R^2）の改善が基準となります。研究の興味が予測変数の選出にあるならフォワード・セレクションを選び，目的変数の予測にあるなら MAXR を選びます。

Q&A 68【目的変数が2つ以上あるときはどうするのか】

Q. この研究例では目的変数5個がうまく1因子にまとまりましたが，もしも2因子になったら回帰分析はどうなるのですか。

A. 2回やります，下のように。

目的変数Ⅰ＝予測変数 1，予測変数 2，予測変数 3，……予測変数 7
目的変数Ⅱ＝予測変数 1，予測変数 2，予測変数 3，……予測変数 7

結果は目的変数ごとにまったく独立に検討することができます。ただし，これはその2つの目的変数が完全に直交しているときに限ります（因子分析の直交回転によって求められているなら OK）。

一般に目的変数が2個以上あるとき，①目的変数どうしが完全に直交している（相関ゼロ）なら目的変数ごとに回帰分析をおこないますが，②目的変数どうしが相関しているなら「正準相関分析」をおこなってください。回帰分析は目的変数1個のケースしか処理できませんが，正準相関分析は目的変数2個以上のケースを処理することができます。

本書では正準相関分析は扱いません。正準相関分析の結果は読み取りと論文の記載にやや簡明さを欠きます（何がわかったのか，現実的な近似が判然としないところがある）。

これは研究のレトリックについての好みと見解の問題ですが，個人的には，目的変数が2つ以上あるならそれらを直交的な変数にできるまで目的変数の分析に集中します。その間，予測変数との関係づけは保留します。可能な限り，正準相関分析よりは回帰分析が使えるような状況へもってゆくことを筆者は試みます。

Q&A 69【予測変数間に相関があるときはどう対処するか】

Q. 回帰分析に持ち込む予測変数どうしは相関ゼロでなければならない，ということでしたが，もしも相関があったらどうすればいいですか。かりに因子分析（直交回転）

するという対処をとらないとしたら……。

A．実際に相関関係を検定し，有意でないなら回帰分析に持ち込んでもよいでしょう。たとえ有意であっても，ひじょうに弱い相関（相関関係0.20未満）ならば他方の変数の動きに5％以上の影響をあたえることはありませんので，そのまま回帰分析に持ち込んでも結果は左右されないと思います。

これ以上の相関があり，しかも直交的因子にまとめたくなくて（？）当初の項目のまま回帰分析に持ち込みたいというときは，相関する項目どうしのうちどれか1つを代表として残し，あとは捨てることです。

Q&A 70【2ポイント尺度を数量データとみなせるか】

Q．研究例では「確立した流派がある・ない」のような，2ポイント尺度の変数も回帰分析に入れていましたが，数量データとして大丈夫なのですか。

A．あまり大丈夫とはいえません。しかし，たとえ2ポイントを5ポイントにしたところで完全な数量データ（連続量）になったともいえないのです。つまり2ポイント尺度を「大丈夫か」といい始めると，心理学の調査研究のすべてが「大丈夫か」ということになるのです。

統計学では，この問題は測定誤差が大きいという問題になります。したがって，統計的分析の結果に基づき何らかの判断をするときは，むしろ測定誤差の影響を償うように"甘め"に判断したほうがよいという発想になります。たとえば因子の解釈に用いる項目の因子負荷量を0.40程度にしたり，回帰分析における予測変数の選出基準を50％にしたりすることがその例です。基準や水準を"甘め"にすることが測定の不備を補うと考えるのです。

統計的分析方法を科学的な証拠の出し方のonly oneと考える人たちは別ですが，one of themと考える大多数の人たちは"結果オーライ"の見方をとっています。つまり，出てきた結果から現実の理解がよりよく進めば，2ポイントでも「大丈夫」だったのです。わけのわからない結果が出れば，やはり2ポイント尺度では「問題がある」のです。

2ポイント尺度で大丈夫かどうかを初めから考える人たちはたんなる統計家です。人間心理に興味があるなら結果が出てから考えてください。

なお，こうした発想は仮説検証型研究・確証型研究では通用しません。探索発見型研究の態度です。

おわりに：研究基礎 Q & A

　統計的方法は実際の研究のなかで"生きてくる"という本書の主旨から，研究そのものについての基礎的質問にも答えておきたいと思います。それをもって，この本のまとめとします。

Q & A　1【研究とは何か】

　Q. 研究とは何ですか。何をやれば研究になりますか。

　A. 下のような研究をやれば"研究"になります。

人間・社会科学系の研究の種類

呼び方	研究の対象となるもの	研究のまとめ方と意義
文献研究	文献	思想比較，資料発掘，今後の展望
事例研究	カルテ（個別記録）	個別事例の追跡，特に治療的意義
実証研究	統計的数量データ	仮説検証，探索発見，実態把握
開発研究	方法，機器，システム	利用実態，新規開発，評価・改善
実践研究	現場	経験の蓄積，実践の評価・改善

　　（注１）「実践研究」は「実用研究」という名称も含む。
　　（注２）「追試」という呼び方は特に「実証研究」の繰り返しをさす。

　本書は中段の「実証研究」を中心としていました。
　実証研究のなかにはまた「仮説検証型の研究」と「探索発見型の研究」があります。論文の結論として「仮説を支持した」「仮説を更新した」とか，「因子を探し当てた」「関係を見いだした」「実態をとらえた」などと主張できればよいのです。

Q & A　2【テーマの決め方】

　Q. 研究のテーマはどのように決めたらいいですか。

　A. 専門用語を探すことです。
　自分の問題意識に合った専門用語を探すには以下のような方法があります。これは先行研究を概観することと同じです。

* 『児童心理学の進歩』(金子書房) を読む。
* 学会発表論文集のタイトルをながめる。
* 学会誌または研究雑誌の掲載論文の「問題」を読む。
* 学会誌または研究雑誌の展望論文(レビュー)を読む。
* PA, CIJE, RIE (文献データベース) を検索する。
* 理論雑誌 ($Psycol.\ Review,\ Amer.\ Psychol.,\ Harvard\ E.\ R.$) を読む。
* 研究会に参加し、情報交換する。
* 専門の職業研究者にたずねる (E メールを利用する)。
* 指導教員にたずねる。

もちろん、自分の問題意識にピッタリ当てはまる専門用語が見つからないという場合もあります。そのときは自分なりの"造語"をこしらえるしかありません。

Q&A 3【何を問題にしたらよいか】

Q. 研究はどんなことを問題にしたらいいのですか。

A. ひとつには、誤り・虚偽・矛盾・偏向・害悪です。これらについては一般に「疑問がある」と表現し、それらを改善する研究をします。
　もうひとつには、未知・未踏・不明・不便・困難です。これらについては一般に「不十分である」と表現し、十分になるように研究をします。

Q&A 4【研究のアイディアが浮かばない】

Q. やりたいテーマはあるのですが、具体的にどんな研究をしたらいいのかアイディアが浮かびません。どうしたらいいですか。

A. 「方法」から考える道があります。
　以下の方法の3項目のうち、いずれかを「変更してみたらどうだろうか」と考えてみてください。

1. 被験者についての変更
2. 材料、道具、装置についての変更
3. 手続きについての変更

1番めの「被験者についての変更」とは、先行研究では対象としなかった被験者を対象としたらどうなるか、と考えることです。研究上は、被験者の特性を変えてみること

になります。たとえば，身体的・社会的特性（年齢，学年，性別，人数，居住地域，出生順位，家族構成，所得水準，学歴・職歴，所属集団など），認知的特性（学力，技能，認知スタイル・学習スタイル，習慣，方略など），情意的変数（動機，性格，関心，態度など），対人的変数（ペア特性，集団特性，社会的地位など）。

2番めの「材料，道具，装置についての変更」は，先行研究では用いなかった材料，道具，装置を用いたらどうなるか，と考えることです。たとえば材料の内容，数量，媒体（活字・音声），道具（各種心理検査，質問形式，回答方法など），装置（メディア関連機器，コンピュータ関連機器など）です。

3番めの「手続きについての変更」は，場面，個人処遇・集団処遇，教示，条件設定・群構成，実施手順，時間配分，遅延時間，指標（データの種類），分析方法などを変えてみたらどうなるか，と考えることです。

とにかく，いろいろなことを「数多く想像してみる」ことです。ピンとくるアイディアが浮かぶまで。

Q&A 5【研究のオリジナリティを出すには】

Q．よく研究のオリジナリティを問われるのですが，明確なオリジナリティを出すにはどうしたらいいですか。

A．人間のテーマに限っていえば，そのテーマについての研究の現状が「機械論」の発想ならば「主体論」の発想をぶつけることです。もしも研究の現状が主体性重視の発想ならば相互性重視の発想をぶつけることです。

また，逆に「相互論」の発想を主流としつつある領域に対しては「主体論」の復権を主張したりすることです。

これは方法論でなく理論と発想の問題ですので，参考までに筆者の著書を紹介しておきます。『心のプログラム―心理学の基礎から現代社会の心の喪失まで―』（田中敏，啓文社，絶版中）

Q&A 6【論文の「問題」はどんなコトバで述べればよいか】

Q．研究の「問題」または「目的」はどんなコトバを使って書いたらいいですか。

A．好きでいいです。
よく使われるコトバとしては以下のようなものがあります。

（○○の仮説に基づいて，○○の側面に注目して，○○の要請に応えて）
（新しい観点から，いままであまり取り上げられなかった観点から）

研究する。
検討する。再検討する。
明らかにする。解明したい。明確にする。
試みる。試行する。
実施する。具体化する。
探りたい。探索したい。
把握したい。とらえなおす。再検討する。
開発したい。改善したい。
提供したい。
（以下の仮説を）検証する。
（○○の可能性を）追及する。

Q&A　7【問題意識がぜんぜんわからない】

Q．まったく問題意識がわかず，何を研究していいかわからないのですが，どうしたらいいですか。

A．問題がなければ研究しなくていいのです。
　そんなとき，職業研究者はだいたい他人の先行研究をくり返すことによって間に合わせています。しかし，ただくり返すのではなく，サンプルの変更（異なる年齢の被験者をとってくり返す），変数の追加（場面や道具など何でもいいからもう1要因加えてくり返す）などの工夫をします。学会の研究報告のほとんどはそうした"追試"です。それはそれで，ひとつのテーマについて研究の継続と知見の蓄積になることですから，よいのです。
　どうしても問題意識がわかないときは，他人の先行研究にもう一味加えてくり返してみることです。

Q&A　8【関連する先行研究が見当たらない】

Q．自分なりにやってみたいことはあるのですが，先行研究が見当たりません。どうしたらいいですか。

A．「関連する先行研究はない」といって研究してください。そのときに次の2点に留意してください。
　ひとつは，内容上関連する先行研究はなくても，あなたの考えている問題に適用できる方法や手続きを教えてくれる"先行研究"はたくさんあるということです。内容が当てはまらないからといってすぐに投げ出さないで，使っている手法などに注目してみて

ください。

　もうひとつは，関連する研究文脈がないと，周囲の理解と評価はなかなか得られないということです。特に，学校組織・研究組織に所属して活動する場合は，上司・同僚，指導教員・共同スタッフを適切に選ばないと研究以前に消耗してしまうでしょう。よりよい理解の得られる場と評価者を求めて，がんばってください。

Q&A　9【人間は数字でとらえられないのでは】

　Q．人間の現象を数量的にとらえることに疑問があります。人間は数字でとらえられないと思いますが。

　A．そうです。
　人間をとらえるものは数字ではなく，研究者のアイディアです。数字はそのアイディアの手がかり，またそのアイディアの確認として使っているだけです。
　なお，ある数量が正規分布するなら，その数量は必ず人間の何かをとらえています。そのことだけはまちがいありません。

Q&A　10【統計的分析と事例研究の違い】

　Q．統計的なデータ解析をしなくても研究になるのでしょうか。たとえば「事例研究」（ケース・スタディ）というやり方があると聞いたことがあるのですが。

　A．基本的には，現象のとらえ方の違いです。
　事例研究は現象を概念的記述によってとらえます。分析の際はその概念的記述を解釈したり説明したりする用語や図式が必要となりますので，ある主義・ある学派の理論についての勉強が必要となります。
　統計的分析は現象を数量的観察・測定によってとらえますので，データ解析についての勉強が必要となります。
　いずれにしろ，どちらも分析の方法は勉強しなくてはならないのです。事例研究はたんに個々の事例を記述すればよいというものではありません。また，統計的分析も個別事例への洞察なしで，何でもいいからデータをとればわかるというものでもありません。
　個別事例にも統計的データにも強くなってください（分析できるようになってください）。

Q&A 11【プロトコル分析について】

Q. 人間の心理過程について有益な情報を得るために「プロトコル分析」というものがあると聞きました。どんな方法なのですか。

A. プロトコル（protocol）とは「原型のままのコトバ」というような意味です。プロトコル分析は，被験者自身の現象観察や，日常的なおしゃべり，何げない口頭の反応などをすべてデータとみなして分析するのです。

ふつうのデータ解析では，それら「原型のままのコトバ」はいったん（研究者が用意した）カテゴリーや数量的尺度の上に乗せられて初めてデータとして扱われるのですが，そうする以前に"データとしての価値"を認めて分析しようとするのがプロトコル分析です。

方法としてはひじょうに素朴であり，それだけ現象に忠実であるかのような印象がありますが，研究上の有効性・生産性はあまり定かではありません。

プロトコル分析の対象と方法については，また別系統の知識と技術が必要です。これには次の本を紹介しておきます。『プロトコル分析入門―発話データから何を読むか―』（海保博之・原田悦子編，新曜社）

F 分布表／χ^2 分布表

　以下のページにF分布表とχ^2分布表を掲載します。F分布表は分散分析のF比の検定に用いてください。χ^2分布はχ^2検定に用いてください。
　それぞれ次の情報をもって表に当たります。

　　F比，自由度2個（df①，df②）→F分布表に当たる　→pを求める
　　χ^2値，自由度1個　　　　　　　→χ^2分布表に当たる　→pを求める

　F比の2つの自由度のうち，df①は要因の自由度，df②は誤差の自由度です。誤差の自由度は分散分析表でsを含む見出しと覚えておけばよいでしょう（STARの出力では複雑な分散分析表は区分けされているのでそのなかの誤差の自由度をもってくればよい）。χ^2値の自由度は次の計算によります。

　　1×j表のとき　df＝j－1
　　i×j表のとき　df＝(i－1)×(j－1)

［表の見方：pの求め方］

F分布表におけるpの求め方

df①	df②	F比		
2	8	…	…	…
	9	3.01	4.26 ←・→ 8.02	
	10	…	…	…
出現確率		.10	.05	.01
有意水準		有意傾向	5 %	1 %

F＝5.25を，df①＝2, df②＝9の数列に対照してゆく。落ちた所の下段をみてp<.05と読む。

df①は要因の自由度，df②は誤差の自由度。

χ^2分布表におけるpの求め方

df	χ^2値		
3	6.251	7.815	11.345
出現確率	.10	.05	.01
有意水準	有意傾向	5 %	1 %

df＝3の行をさがしχ^2＝12.79は，←右端の値を超える。そこで真下の出現確率を見て，p<.01と読む。

F分布表　その1

df①	df②	F比			df①	df②	F比			df①	df②	F比		
	5	4.06	6.61	16.26		5	3.78	5.79	13.27		5	3.62	5.41	12.06
	6	3.78	5.99	13.75		6	3.46	5.14	10.93		6	3.29	4.76	9.78
	7	3.59	5.59	12.25		7	3.26	4.74	9.55		7	3.07	4.35	8.45
	8	3.46	5.32	11.26		8	3.11	4.46	8.65		8	2.92	4.07	7.59
	9	3.36	5.12	10.56		9	3.01	4.26	8.02		9	2.81	3.86	6.99
	10	3.29	4.96	10.04		10	2.92	4.10	7.56		10	2.73	3.71	6.55
	11	3.23	4.84	9.65		11	2.86	3.98	7.21		11	2.66	3.59	6.22
	12	3.18	4.75	9.33		12	2.81	3.89	6.93		12	2.61	3.49	5.95
	13	3.14	4.67	9.07		13	2.76	3.81	6.70		13	2.56	3.41	5.74
	14	3.10	4.60	8.86		14	2.73	3.74	6.51		14	2.52	3.34	5.56
	15	3.07	4.54	8.68		15	2.70	3.68	6.36		15	2.49	3.29	5.42
	16	3.05	4.49	8.53		16	2.67	3.63	6.23		16	2.46	3.24	5.29
	17	3.03	4.45	8.40		17	2.64	3.59	6.11		17	2.44	3.20	5.18
	18	3.01	4.41	8.29		18	2.62	3.55	6.01		18	2.42	3.16	5.09
1	19	2.99	4.38	8.19	2	19	2.61	3.52	5.93	3	19	2.40	3.13	5.01
	20	2.97	4.35	8.10		20	2.59	3.49	5.85		20	2.38	3.10	4.94
	21	2.96	4.32	8.02		21	2.57	3.47	5.78		21	2.36	3.07	4.87
	22	2.95	4.30	7.95		22	2.56	3.44	5.72		22	2.35	3.05	4.82
	23	2.94	4.28	7.88		23	2.55	3.42	5.66		23	2.34	3.03	4.76
	24	2.93	4.26	7.82		24	2.54	3.40	5.61		24	2.33	3.01	4.72
	25	2.92	4.24	7.77		25	2.53	3.39	5.57		25	2.32	2.99	4.68
	26	2.91	4.23	7.72		26	2.52	3.37	5.53		26	2.31	2.98	4.64
	27	2.90	4.21	7.68		27	2.51	3.35	5.49		27	2.30	2.96	4.60
	28	2.89	4.20	7.64		28	2.50	3.34	5.45		28	2.29	2.95	4.57
	29	2.89	4.18	7.60		29	2.50	3.33	5.42		29	2.28	2.93	4.54
	30	2.88	4.17	7.56		30	2.49	3.32	5.39		30	2.28	2.92	4.51
	40	2.84	4.08	7.31		40	2.44	3.23	5.18		40	2.23	2.84	4.31
	60	2.79	4.00	7.08		60	2.39	3.15	4.98		60	2.18	2.76	4.13
	120	2.75	3.92	6.85		120	2.35	3.07	4.79		120	2.13	2.68	3.95
出現確率		.10	.05	.01	出現確率		.10	.05	.01	出現確率		.10	.05	.01
有意水準		有意傾向	5%	1%	有意水準		有意傾向	5%	1%	有意水準		有意傾向	5%	1%

(注) df①は要因の自由度，df②は誤差の自由度を表す．

F分布表 その2

df①	df②	F比			df①	df②	F比			df①	df②	F比		
4	5	3.52	5.19	11.39		5	3.45	5.05	10.97		5	3.40	4.95	10.67
	6	3.18	4.53	9.15		6	3.11	4.39	8.75		6	3.05	4.28	8.47
	7	2.96	4.12	7.85		7	2.88	3.97	7.46		7	2.83	3.87	7.19
	8	2.81	3.84	7.01		8	2.73	3.69	6.63		8	2.67	3.58	6.37
	9	2.69	3.63	6.42		9	2.61	3.48	6.06		9	2.55	3.37	5.80
	10	2.61	3.48	5.99		10	2.52	3.33	5.64		10	2.46	3.22	5.39
	11	2.54	3.36	5.67		11	2.45	3.20	5.32		11	2.39	3.09	5.07
	12	2.48	3.26	5.41		12	2.39	3.11	5.06		12	2.33	3.00	4.82
	13	2.43	3.18	5.21		13	2.35	3.03	4.86		13	2.28	2.92	4.62
	14	2.39	3.11	5.04		14	2.31	2.96	4.70		14	2.24	2.85	4.46
	15	2.36	3.06	4.89		15	2.27	2.90	4.56		15	2.21	2.79	4.32
	16	2.33	3.01	4.77		16	2.24	2.85	4.44		16	2.18	2.74	4.20
	17	2.31	2.96	4.67		17	2.22	2.81	4.34		17	2.15	2.70	4.10
	18	2.29	2.93	4.58		18	2.20	2.77	4.25		18	2.13	2.66	4.01
	19	2.27	2.90	4.50	5	19	2.18	2.74	4.17	6	19	2.11	2.63	3.94
	20	2.25	2.87	4.43		20	2.16	2.71	4.10		20	2.09	2.60	3.87
	21	2.23	2.84	4.37		21	2.14	2.68	4.04		21	2.08	2.57	3.81
	22	2.22	2.82	4.31		22	2.13	2.66	3.99		22	2.06	2.55	3.76
	23	2.21	2.80	4.26		23	2.11	2.64	3.94		23	2.05	2.53	3.71
	24	2.19	2.78	4.22		24	2.10	2.62	3.90		24	2.04	2.51	3.67
	25	2.18	2.76	4.18		25	2.09	2.60	3.86		25	2.02	2.49	3.63
	26	2.17	2.74	4.14		26	2.08	2.59	3.82		26	2.01	2.47	3.59
	27	2.17	2.73	4.11		27	2.07	2.57	3.78		27	2.00	2.46	3.56
	28	2.16	2.71	4.07		28	2.06	2.56	3.75		28	2.00	2.45	3.53
	29	2.15	2.70	4.04		29	2.06	2.55	3.73		29	1.99	2.43	3.50
	30	2.14	2.69	4.02		30	2.05	2.53	3.70		30	1.98	2.42	3.47
	40	2.09	2.61	3.83		40	2.00	2.45	3.51		40	1.93	2.34	3.29
	60	2.04	2.53	3.65		60	1.95	2.37	3.34		60	1.87	2.25	3.12
	120	1.99	2.45	3.48		120	1.90	2.29	3.17		120	1.82	2.17	2.96
出現確率		.10	.05	.01	出現確率		.10	.05	.01	出現確率		.10	.05	.01
有意水準		有意傾向	5%	1%	有意水準		有意傾向	5%	1%	有意水準		有意傾向	5%	1%

(注) df①は要因の自由度,df②は誤差の自由度を表す。

F分布表　その3

df①	df②	F比			df①	df②	F比			df①	df②	F比		
	5	3.37	4.88	10.46		5	3.34	4.82	10.29		5	3.32	4.77	10.16
	6	3.01	4.21	8.26		6	2.98	4.15	8.10		6	2.96	4.10	7.98
	7	2.78	3.79	6.99		7	2.75	3.73	6.84		7	2.72	3.68	6.72
	8	2.62	3.50	6.18		8	2.59	3.44	6.03		8	2.56	3.39	5.91
	9	2.51	3.29	5.61		9	2.47	3.23	5.47		9	2.44	3.18	5.35
	10	2.41	3.14	5.20		10	2.38	3.07	5.06		10	2.35	3.02	4.94
	11	2.34	3.01	4.89		11	2.30	2.95	4.74		11	2.27	2.90	4.63
	12	2.28	2.91	4.64		12	2.24	2.85	4.50		12	2.21	2.80	4.39
	13	2.23	2.83	4.44		13	2.20	2.77	4.30		13	2.16	2.71	4.19
	14	2.19	2.76	4.28		14	2.15	2.70	4.14		14	2.12	2.65	4.03
	15	2.16	2.71	4.14		15	2.12	2.64	4.00		15	2.09	2.59	3.89
	16	2.13	2.66	4.03		16	2.09	2.59	3.89		16	2.06	2.54	3.78
	17	2.10	2.61	3.93		17	2.06	2.55	3.79		17	2.03	2.49	3.68
	18	2.08	2.58	3.84		18	2.04	2.51	3.71		18	2.00	2.46	3.60
7	19	2.06	2.54	3.77	8	19	2.02	2.48	3.63	9	19	1.98	2.42	3.52
	20	2.04	2.51	3.70		20	2.00	2.45	3.56		20	1.96	2.39	3.46
	21	2.02	2.49	3.64		21	1.98	2.42	3.51		21	1.95	2.37	3.40
	22	2.01	2.47	3.59		22	1.97	2.40	3.45		22	1.93	2.34	3.35
	23	1.99	2.45	3.54		23	1.95	2.37	3.41		23	1.92	2.32	3.30
	24	1.98	2.43	3.50		24	1.94	2.36	3.36		24	1.91	2.30	3.26
	25	1.97	2.41	3.46		25	1.93	2.34	3.32		25	1.89	2.28	3.22
	26	1.96	2.39	3.42		26	1.92	2.32	3.29		26	1.88	2.27	3.18
	27	1.95	2.37	3.39		27	1.91	2.31	3.26		27	1.87	2.25	3.15
	28	1.94	2.36	3.36		28	1.90	2.29	3.23		28	1.87	2.24	3.12
	29	1.93	2.35	3.33		29	1.89	2.28	3.20		29	1.86	2.22	3.09
	30	1.93	2.34	3.30		30	1.88	2.27	3.17		30	1.85	2.21	3.07
	40	1.87	2.25	3.12		40	1.83	2.18	2.99		40	1.79	2.12	2.89
	60	1.82	2.17	2.95		60	1.77	2.10	2.82		60	1.74	2.04	2.72
	120	1.77	2.09	2.79		120	1.72	2.02	2.66		120	1.68	1.96	2.56
出現確率		.10	.05	.01	出現確率		.10	.05	.01	出現確率		.10	.05	.01
有意水準		有意傾向	5%	1%	有意水準		有意傾向	5%	1%	有意水準		有意傾向	5%	1%

(註) df①は要因の自由度, df②は誤差の自由度を表す。

F分布表 その4

df①	df②	F比			df①	df②	F比			df①	df②	F比		
	5	3.30	4.74	10.05		5	3.27	4.68	9.89		5	3.24	4.62	9.72
	6	2.94	4.06	7.87		6	2.90	4.00	7.72		6	2.87	3.94	7.56
	7	2.70	3.64	6.62		7	2.67	3.57	6.47		7	2.63	3.51	6.31
	8	2.54	3.35	5.81		8	2.50	3.28	5.67		8	2.46	3.22	5.52
	9	2.42	3.14	5.26		9	2.38	3.07	5.11		9	2.34	3.01	4.96
	10	2.32	2.98	4.85		10	2.28	2.91	4.71		10	2.24	2.85	4.56
	11	2.25	2.85	4.54		11	2.21	2.79	4.40		11	2.17	2.72	4.25
	12	2.19	2.75	4.30		12	2.15	2.69	4.16		12	2.10	2.62	4.01
	13	2.14	2.67	4.10		13	2.10	2.60	3.96		13	2.05	2.53	3.82
	14	2.10	2.60	3.94		14	2.05	2.53	3.80		14	2.01	2.46	3.66
	15	2.06	2.54	3.80		15	2.02	2.48	3.67		15	1.97	2.40	3.52
	16	2.03	2.49	3.69		16	1.99	2.42	3.55		16	1.94	2.35	3.41
	17	2.00	2.45	3.59		17	1.96	2.38	3.46		17	1.91	2.31	3.31
	18	1.98	2.41	3.51		18	1.93	2.34	3.37		18	1.89	2.27	3.23
10	19	1.96	2.38	3.43	12	19	1.91	2.31	3.30	15	19	1.86	2.23	3.15
	20	1.94	2.35	3.37		20	1.89	2.28	3.23		20	1.84	2.20	3.09
	21	1.92	2.32	3.31		21	1.88	2.25	3.17		21	1.83	2.18	3.03
	22	1.90	2.30	3.26		22	1.86	2.23	3.12		22	1.81	2.15	2.98
	23	1.89	2.28	3.21		23	1.85	2.20	3.07		23	1.80	2.13	2.93
	24	1.88	2.26	3.17		24	1.83	2.18	3.03		24	1.78	2.11	2.89
	25	1.87	2.24	3.13		25	1.82	2.16	2.99		25	1.77	2.09	2.85
	26	1.86	2.22	3.09		26	1.81	2.15	2.96		26	1.76	2.07	2.82
	27	1.85	2.20	3.06		27	1.80	2.13	2.93		27	1.75	2.06	2.78
	28	1.84	2.19	3.03		28	1.79	2.12	2.90		28	1.74	2.04	2.75
	29	1.83	2.18	3.00		29	1.78	2.10	2.87		29	1.73	2.03	2.73
	30	1.82	2.16	2.98		30	1.77	2.09	2.84		30	1.72	2.01	2.70
	40	1.76	2.08	2.80		40	1.71	2.00	2.66		40	1.66	1.92	2.52
	60	1.71	1.99	2.63		60	1.66	1.92	2.50		60	1.60	1.84	2.35
	120	1.65	1.91	2.47		120	1.60	1.83	2.34		120	1.55	1.75	2.19
出現確率		.10	.05	.01	出現確率		.10	.05	.01	出現確率		.10	.05	.01
有意水準		有意傾向 5% 1%			有意水準		有意傾向 5% 1%			有意水準		有意傾向 5% 1%		

(注) df①は要因の自由度, df②は誤差の自由度を表す.

χ^2 分布表

df	χ^2 値			df	χ^2 値		
1	2.706	3.841	6.635	8	13.362	15.507	20.090
2	4.605	5.991	9.210	9	14.684	16.919	21.666
3	6.251	7.815	11.345	10	15.987	18.307	23.209
4	7.779	9.488	13.277	12	18.549	21.026	26.217
5	9.236	11.071	15.086	14	21.064	23.685	29.141
6	10.645	12.592	16.812	15	22.307	24.996	30.578
7	12.017	14.067	18.475	16	23.542	26.296	32.000
出現確率	.10	.05	.01	出現確率	.10	.05	.01
有意水準	有意傾向	5 %	1 %	有意水準	有意傾向	5 %	1 %

索　引

あ行

愛他行動　214
愛他心　211
愛他的メッセージ　6
アスタリスク　76
アナロジー　59, 175, 204
1因子構造　321
一次の交互作用　153
1被験者1行　71
1要因分散分析　69
一致率　312
因子間相関　239
因子軸の回転　239, 258
因子抽出数　341
因子的妥当性　305
因子得点　248, 332
因子の解釈・命名　244, 296, 306
因子パターン　238
因子負荷量　234, 242
因子分析　3, 213, 256, 261, 262, 305
　──実行マニュアル　266
インフォームド・コンセント　226
ヴィゴツキー, L. S.　140
ヴィゴツキー学派　139
援助行動　214
オースベル, D. P.　29
重みづけしない平均　114
オリジナリティ　13

か行

回帰係数　336, 341, 342
回帰分析　3, 309
外国文献　49
χ^2 検定　3, 29, 51–54
カイ二乗値　38
開発試行型　95
確証的因子分析　305
仮説検証型　81
仮説の書式　65
学会誌論文　24
カテゴリカル・データ・モデリング　55
カテゴリー・データ　55

角変換　115
間隔・比率尺度　4
期待度数　44
基本統計量　232
逆転項目　216, 218
教師―児童型　141
共通性　234
　──の反復推定　295
協同　139
極端値　115
寄与率　242
偶然生起確率　11, 26
クラメールの関連係数　52
くり返しのあるデータ　56
決定係数　334
言語的報酬　6
減数化　305
現場法　15, 25
好奇心　23, 272
交互作用　59, 117
行動主義　9
項目の開発　216
交流経験　6
個別実験　16
固有値　237
混合計画　96

さ行

最近接発達ゾーン　141
再現性　68
サイコメディア　203, 204
最終共通性推定値　328
再認テスト　98
再認評定値　148
最尤因子法　235
桜井茂男　24
残差　53
　──分析　40
3次元の集計表　162
サンプリング・エラー　25
3要因分散分析　59, 139
視覚的句読点　6
自己教示訓練　6, 139
自己決定感　9

師匠—弟子型　141
実験群　64
実験計画法　6, 59
実験室法　15, 25
質問項目　17
質問紙調査　213, 262
　——マニュアル　263
自由度　51
シミュレーション・メソッド　15
社会的学習理論　139
斜交回転　239, 260
主因子法　235
自由記述　40
重相関　258
　——係数　234
従属変数　251
集団実験　16
自由度　38, 85
主効果　99
主成分分析　234, 258
主体論　9
順位尺度　5
順位データ　5
生涯学習　6, 309
処遇　64
事例研究　349
心的媒体　203
水準別誤差項　158
数量データ　3
ステップワイズ（式の）回帰分析　309, 333
正棄却率　99, 105
正規分布　59
正準相関分析　343
説明率　237
セル　19
0次の作用　153
先行オーガナイザー　6, 29,
相関　256
　——係数　257
　——マトリクス　256
相互論　137
双峰分布　116
測定誤差　218

た　行

対応のあるデータ　56
対照群　64
　——法　65
対数変換　115
多重共線性問題　322
多重比較　69, 169
多変数の要約　305
多変量解析法　6
ダミー項目　216, 218
単極尺度　221
単純交互作用　186, 207
単純主効果　131
　——検定　169
遅延テスト　34, 174
知識のメディア　204
調整された残差　54
調和平均　103
直後テスト　33
直接確率計算法　3, 18, 26, 27, 51
直交回転　239, 260
ディストラクター　97
デシ, E. L.　24
データ解析　1
データ処理　1
データ入力　1
データファイル　69
データリスト　3
手続きの妥当性の確認　17
デフォルト　236
天井効果　172, 173
統計的検定　7, 22, 84
統計的有意性　11, 12
等質性の確認　66
統制群　64
　——法　7
独自性　241
独立変数　251
度数　4, 56
　——集計表　18, 36, 55

な　行

内化　139
内発的動機づけ　9
二次の交互作用　59, 175, 186, 206
2ポイント尺度　344
2要因の分散分析　59, 93, 117
認知構造　29
認知資源　204
認知心理学　29

認知的評価理論　9

は　行

パーセンテージ表示　57
パーセンテージ評定　121
バックワード・セレクション　333, 342
ハリスカイザー回転　258
バリマクス回転　238
ハロー効果　224
反復主因子法　235, 271
被験者　90
　　不良——　180
被験者間　70, 89
被験者内　70, 89
被験者ロス　17
ヒット率　99
比喩的説明　176
評価観念　22
標準因子得点　249
標準得点化　322
標準偏回帰係数　336
標準偏差　59, 87-89, 114
評定尺度　221
標本抽出誤差　242, 337
ファイ係数　52
フィッシャーの検定　26
フィールド・メソッド　15
フェースシート項目　223
フォワード・セレクション　333
物質的報酬　9
プライバシー保護　224
フラベル，J. H.　61
プリテスト　97
　　——・ポストテスト法　179
不良項目　231, 233
不良被験者　180
プールされた誤差項　158
プロトコル　36
　　——分析　350
分散　83, 84
分散分析　3, 83, 84-87, 93, 117, 139, 208
　　——表　75
平均　59, 87
編集本　24
忘却　31
方向性のない予測　119
邦訳本　24

ポストテスト　97
ほめ言葉　10

ま　行

マイケンバウム，D. H.　63
マーキング基準　242
名義尺度　5
メタ認知訓練　6, 61
メタ認知的教示　63
模擬法　15, 25
目的変数　312, 315, 343
モデリング　139

や　行

有意傾向　38
有意水準　51, 337
有意味受容学習　29
予測変数　313, 322, 343

ら　行

ラボラトリィ・メソッド　15
ランダム・サンプリングの仮定　98
両側検定　11, 26
両極尺度　221
両方向の予測　119
レビュー論文　31
連関　52
ローゼンバーグ，M. J.　22

アルファベット

Communality　240
EXACT オプション　26
Eigenvalue　237
FREQ プロシジャー　26
F 比　67, 89, 170
F 分布　76
LSD 法　79
MAXR　334, 342
Rotated Factor Pattern　240
SAS　3
SMC　234
STAR　2
t 検定　84, 85

著者紹介

田中　敏（たなか・さとし）

学術博士
専　攻　一般心理分析
所　属　信州大学教育学部
著　書
　『クイック・データアナリシス：10秒でできる実践データ解析法』（新曜社）
　『ユーザーのための教育・心理統計と実験計画法』（教育出版）
　『ユーザーのための心理データの多変量解析法』（教育出版）

実践心理データ解析 改訂版
問題の発想・データ処理・論文の作成

初　版第 1 刷発行	1996 年 5 月 20 日 ©
改訂版第 1 刷発行	2006 年 8 月 5 日
改訂版第 3 刷発行	2012 年 3 月 20 日

著　者　田中　敏
発行者　塩浦　暲
発行所　株式会社 新曜社
　　　　〒101-0051　東京都千代田区神田神保町 2-10
　　　　電話（03）3264-4973（代）・Fax（03）3239-2958
　　　　e-mail info@shin-yo-sha.co.jp
　　　　http : //www.shin-yo-sha.co.jp/
印刷所　美研プリンティング
製本所　イマヰ製本所

　　　　©Satoshi Tanaka, 2006 Printed in Japan
　　　　ISBN978-4-7885-1012-8 C1011